Hermann Kunz

Die Entscheidungskämpfe des Generals von Werder im Januar 1871

Hermann Kunz

Die Entscheidungskämpfe des Generals von Werder im Januar 1871

ISBN/EAN: 9783743697102

Hergestellt in Europa, USA, Kanada, Australien, Japan

Cover: Foto ©ninafisch / pixelio.de

Weitere Bücher finden Sie auf **www.hansebooks.com**

Die Entscheidungskämpfe

des

Generals von Werder

im Januar 1871.

Von

H. Kunz,
Major a. D.

Erster Theil.

Mit drei Plänen.

Berlin 1895.
Ernst Siegfried Mittler und Sohn
Königliche Hofbuchhandlung
Kochstraße 68—71.

Vorwort.

Die Kämpfe des Generals v. Werder im Januar 1871 haben in Deutschland stets ein ganz besonders warmes Interesse erregt. Sie fanden in bedrohlicher Nähe der Grenzen Süddeutschlands statt, wurden gegen riesenhafte feindliche Uebermacht siegreich durchgefochten, sicherten die Belagerung von Belfort und legten den Grund für die spätere Katastrophe der französischen Ost-Armee; sie bilden daher ein hervorragendes Ruhmesblatt für die deutschen Heere und zwar um so mehr, als hier Altdeutschland auf den Schlachtfeldern vertreten war, Linie und Landwehr mit der gleichen Tapferkeit kämpften.

Der vorliegende erste Theil meiner Arbeit führt den Leser von Dijon nach Vesoul, von Vesoul nach Villersexel, schildert den ewig denkwürdigen Kampf, der am 9. Januar 1871 bei Villersexel stattfand, und begleitet die Armee des Generals v. Werder bis zur Lisaine. Den Abschluß bilden die hochinteressanten Gefechte vom 13. Januar 1871.

Bei der Herstellung dieser Arbeit habe ich mich ganz außerordentlich förderlicher Unterstützung von höchster Stelle her zu erfreuen gehabt. Die Erlaubniß zur Benutzung des Kriegsarchivs wurde mir wiederum in hochherziger Weise gewährt, und ich spreche hiermit öffentlich meinen aufrichtigsten und herzlichsten Dank für die Bewilligung dieser Benutzung aus. Ohne die Schätze des Kriegsarchivs, deren Reichhaltigkeit geradezu überraschend ist, benutzen zu dürfen, kann Niemand ein wahrheitsgetreues Bild der unvergeßlichen kriegsgeschichtlichen Ereignisse von 1870/71 entwerfen.

Der einstmalige Chef des Generalstabes des Generals v. Werder, Se. Excellenz der General der Infanterie, Chef des Infanterie-Regiments

Markgraf Karl (7. Brandenburgisches) Nr. 60, Herr v. Leszczynski hat die große Güte gehabt, mich in der denkbar liebenswürdigsten und umfassendsten Weise in meinem Unternehmen zu unterstützen. Nur seiner mühevollen Hülfe verdanke ich es, daß es mir vergönnt war, die Ereignisse vom Standpunkte des Generalkommandos überschauen zu dürfen und dadurch einen Eindruck zu gewinnen, der durch nichts Anderes hätte ersetzt werden können.

Es sei mir gestattet, dem hochverdienten General, dessen Name gerade durch die Ereignisse des Januar 1871 unsterblich geworden ist, an dieser Stelle den wärmsten Dank auszusprechen, einen Dank, den ich tief im innersten Herzen bewahre.

Möchte es meiner schwachen Kraft gelungen sein, durch meine Arbeit mich wenigstens einigermaßen der hohen Unterstützung würdig zu zeigen, die zu genießen ich das Glück hatte.

Für die Gefechte des Regiments Nr. 25 am 9. und 13. Januar verweise ich ausdrücklich auf den Anhang.

Berlin im Juli 1895.

Hermann Kunz.

Inhalts-Verzeichniß.

Erster Theil.

Von Dijon über Vesoul nach Villersexel und von hier bis zur Lisaine.

—·⊹·—

I. Die Kriegslage zu Anfang des Januar 1871 auf deutscher Seite.

Nach dem siegreichen Gefecht bei Nuits am 18. Dezember 1870 führte General v. Werder die badische Division nach Dijon zurück. General v. d. Goltz stand vor Langres mit den Regimentern Nr. 30, 34, den 2. Reserve=Husaren, den 2. Reserve=Dragonern und 3 Reserve= Batterien. Die 4. Reserve=Division hielt die Etappenlinie bis Vesoul besetzt und sicherte gegen Besançon und Dôle; sie war indessen sehr schwach, weil sie das Belagerungskorps von Belfort nach und nach durch 7 Bataillone, 1 Schwadron und 1 Batterie unterstützt hatte.

Die Belagerung von Belfort litt vom Beginn der Einschließung an unter der ganz ungewöhnlichen Ungunst der Verhältnisse. Die zur Belagerung dieser Festung verfügbaren Kräfte waren für ihre Bestimmung zu schwach und erreichten die erforderliche Stärke erst nach der sieg= reichen Beendigung der Schlacht an der Lisaine. Außerdem mußte das Belagerungskorps sich auch noch selbständig gegen Besançon sichern.

Bekanntlich war die 1. Reserve=Division zur Belagerung von Belfort bestimmt worden, sie zählte nur 15 Bataillone, 4 Schwadronen, 18 Ge= schütze, und selbst die Verstärkungen durch die 4. Reserve=Division brachten das Belagerungskorps doch nur auf 22 Bataillone, 5 Schwa= dronen, 24 Geschütze.

Dagegen befanden sich anfangs in Belfort allein rund 17 000 Mann Franzosen, darunter gegen 15 000 Mann Infanterie.

Der ungewöhnlich strenge Winter von 1870/71 legte den Belagerungs= truppen äußerst schwere Anstrengungen auf und hemmte gleichzeitig ein schnelles Vorwärtsschreiten der Belagerungsarbeiten wirksamer, als das feindliche Feuer dies that.

Vorübergehend herrschte auch Munitionsmangel; der Gesundheits= zustand der Truppen ließ sehr viel zu wünschen übrig.

1*

Kurz, wohin man auch blicken mochte, überall zeigten sich Schwierig=
keiten, wie sie in gleichem Maßstabe bei keiner anderen Belagerung
einer französischen Festung im Kriege von 1870/71 aufgetreten sind.

Dabei gehörten aber, bis auf das Linien=Regiment Nr. 67, alle
Truppen des Belagerungskorps den Reserveformationen an, also der
Landwehr, deren Beschaffenheit im Kriege von 1870/71 alle Vorzüge,
aber auch alle Nachtheile aufwies, die dieser Heereseinrichtung nun ein=
mal unbedingt anhaften müssen.

Nur hartnäckig verblendeter Haß gegen den sogenannten Militaris=
mus will diese Nachtheile nicht einsehen, obschon sie sonnenklar Jedem
vor Augen liegen, der überhaupt sehen will, und am allerwenigsten von
unseren einsichtigen Reserve= und Landwehroffizieren bestritten werden.

Den Landwehrtruppen fehlt der festgefügte Rahmen von dauernd
geübten Offizieren und Unteroffizieren, den alle Linientruppen ganz
selbstredend besitzen, ebenso fehlt ihnen der dauernd in Uebung befind=
liche feste Stamm an jungen Soldaten, den jede Linientruppe bei der
Mobilmachung in ihre Kriegsformation mit hinübernimmt.

Das ist der schlimmste Nachtheil aller Reserveformationen, ein
anderer Nachtheil kommt aber hinzu.

Wir sind Alle Menschen, und nur ein Thor oder ein Böswilliger
wird den Versuch machen, die menschlichen Schwächen abzuleugnen, die
nun einmal durch höhere Gewalten uns Sterblichen auferlegt sind. Die
kräftigsten Naturen müssen dem zunehmenden Alter ihren Tribut zollen,
einen Tribut, der sich bei den Wohlhabenderen durch starke Zunahme der
Leibesfülle und durch gleichzeitiges Abnehmen der körperlichen Gewandt=
heit, bei den Minderbegüterten durch Abnutzung der Kräfte im „Kampfe
ums Dasein" geltend macht.

Die Widerstandsfähigkeit des Körpers gegen harte Strapazen, bei
mangelhafter Ernährung, bei Regenbiwaks oder gar im Schnee und Eis
und bei mitunter außerordentlich gesteigerten Anstrengungen des Körpers
läßt bei beiden Kategorien nach, bei der ersten infolge längeren Wohl=
lebens und der damit verbundenen Verweichlichung, bei der zweiten
Kategorie infolge des jahrelangen harten Kampfes um das tägliche
Brot. Es giebt ja stählerne Naturen, die durch große und dauernde
Anstrengungen nur härter und leistungsfähiger werden, aber das sind
doch nur Ausnahmen.

Im Allgemeinen werden Männer von 21 bis 28 Jahren an
körperlicher Rüstigkeit und Widerstandsfähigkeit gegen Anstrengungen

und gegen die Unbilden des Wetters mehr leisten als Männer von 29 bis 33 Jahren.

Wenn nun auch das verhältnißmäßig nur wenig höhere Alter der Landwehrleute an sich einen erheblichen Unterschied in der körperlichen Rüstigkeit gegen die Liniensoldaten und die Reservisten noch nicht bedingt, so tritt ein solcher Unterschied aus den oben angeführten Gründen denn doch sehr bemerkbar hervor.

Dazu kommt, daß die Landwehrleute nicht bloß älter und keineswegs „im Training" sind, wie es die jungen Soldaten der Linie naturgemäß sein müssen, sondern daß sie zumeist auch bereits zu Hause eine Familie gegründet haben, deren Unterhalt und Ergehen ohne den Ernährer nur allzu oft ernsthaft in Frage gestellt wird. Es hat also der Landwehrmann auch bei Weitem mehr mit ernster Sorge zu kämpfen, wie der junge Liniensoldat.

Dieses seelische Moment spricht recht erheblich mit!

Es würde im Uebrigen falsch sein, wenn man unsere heutige Landwehr mit der Landwehr von 1870/71 völlig auf die gleiche Stufe stellen wollte. Seit dem großen deutsch=französischen Kriege sind 25 Jahre zur Rüste gegangen, und sehr Vieles hat sich in dieser langen Zeit verändert.

Wir wollen jetzt zunächst die Vorzüge unserer Landwehr von 1870 betrachten. Sie bestand, im schroffen Gegensatz zur Landwehr von 1813, durchweg aus vortrefflich ausgebildeten Soldaten. Bei dem Ausbruche des Krieges von 1870 befanden sich die Rekrutenjahrgänge von 1863 bis 1869 bei den Linientruppen; vielfach mag wohl auch zur Kompletirung dieses oder jenes Truppentheiles auf den Jahrgang 1862 zurückgegriffen worden sein.

Dagegen befanden sich die Rekrutenjahrgänge von 1858 bis 1862 bei der Landwehr, und man wird nicht fehlgreifen, wenn man annimmt, daß auch auf den Jahrgang von 1857 zur Füllung der Kopfzahl zurückgegriffen wurde, wenigstens in der späteren Zeit, als die Landwehr=Bataillone auf 1000 Mann ergänzt wurden.

Wenn wir nun von den zur Vervollständigung der Kopfstärke in Anspruch genommenen Jahrgängen absehen wollen, so befanden sich also bei den Linientruppen nur drei volle Jahrgänge (1863, 1864, 1865), welche den Krieg von 1866 mitgemacht hatten. Dagegen hatte die Landwehr vier volle Jahrgänge (1859, 1860, 1861, 1862), welche den Krieg von 1866 bei den Linientruppen mitgemacht hatten. Auch der

Jahrgang 1858 mag wohl zum Theil den Krieg von 1866 noch bei den Linientruppen mitgemacht haben.

Es bestand also unsere preußische Landwehr von 1870 (wir sprechen nur von der preußischen Landwehr, denn die übrigen deutschen Staaten haben erst nach 1866 unsere preußische Landwehreinrichtung nach und nach eingeführt) nicht bloß aus vortrefflich ausgebildeten Soldaten, sondern diese Soldaten waren auch fast ausnahmslos kriegsgewohnt, wenn man von den Mannschaften absehen will, die während der kurzen Dauer des Feldzuges von 1866 entweder beim Ersatz=Bataillon sich befanden oder durch Krankheiten verhindert waren, den Krieg selbst ernsthaft kennen zu lernen.

Ein Theil der Landwehrleute hatte außerdem auch schon den Krieg von 1864 mitgemacht.

Auch die Landwehr= und Reserveoffiziere besaßen größtentheils kriegerische Erfahrung.

In dieser Beziehung war also die Landwehr von 1870 ganz außerordentlich günstig daran. Weniger günstig stand es aber mit der militärischen Uebung der Landwehr. Auf diesem Gebiete wird heute zweifellos mehr geleistet als vor 25 Jahren.

Niemals ist in jener Zeit während der Manöver eine Landwehr= Brigade oder gar eine Landwehr=Division zur Uebung mit herangezogen worden. Mit vollem Recht verlegte unser unvergeßlicher Kaiser Wilhelm I. schon als Prinzregent von Preußen das Schwergewicht auf die unbedingte Kriegstüchtigkeit der Feld=Armee. Man wollte die Landwehr überhaupt nicht zur Feld=Armee heranziehen und that das 1866 auch nur in geringem Grade.

Es ist sattsam bekannt, daß man bei den Mobilmachungen von 1848, 1849, 1850 und 1859 recht wenig günstige Erfahrungen mit der Landwehr gemacht hatte, und der scharfe Soldatenblick unseres Heldenkaisers hatte die Schwächen der Landwehr vollkommen erkannt.

1870/71 mußte man die Reserve=Divisionen vielfach wie Linien= truppen verwenden, die Verhältnisse zwangen eben dazu.

Auch für die Ausbildung der Offiziere des Beurlaubtenstandes geschieht heute unvergleichlich mehr als vor 25 Jahren. Finanzielle Rücksichten mögen damals von ausschlaggebender Bedeutung gewesen sein, auch wollte man wohl durch offenbare kriegerische Vorbereitungen Frankreich nicht reizen.

Heute haben wir uns an den bewaffneten Frieden gewöhnt, damals kannte man diesen Zustand noch nicht.

Jedenfalls besaßen die Offiziere des Beurlaubtenstandes im Jahre 1870 im Allgemeinen nicht den Grad militärischer Durchbildung, dessen sie heute mit Recht sich rühmen dürfen. Nun unterliegt es keinem Zweifel, daß eine große Uebung dazu gehört, um bei allen noch so verschiedenen dienstlichen Vorkommnissen mit unbedingter Sicherheit als Vorgesetzter auftreten zu können.

Wohl gab es schon damals viele hervorragend zum Offizier beanlagte Männer unter den Offizieren des Beurlaubtenstandes, aber so geeignet waren doch nicht alle, wenngleich bei manchen Truppentheilen vielleicht recht viele tüchtige Landwehroffiziere waren.

Die geringe Zahl der verfügbaren Linienoffiziere gestattete dabei nur sehr spärliche Abkommandirungen zur Landwehr. Das Landwehr-Regiment, bei welchem ich im Juli 1870 als Bataillonsadjutant eingetheilt wurde, besaß in Summa einen Bataillonskommandeur, zwei Adjutanten und einen, sage einen Truppenoffizier von der Linie. Wenige Wochen später wurden wir drei Lieutenants aber zum mobilen Linien-Regiment befohlen, und die beiden Landwehr-Bataillone haben den ganzen Feldzug mit einem einzigen Bataillonskommandeur von der Linie, im Uebrigen ausschließlich mit Offizieren des Beurlaubtenstandes, und — soweit ich mich erinnern kann — mit zwei früheren, aber schon längst verabschiedet gewesenen Linienoffizieren durchgemacht.

Andere Landwehr-Regimenter waren wohl besser daran, indessen war die Zahl der Berufsoffiziere durchweg verschwindend gering.

Was nun die verabschiedeten früheren Linienoffiziere betrifft, so fehlte namentlich den bereits längere Zeit verabschiedeten Herren natürlich ebenfalls die Uebung, auch hatte sich in der Zeit nach ihrer Verabschiedung mancherlei verändert. Da sie nun fast durchweg in vorgerückteren Jahren standen, so bezieht sich alles oben Gesagte erst recht auf diese Herren. Immerhin aber waren sie aus leicht erklärlichen Gründen den Offizieren des Beurlaubtenstandes an Diensterfahrung und Sicherheit vor der Truppe weit überlegen.

Der wundeste Punkt bei der Landwehr waren jedoch die Unteroffiziere. Ein tüchtiger Linienunteroffizier ging nach beendeter Dienstzeit einfach zu einem anderen Berufe über, und da wohl selten ein tüchtiger Unteroffizier weniger als zwölf Jahre diente, ehe er aus der aktiven Armee schied, so gehörte er nach beendeter Dienstzeit natürlich weder der Reserve, noch der Landwehr an; er war vielmehr frei von jeder weiteren Dienstpflicht.

Das Unteroffizierkorps der Landwehr bestand daher, mit Aus=
nahme der äußerst spärlich zur Landwehr abkommandirten Linien=
unteroffiziere, durchweg aus Männern, denen jede Uebung als Vorgesetzter
namentlich im Felddienste fehlte. Bessere Führung während ihrer
Dienstzeit bei der Linie, bessere Leistungen im Exerziren, Schießen,
Turnen, im Dienstunterricht u. s. w. waren die entscheidenden Faktoren
bei ihrer Ernennung zum Unteroffizier gewesen. Aber seitdem waren
Jahre verstrichen, die Erinnerung an die besseren Leistungen dieser
Unteroffiziere hatte sich bei ihren Altersgenossen, die jetzt plötzlich
ihre Untergebenen waren, ziemlich verwischt. Dagegen waren alle
kleinen Schwächen, die sich während der gemeinsamen Dienstzeit heraus=
gestellt hatten, desto mehr im Gedächtniß der Kameraden geblieben, denn
an die sogenannten „Jugendstreiche" erinnert man sich gern.

Unter diesen Umständen war die Autorität dieser sozusagen „frisch
gebackenen" Landwehrunteroffiziere an sich nicht gerade berühmt.

Trotzdem wird jeder alte Offizier sich an Unteroffiziere der Reserve
und der Landwehr erinnern, die geradezu vorzüglich und tadellos waren.
Die Persönlichkeit macht eben im Kriege Alles.

Die große Masse der Landwehrunteroffiziere war aber weder vor=
züglich noch tadellos, und bei dem gänzlichen Mangel an Uebung konnte
es auch nicht anders sein.

Hier also liegt der springende Punkt, d. h. im Offizierkorps und
im Unteroffizierkorps der Landwehr, da beide in keiner Weise den
Vergleich mit dem festgefügten Gepräge der Offizier= und Unteroffizier=
korps der Linientruppen aushalten konnten, insofern es sich um Dienst=
erfahrung und Sicherheit im Auftreten als Vorgesetzter handelt.

Daß alle unsere Betrachtungen nicht das Mindeste mit der Tapfer=
keit zu thun haben, bedarf wohl kaum der Erwähnung. Wer ein Held
ist, bleibt ein Held, darin ändern die Jahre gar nichts, höchstens kommen
hier die Jahre insofern zu Gute, als ein älterer tapferer Mann mehr
Besonnenheit an den Tag legen wird, als ein jugendlicher Held in
seinem nur zu oft recht unbesonnenen Thatendrange erfahrungsmäßig
es thut. Wer aber ein Feigling ist, der ist es schon in jungen Jahren.

Die lange Dauer des Krieges von 1870/71 wirkte bei der Land=.
wehr günstig. Die mangelnde Diensterfahrung besserte sich durch die
tägliche Ausübung des Dienstes, der sich ja oft genug unter den
schwierigsten Umständen vollzog, zusehends; die körperliche Tüchtigkeit
besserte sich gleichfalls.

Was körperlich schwach und kränklich, oder moralisch minderwerthig war, fiel frühzeitig ab, füllte die heimischen Lazarethe, reinigte aber die Truppen von den gänzlich unbrauchbaren Elementen.

Die große Masse der guten alten Soldaten gewöhnte sich im Gegensatz zu der eben geschilderten Kategorie von Minderwerthigen an die Strapazen und Entbehrungen, sie wurde widerstandsfähiger und immer brauchbarer. Erst die dauernden Leiden in den Laufgräben vor Belfort erzeugten wieder trübere Krankheitsbilder.

So war denn unsere preußische Landwehr im Januar 1871 bei Weitem tüchtiger, als sie es noch im August 1870 gewesen war. Das darf man nicht vergessen.

Der innere Werth der Linientruppen sinkt mit der Zeit infolge großer Verluste durch feindliches Feuer und durch Krankheiten. Erfahrungsmäßig rafft die feindliche Kugel meistens gerade die Tapfersten und Tüchtigsten weg, weil diese eben sich der Gefahr rücksichtsloser aussetzen, als die Minderwerthigen es thun.

Bei den Krankheiten ist es ebenso; ein braver Soldat giebt einem anscheinend zuerst leichten Unwohlsein nicht nach, er schleppt sich so lange, bis die ernste, schwere Krankheit da ist; der Minderwerthige dagegen benutzt den geringsten äußeren Anlaß, um die liebe eigene Haut dauernd in Sicherheit zu bringen.

Die Verluste der Linientruppen können aber nur durch die Ersatztruppen ausgeglichen werden, d. h. zum überwiegend größten Theile durch Mannschaften von kürzester Dienstzeit, denen Dienstgewohnheit und Abhärtung in gleichem Maße fehlen.

Wohl giebt es auch unter den jungen Rekruten geradezu herrlich tapfere und brave Männer, allein die große Masse leidet eben unter der allzu kurzen Dienstzeit und kann bei dem besten Willen nur mittelmäßige Leistungen aufweisen.

Indessen werden auch die dem Linientruppentheil nachgesandten Rekruten von Tag zu Tag besser, weil das gute Beispiel der bereits ruhmvoll im Feuer erprobten älteren Mannschaften in gleicher Weise fördernd wirkt, wie die täglich zunehmende Diensterfahrung.

Die alten tüchtigen Offiziere und Unteroffiziere der Linie, welche durch das feindliche Feuer oder durch Krankheiten dahingerafft wurden, vermag dagegen Niemand gleichwerthig zu ersetzen. Hier ist nur eine Hoffnung da, nämlich daß sie recht bald von ihrer Verwundung oder Krankheit geheilt wieder zur Truppe zurückkehren. Die Todten und Schwerverwundeten dieser Kategorie bleiben unersetzlich, und das

Fehlen jedes einzelnen solchen Mannes schwächt die Gefechtskraft des betreffenden Truppentheils in hohem Grade.

Genau umgekehrt liegen die Dinge bei den Reservetruppen. Ihr innerer Werth und ihre Gefechtskraft steigen mit der Zeit. Nur selten werden die Reserveformationen schon in dem Anfangsstadium eines Krieges besonders schwere Verluste erleiden, dagegen erhöht jeder Tag neuer Dienstgewöhnung die Brauchbarkeit der Truppen.

Treten freilich bei den Reserveformationen auch schwere Verluste ein, dann mindert sich ihre Gefechtskraft noch sehr viel mehr herab, als dies bei den Linientruppen unter den gleichen Verhältnissen der Fall ist.

Wir haben diese jedem „Eingeweihten" völlig klar liegenden Verhältnisse etwas eingehender beleuchtet, weil trotz aller Kriegserfahrungen die Vorliebe für ein Milizheer noch immer in gewissen Köpfen spukt, und weil es nützlich erscheint, sich darüber aufzuklären, was man in Zukunft von den Reserveformationen erwarten darf.

Doch nun zurück zum General v. Werder!

Am 23. Dezember 1870 wurde ein französischer Postbote abgefangen und unter vielen Briefen auch der einer jungen Dame gefunden, die in Besançon in einem Pensionate verweilte und ihren Eltern schrieb, sie könnte Weihnachten nicht nach Hause kommen, weil die Eisenbahn keine Civilpersonen beförderte.

Am 24. Dezember meldete General v. Tresckow I., der Kommandeur der 1. Reserve=Division, der Gesandte in Bern theile mit, daß die Bahn Lyon—Besançon vom 23. Dezember ab für Militärtransporte reservirt sei.

Aehnliche Meldungen häuften sich. Clerval, Isle sur le Doubs und Rougemont wurden vom Feinde besetzt. Angeblich sollten 60 000 Mann Franzosen bei Besançon erwartet werden. Am 25. Dezember telegraphirte General v. Tresckow I., daß nach Nachrichten aus Bern 25 000 Mann Franzosen zum Entsatz von Belfort im Anmarsch seien.

Am 26. Dezember früh 5½ Uhr telegraphirte General v. Moltke: „Es sei wahrscheinlich geworden, daß die Armee Bourbaki von Nevers per Eisenbahn nach Châlon sur Saône abgegangen sei. Das VII. Armee=korps habe den Befehl erhalten, sogleich mit allen Kräften in östlicher Richtung auf Châtillon abzurücken. Zweck sei eventuelle Aufnahme des Generals v. Werder und mit diesem vereint Offensive."

Es war also Gefahr im Verzuge, und General v. Werder zögerte nicht, sich dieser Gefahr rechtzeitig zu entziehen. Die Trains und die große Bagage wurden sogleich nach Mirebeau in Marsch gesetzt. Noch in der Nacht zum 27. Dezember wurden die entsprechenden Befehle zur Versammlung aller Truppen bei Vesoul erlassen.

Sehr richtig traf der Chef des Generalstabes des XIV. Armeekorps, Oberstlieutenant v. Leszczynski, die glückliche Maßregel, alle Befehle einmal telegraphisch, dann aber auch noch einmal durch Ordonnanz= reiter zu übermitteln. Thatsächlich hatten gerade in jener Nacht die Franzosen mehrfach die Telegraphendrähte durchschnitten, so daß der Telegraph mitunter versagte. Dafür traf dann aber der Befehl durch Ordonnanzreiter ein, so daß trotz aller Schwierigkeiten die Sache vorzüglich „klappte".

In Dijon blieben 10 Offiziere, 423 Mann nicht transportfähige Kranke und Verwundete zurück, ebenso zu ihrer Pflege ein badisches und ein halbes preußisches Feldlazareth. Leider erfuhren diese unglück= lichen Verwundeten und Kranken im Allgemeinen eine höchst unwürdige Behandlung, obschon die Stadtverwaltung sich redliche Mühe gab, für sie zu sorgen. Man wollte dem Süden Frankreichs durchaus Gefangene zeigen und beförderte zu diesem Zwecke selbst bei schlechtestem Wetter viele Schwerkranke in der rücksichtslosesten Weise nach dem Süden.

Bei dieser Gelegenheit muß ein Irrthum aufgeklärt werden, der in der öffentlichen Meinung Deutschlands vielfach bis auf den heutigen Tag noch fortwuchert. Garibaldi und seine Rothhemden waren durchaus nicht unmenschlich. Im Gegentheil hat gerade Garibaldi die deutschen Gefangenen durchaus gut und sogar vornehm behandelt; er sorgte redlich für ihr Wohlergehen, und seine Rothhemden waren ganz vortrefflich in Disziplin.

Die Uebelthäter waren besonders die Mobilisés der Franzosen und jenes Franktireursgesindel, welches unter dem Deckmantel des Patriotismus lediglich die Bereicherung des geliebten eigenen „Ich" im Auge hatte. Rohheiten kamen auch bei den französischen Linien=, Marsch= und Mobilgarden=Regimentern vor, sie verschwanden aber gegenüber den Grausamkeiten und Quälereien, welche die eben geschilderte Kategorie bewaffneter Männer (Soldaten würde ein Euphemismus sein, den diese Sorte von Menschen ganz gewiß nicht verdient) leider so vielfach ver= übt haben.

Der Marsch der badischen Feld=Division nach Vesoul war sehr beschwerlich. Bei empfindlicher Kälte trat starker Schneefall ein. Der Straßenkörper wurde zwar durch die langen Marschkolonnen festgetreten, aber er fror nun glatt. Dabei ergab sich nun auch noch ein erheblicher

Unterſchied zwiſchen den Süd= und Nordabhängen der zu überſchreitenden
Berge. Die Südabhänge waren der Sonne mehr ausgeſetzt, ſo daß
hier Schnee und Eis nach und nach verſchwanden, dann aber der Erd=
boden erſt recht feſt gefror. Die der Sonne weniger ausgeſetzten Nord=
abhänge der Berge gefroren dagegen ſpiegelglatt. Die Stollen des
Hufbeſchlags der Pferde wurden durch dieſe wechſelnden Schwierigkeiten
völlig abgenutzt, und es ergaben ſich bei den häufigen Steigungen und
Senkungen in dem gebirgigen Gelände große Schwierigkeiten beſonders
für den Transport der Geſchütze und Fahrzeuge.

In richtiger Würdigung dieſer außergewöhnlich ſchwierigen Ver=
hältniſſe hatte Oberſtlieutenant v. Leszczynſki die Länge der Marſch=
kolonnen ſchon im Voraus auf das Dreifache der gewöhnlichen Marſch=
längen berechnet. Die Wirklichkeit war aber noch ganz anders, thatſächlich
nahmen die Marſchkolonnen das Siebenfache der gewöhnlichen Marſch=
längen ein.

Viele Pferde gingen verloren, allein das Generalkommando büßte
16 Pferde, ein und am ſpäten Abend des 28. Dezember zogen General
v. Werder und ſein Generalſtabschef zu Fuß in Beſoul ein.

Der Abmarſch aus Dijon hatte am 27. Dezember früh ſtattgefunden,
die Spitzen der Brigade Degenfeld erreichten Beſoul ſchon am 28. De=
zember ſpät abends und hatten mithin bei ſpiegelglatten Wegen und
mangelhafter Verpflegung 14 deutſche Meilen in zwei Tagen zurück=
gelegt. Dieſe glänzende Marſchleiſtung verdient ganz beſonders hervor=
gehoben zu werden, ſie iſt in der That ſtaunenswerth!

Die übrigen Truppen folgten nach, und ſchon am 30. Dezember
ſtanden die 4. Reſerve=Diviſion bei Villerſexel, die 3. badiſche Brigade
bei Gray, die 1. und 2. badiſche Brigade bei Beſoul, General
v. d. Golk öſtlich von Beſoul, die badiſche Kavallerie=Brigade und die
Korpsartillerie nördlich von Beſoul, 3 Bataillone, 4 Schwadronen,
2 Batterien unter Oberſtlieutenant Nachtigal in Lure.

Das XIV. Armeekorps ſtand mithin allen kommenden Gefahren
kampfbereit gegenüber.

Am 31. Dezember wurde auch die 3. badiſche Brigade von Gray
nach der Gegend von Beſoul herangezogen. Die Franzoſen hatten den
Doubs nicht überſchritten, vielmehr faſt ſämmtliche Brücken über dieſen
Fluß zerſtört. Es wurde aber feſtgeſtellt, daß ſtarke franzöſiſche Streit=
kräfte von Lyon nach Beſançon mit der Eiſenbahn herangezogen
worden ſeien.

Am 30. Dezember spät abends theilte das große Hauptquartier zur großen Ueberraschung des Generalkommandos mit, von dem Abmarsch Bourbakis sei nichts bekannt, vielmehr stehe seine Armee wahrscheinlich noch bei Bourges und Nevers, bei Besançon schienen nur lockere Formationen des Feindes zu stehen. Das VII. Armeekorps habe daher zwischen Montbard und Nuits sur Armançon Halt gemacht.

Am 1. Januar 1871 folgte die Aufforderung des großen Hauptquartiers an den General v. Werder, nunmehr wiederum in westlicher und südwestlicher Richtung vorzugehen, Langres von Neuem beobachten zu lassen und wenn möglich Dijon wieder zu besetzen.

Es war also den Franzosen gelungen, ihre eigentlichen Absichten dem großen Hauptquartiere vollkommen verborgen zu halten, während das an Ort und Stelle befindliche Generalkommando des XIV. Armeekorps begreiflicherweise viel eingehendere Nachrichten besaß und in diesem Falle die wahre Kriegslage richtiger beurtheilte, als dies von Versailles aus möglich war.

Wir führen dies zum Beweise dafür an, wie lächerlich die Behauptungen der Franzosen sind, die Deutschen hätten überall ihre Spione gehabt und durch diese alle Maßregeln der Franzosen schon im Voraus erfahren. Leider war dies in Wirklichkeit keineswegs der Fall, und man darf im Gegentheil behaupten, daß das große Hauptquartier im Kriege von 1870/71 durch Agenten im Allgemeinen äußerst mangelhaft über die Maßnahmen und Absichten der Franzosen unterrichtet wurde.

Die für Geld käuflichen internationalen Männer und Frauen versagen eben bis auf verschwindende Ausnahmen, sobald die Geschütze und Gewehre ihre vernehmliche Sprache führen. Das liebe eigene Leben ist dieser Art von Menschen denn doch noch werthvoller als der Geldgewinn, und im Kriege nutzt ihnen alle Schlauheit doch nur wenig, weil die Aufmerksamkeit aller Bewohner des feindlichen Landes, nicht nur der feindlichen Armee, doppelt und dreifach so scharf wie im Frieden ist.

Man kann unschwer ermessen, in wie peinlicher Lage sich das Generalkommando des XIV. Armeekorps befand. Von Versailles aus wurden ihm kühne Offensivpläne zugemuthet, während die Franzosen in Wirklichkeit schon in gefahrbrohender Weise dem XIV. Armeekorps mit riesiger Uebermacht gegenüberstanden.

Für den General v. Werder begann eine Zeit banger Ungewißheit. Man entdeckte französische Regimenter vor der eigenen Front, deren Nummern bisher im Osten Frankreichs noch nie gesehen worden waren, so z. B. Husaren und die Marsch-Regimenter Nr. 60 und 61. Wahre und falsche Meldungen liefen von allen Seiten ein. Dazu kam starker Schneefall, der namentlich die Thätigkeit der Reiterei bedenklich ein= schränkte.

Glücklicherweise wurden schon Ende Dezember 1870 von Straßburg aus 8 Landwehr-Bataillone, 2 Schwadronen, 2 Batterien unter General v. Debschitz nach der Gegend von Belfort in Marsch gesetzt, wodurch die Truppen des Generals v. Tresckow 1. auf 30 Bataillone, 7 Schwa= dronen, 36 Geschütze gebracht wurden.

Ferner wurden alle Landwehr-Bataillone von 800 auf 1000 Mann Kopfstärke ergänzt, indessen minderten die bei dem anstrengenden Be= lagerungsdienste und der großen Kälte unvermeidlichen Krankheiten die Gefechtsstärke der Bataillone des Belagerungskorps sehr bald wieder herab.

Am 2. Januar 1871 meldeten die neuesten Nachrichten ein schnelles Vordringen starker französischer Truppenmassen südlich des Doubs und das angebliche Eintreffen ihrer Avantgarde in Blamont, also nahe der Schweizer Grenze.

Ohne Zögern traf das Generalkommando des XIV. Armeekorps die erforderlichen Maßregeln, um sofort den General v. Tresckow 1. zu unterstützen, so daß dieser am 3. Januar 29 Bataillone, 17¼ Schwa= dronen, 14⅓ Batterien gegen Entsatzversuche vom oberen Doubs her hätte vereinigen können.

Aber es erfolgte kein Angriff!

In Wirklichkeit befanden sich unter den auf dem äußersten rechten Flügel der Franzosen eingetroffenen Verstärkungen Truppen von mehr als zweifelhafter Beschaffenheit.

So erschien hier z. B. das corps des vengeurs unter dem Polen Malicki. Etwa 1200 Mann Infanterie, Kavallerie und Artillerie in phantastischen Uniformen, mit Todtenköpfen am Tschako, wurden am 23. Dezember 1870 in Besançon vom General Rolland besichtigt, der sein Mißfallen über diese wie Zirkusreiter ausstaffirten Krieger nicht verhehlte.

Am 2. Januar kamen diese „Rächer" bei Abévillers in Berührung mit zwei Kompagnien des Landwehr-Bataillons Liegnitz. Die Begegnung mit unseren wackeren schlesischen Landwehrmännern war offenbar den Helden Malickis äußerst unerwünscht, jedenfalls stürzte das ganze Korps der „Rächer" in wilder Flucht davon. Ein Theil dieser Freiheitshelden trat sogar auf Schweizer Gebiet über, wobei Herr Malicki wohlweislich die Kriegskasse mit 150 000 Franken sich aneignete. Der Rest der „Rächer" floh nach Besançon und plünderte unterwegs die Einwohner. Die 7. Militär-Division mußte drei „Rächer" in Besançon er= schießen lassen, die Uebrigen wurden entwaffnet und entlassen.

Wir führen diese kleine Episode ausschließlich deshalb an, damit die Schwärmer für die Kraft der Milizheere sich daran ergötzen können.

Das Generalkommando XlV. Armeekorps versammelte am 4. Januar seine Truppen folgendermaßen:

1. badische Brigade bei Vallerois le Bois, Thieffrans, Chassey, Presle, also nordwestlich von Rougemont,

2. badische Brigade bei Bellefaux, an der großen Straße von Besançon über Voray, Rioz nach Vesoul.

Diese Brigade hatte Vorposten bis nach Andelarrot auszusetzen, also bis zur großen Straße Auxonne—Vesoul.

Truppenabtheilung des Generals v. d. Golz bei Esprels und Villersexel.

4. Reserve-Division zwischen St. Ferjeux und Corcelles, also an der großen Straße Villersexel—Montbéliard.

Badische Korpsartillerie und Kavallerie-Brigade bei Noroy le Bourg.

3. badische Brigade in und dicht bei Vesoul.

In dieser Stellung hatte sich das XlV. Armeekorps, im Anschlusse an die Vorposten der 1. Reserve-Division, auf der Linie Vesoul—Viller= sexel—Arcey dem Feinde vorgelegt.

Alle Straßen, die zwischen dem Doubs einerseits und der Saône andererseits von Süden nach Norden führen, waren von den Deutschen besetzt. Man mußte also den Vormarsch der Franzosen entdecken.

II. Die Kriegslage zu Anfang des Januar 1871 auf französischer Seite.

Wenn wir den Zustand der Armee Bourbakis richtig beurtheilen wollen, so müssen wir weit zurückgreifen, nämlich bis zum 5. Dezember 1870. Am Abend des 5. Dezember war das französische 18. Armeekorps über Sully und theilweise sogar über Gien auf das linke Loire-Ufer zurückgegangen. Das 20. Armeekorps war über Jargeau nach dem linken Loire-Ufer marschirt, und nur das 15. Armeekorps hatte seinen Rückzug in gerader Richtung auf Salbris angetreten. Indessen waren von diesem Armeekorps Theile der Division Peytavin sogar aus Versehen nach Blois gerathen, d. h. zur Armee des Generals Chanzy.

Die Brücken von Jargeau und Sully wurden französischerseits zerstört.

Am 6. Dezember erging der Befehl des Kriegsministers Gambetta an den General Bourbaki, das 20. Armeekorps solle nach Salbris marschiren, das 15. Armeekorps nach Gien, das 18. Armeekorps solle wieder auf das rechte Loire-Ufer übergehen, wo Bourbaki die Armeekorps Nr. 15 und 18 zwischen den beiden großen Straßen Briare—Montargis und Gien—Montargis, die sich bekanntlich bei Boismorand treffen, versammeln sollte.

Darauf erfolgten aber am 7. Dezember die kleinen Gefechte von Ouzouer sur Loire und von Nevoy. Nun wurde der Rückzug aller drei französischen Armeekorps auf Bourges befohlen.

Inzwischen war jedoch das 15. Armeekorps in der Richtung auf Gien bereits bis Aubigny gekommen. Hier machte es jetzt Kehrt und ging auf Bourges zurück. Es wurden also durch diese gänzlich zwecklosen Kreuz- und Quermärsche den geschlagenen und stark entmuthigten Truppen unerhörte Anstrengungen zugemuthet.

Am 11. Dezember bat General Chanzy den General Bourbaki direkt um Hülfe. Infolgedessen trat Bourbaki am 12. Dezember den Vormarsch in der Richtung auf Blois an.

Am Abend des 12. Dezember traf aber Gambetta persönlich in Mehun sur Yèvre mit Bourbaki zusammen und sah mit eigenen Augen den jämmerlichen Zustand der Truppen. Es wurde daher der Beschluß gefaßt, die Offensive nur bis Vierzon durchzuführen.

Dies geschah und führte zu dem Gefechte von Vierzon am 13. Dezember. Schon am 14. Dezember traten aber die Franzosen den Rückmarsch nach Bourges an.

Jetzt änderte jedoch Gambetta plötzlich seine Ansicht und verhandelte tagelang mit Bourbaki über einen Vormarsch auf Nevers. Am 16. Dezember wurde dieser neue Vormarsch in der That befohlen, und am 19. Dezember war Bourbaki in Befolgung der Befehle Gambettas in Baugy eingetroffen, d. h. etwa vier Meilen östlich von Bourges. Da trat eine neue und gänzlich unerwartete Wendung der Dinge ein.

Herr de Freycinet hatte nämlich am 18. Dezember seinen alter ego, den Herrn de Serres, zu Gambetta und Bourbaki entsendet, um seinen Plan einer großartigen Offensive im Südosten Frankreichs dem Macht= haber vorzulegen.

Es gelang der Beredsamkeit des Herrn de Serres, die Absichten de Freycinets durchzusetzen. Bourbaki nahm den neuen Plan haupt= sächlich deshalb an, weil er ihm minder gefährlich erschien als ein Vor= marsch über Nevers auf Montargis. Vergeblich bot General Chanzy seinen ganzen Einfluß auf, um den Plan de Freycinets zu verhindern; er wünschte ein gleichzeitiges Vorgehen aller drei französischen Feld=Armeen auf Paris (Chanzy, Faidherbe und Bourbaki).

Zum Glücke für die Deutschen blieb es bei dem Plane de Freycinets, und noch in der Nacht zum 20. Dezember wurde der Eisenbahntransport der Armeekorps Nr. 18 und 20 nach Osten beschlossen.

Aber bis zum Anfang des Januar 1871 blieb das Endziel der neuen Unternehmung im Unklaren. Niemand wußte, wohin man eigent= lich die neue Ost=Armee vorschieben wollte, ob nach Langres, nach Epinal oder nach dem Elsaß. Nur der Entsatz von Belfort blieb festgesetzt.

Wir müssen jetzt die Persönlichkeit Bourbakis etwas näher kennen lernen. Er war im Jahre 1816 geboren, 1836 in die Armee ein= getreten, 1837 Offizier geworden. Schon 1847 war er Bataillons= kommandeur, 1851 Oberst, 1854 Brigadekommandeur, 1857 Divisions= kommandeur, also schon mit 41 Lebensjahren!

Bourbaki verdankte diese glänzende Laufbahn, die ihn innerhalb von 20 Jahren vom Unterlieutenant bis zum Generallieutenant führte, wesentlich seiner Tapferkeit, seiner großen Einwirkung auf die Truppen, seiner Loyalität und seiner ritterlichen Uneigennützigkeit, bei Weitem weniger seinen Fähigkeiten zum höheren Führer.

In Algier zeigte der nunmehrige General zuerst seinen Heldenmuth, dann im Krimfeldzuge in den Schlachten an der Alma und von Inker= man sowie bei dem Sturme auf den Malakoff. 1859 befehligte er eine Division des Korps Canrobert, 1870 die kaiserliche Garde. Die „Affaire Régnier" brachte den General Bourbaki bekanntlich aus Metz nach England. Als er später nicht mehr zurück durfte und sich der Regierung der nationalen Vertheidigung zur Verfügung gestellt hatte, wurde er zuerst nach dem Norden Frankreichs geschickt, wo er das Ziel gänzlich grundloser Verdächtigungen seitens der Republikaner wurde.

Am. 19. November 1870 erhielt Bourbaki plötzlich das Kommando des 18. Armeekorps, kam aber zu spät, um in die Kämpfe von Orléans noch persönlich eingreifen zu können.

Nach der Schlacht von Orléans wurde bekanntlich die große französische Loire-Armee in zwei Armeen zersplittert, und Bourbaki erhielt das Oberkommando der 1. Armee.

Er hatte von Anfang an kein rechtes Vertrauen auf die Leistungsfähigkeit der bunt zusammengewürfelten Massen, denen Dienstkenntniß, Uebung, militärische Unterordnung und noch manches Andere fehlten, und deren Kriegszucht nur durch grausame Kriegsgerichte aufrecht erhalten werden konnte.

Gambetta selbst achtete den General Bourbaki hoch und hat selbst nach dem Kriege ihn warm vertheidigt, aber auch nicht verschwiegen, daß Bourbaki kein Vertrauen auf seine Truppen gehabt und daß er gefürchtet habe, bei dem ersten Unglücksfalle würde ihm Alles zur Last gelegt werden. Hierzu hatte der wackere General, der bislang nur ausgesuchte Truppen und zuletzt die französische Kaisergarde befehligt, nur allzu sehr Veranlassung.

Wenn aber Gambetta für seine Person dem General Bourbaki wohlwollte, so war bei Herrn de Freycinet das Gleiche keineswegs der Fall. Freycinet wollte dem General Billot das Oberkommando verschaffen, welcher ohnehin in der Zeit vom 26. November bis zum 6. Dezember schon vom Oberst bis zum Divisionsgeneral aufgerückt war.

Ganz ebenso wie de Freycinet dachte sein Werkzeug, Herr de Serres, der übrigens schon in Bourges ein Absetzungsdekret für Bourbaki in der Tasche hatte, bei dem nur noch das Datum auszufüllen war.

In Wirklichkeit wurde Bourbaki durch den seinem Hauptquartier beigegebenen Herrn de Serres auf Schritt und Tritt überwacht, während de Serres wiederum seinem Herrn und Meister de Freycinet über Alles und Jedes telegraphische Meldung abstattete.

Bourbaki seinerseits schenkte sein volles Vertrauen dem Oberst Leperche, der schon in Metz zum Generalstabe der französischen Kaisergarde gehört hatte und nach der Kapitulation glücklich entkommen war. Dagegen vernachlässigte Bourbaki seinen amtlich ernannten Generalstabschef, den General Borel.

Auch der Generalintendant der Armee, Friant, welcher gleichfalls nach der Kapitulation von Metz glücklich entkommen war, genoß bei Bourbaki keineswegs das Ansehen, welches er sowohl wegen seiner höchst wichtigen Stellung, als wegen seiner großen Fähigkeiten hätte genießen müssen.

So waren denn die persönlichen Verhältnisse bei dem Oberkommando der 1. Loire-Armee äußerst wenig günstig für eine gedeihliche Entwickelung der Ereignisse. Es ist dies ein Punkt von schlechthin elementarer Bedeutung und muß deshalb besonders hervorgehoben werden.

Es ist unbedingt nothwendig, daß bei einer so ungeheuer wichtigen Behörde, wie das Oberkommando einer ganzen Armee es ist, die Personen mit größter Sorgfalt ausgesucht werden, welche die maßgebenden Stellungen bekleiden sollen. Diese Personen müssen zueinander Vertrauen haben, sie müssen sich gegenseitig ergänzen; ist das nicht der Fall, dann kann der Mißerfolg nur zu oft auf lediglich persönlichem Gebiete gesucht werden müssen.

In das Oberkommando einer Armee gehören nur erprobte Männer von hervorragender Tüchtigkeit. Allzu schroffe Charaktere, die noch dazu zur Rechthaberei neigen, schaden mehr, als sie bei aller Tüchtigkeit nutzen. Diplomatie ist eine der ersten Tugenden eines hohen Generalstabsoffiziers. Wer nicht bei ganz hervorragender Tüchtigkeit auch noch nebenbei Diplomat ist, paßt nicht für solche Stellungen.

Greift nun aber das leidige Günstlingswesen in die Stellenbesetzung ein, so daß unfähige Männer lediglich aus Rücksicht für maßgebende Persönlichkeiten in wichtige Stellungen gelangen, die sie ihrer Befähigung nach in keiner Weise ausfüllen können, dann muß die Sache schief gehen.

Von großem Schaden für das Gedeihen aller Unternehmungen ist die Zutheilung hoher und höchster Persönlichkeiten zu einem Oberkommando, die gewissermaßen à la suite desselben, ohne eigentliche Beschäftigung, den Krieg bei diesem Oberkommando mitmachen wollen. Je höher solche Personen stehen, desto mehr muß man Rücksicht auf sie nehmen, und es kann vorkommen, daß die Riesenarbeit eines Oberkommandos einfach deshalb nicht mit der unbedingt erforderlichen Vollkommenheit bewältigt werden kann, weil es in dem Quartier desselben, aus Rücksicht für derartige hohe Personen, an dem nothwendigen Raume fehlt, um ungestört und glatt arbeiten zu können.

In unserem Falle waren bei dem Oberkommando der 1. Loire-Armee (Ost-Armee) zwei sich feindlich gegenüberstehende Strömungen vorhanden, die eine hatte den Oberst Leperche an ihrer Spitze, die andere den Herrn de Serres.

Wie soll unter solchen Umständen etwas Gedeihliches erzielt werden?

Im Kriege macht die Persönlichkeit Alles, wie wir immer aufs Neue wiederholen werden, darum setze man die richtigen Persönlichkeiten an die richtige Stelle. Jedes Versehen in dieser Hinsicht rächt sich bitter, und wenn viele Versehen an entscheidender Stelle vorkommen, dann ist die Armee verloren, mag sie auch noch so tapfer kämpfen.

Von Anfang an schwebte über den Operationen der Armee Bourbakis ein Unstern. Schon der Eisenbahntransport der Armeekorps Nr. 18 und 20 erlitt große Verzögerungen.

Die beiden großen Eisenbahngesellschaften Paris—Lyon—Méditerranée und Paris—Orléans hatten die Beförderung der Truppen auszuführen. Erst am 23. Dezember konnte die Eisenbahngesellschaft Paris—Orléans 200 Wagen anbieten. Unterdessen wartete das ohnehin schon hart geprüfte 20. Armeekorps in der Ebene von Saincaize bei 14° R. Kälte vergeblich auf seine Einschiffung.

Am 23. Dezember abends 6³/₄ Uhr sollen erst 10 Batterien, 2 Schwadronen und höchstens eine Infanterie-Division der Armee Bourbakis glücklich eingeschifft gewesen sein.

Sehr viel rollendes Material der Eisenbahnen diente zu beweglichen Magazinen. Allein zwischen Moulins und Nevers standen Ende Dezember 1800 Eisenbahnwagen als „magasins volants". Bis Anfang Februar 1871 hatte sich diese Zahl auf 7500 Eisenbahnwagen erhöht.

Eifersüchteleien zwischen den beiden konkurrirenden Eisenbahngesellschaften mögen auch noch hinzugekommen sein, das liegt nun einmal in der menschlichen Natur.

Die Bahnhöfe von Dôle, Châlon sur Saône, Besançon waren mit Verpflegungswagen auf allen Geleisen geradezu überhäuft. Dadurch verlangsamte sich das Ausladen der Truppen und besonders der Pferde und Fahrzeuge außerordentlich. Die Folge dieses Uebelstandes war wiederum, daß die nachfolgenden Truppenzüge wegen der gleich bei den ersten Zügen eingetretenen Verspätungen warten mußten, oft genug auf freier Strecke bei furchtbarer Kälte, so daß die Verspätung in steigendem Grade sich immer weiter ausdehnte.

Selbstredend wurde auf diese Weise auch die Rückkehr der Leerzüge an den Einladeort sehr verzögert. Es nutzte wenig, daß die Eisen-

bahngesellschaft Paris—Lyon—Méditerranée allein bis zu 250 Loko=
motiven auf den Truppentransport verwendete.

Dazu kam, daß der Eisenbahngesellschaft öfters geringere Effektiv=
stärken zur Verladung angegeben wurden, als später auf den Bahn=
höfen wirklich erschienen. Von Seiten des Oberkommandos war diese
wichtige Angelegenheit nicht sorgfältig genug geregelt worden, und
schließlich gaben die verschiedensten Offiziere Befehle, woraus natur=
gemäß Unordnung entstand.

Ebenso riß Verwirrung in den Angaben der Abfahrtszeiten ein,
weil manche Transporte aufgeschoben oder ganz unterlassen wurden.
Die Truppen ihrerseits kamen zur festgesetzten Zeit auf den Bahnhöfen
an und mußten nun warten.

Außerdem war ein Theil der erfahrensten Eisenbahnbeamten zum
Heeresdienst einberufen und dadurch der Eisenbahnverwaltung entzogen
worden, welche natürlich durch Verwendung von weniger geübten Beamten
Ersatz schaffen mußte.

Zu allen diesen Uebelständen traten nun auch noch starke Schnee=
fälle und eine Kälte von 12 bis 16° R. Die Wasserleitungen auf den
Bahnhöfen versagten bisweilen ihren Dienst infolge des starken Frostes,
ja es kam vor, daß der ungewöhnlich strenge Frost die Leitungsrohre
zum Zerplatzen brachte. Die Maschinen konnten sich dann nicht wieder
mit frischem Wasser versorgen und standen bis zu 12, ja bis zu
15 Stunden auf den Schienen, ihre Feuer nutzlos verbrennend, ja
mitunter auf den Schienen festfrierend.

Man hatte anfangs geglaubt, den Transport der Armeekorps
Nr. 18 und 20 binnen 24 Stunden bewerkstelligen zu können. In
Wirklichkeit war er aber am 29. Dezember noch nicht einmal ganz
vollendet.

Zuerst waren als Ausladeorte Chagny und Châlon sur Saône be=
stimmt gewesen. Dann befahl aber der wackere Herr de Serres eigen=
mächtig den Weitertransport bis Dôle, obschon die Eisenbahnstrecke
Châlon—Dôle dem Betriebe noch gar nicht übergeben war. Auf der
Strecke Verdun sur le Doubs—Dôle waren die Geleise noch nicht ge=
nügend befestigt. Uebrigens war diese Bahn auch nur eingeleisig erbaut
worden. Es gab weder Telegraphen, noch fertige Signalvorrichtungen,
außerdem nur provisorische Wasserversorgungs=Anstalten. Dabei war
die Strecke 75 km lang.

Vergeblich sträubte sich die Eisenbahngesellschaft gegen die Be=
nutzung dieser Linie, sie wurde einfach zum Gehorsam gezwungen. Es

ist dies ein schönes Beispiel für die sogenannte „Freiheit" unter einer republikanischen Regierung.

Trotz alledem gelang aber der Eisenbahntransport. Er begann freilich erst am 27. Dezember für die eben erwähnte Strecke.

Der große Troß des Hauptquartiers brach am 25. Dezember von Nevers auf, und zwar wurde hier der Fußmarsch gewählt; die Wagen= kolonne kam schon am 30. Dezember in Châlon sur Saône an und zwar vor den Truppen, wie in der Enquête parlementaire, tome III, Seite 527 ausdrücklich vom Generalintendanten Friant gesagt wird.

Als nun die Armeekorps Nr. 18 und 20 glücklich an ihren Be= stimmungsorten angekommen waren, bewilligte die Regierung dem General Bourbaki auch noch das 15. Armeekorps für seinen Feldzug im Osten Frankreichs. Dieses Armeekorps stand zur Zeit bei Vierzon.

Die erste Nachricht von der Absicht der Regierung, das 15. Armee= korps auch noch per Eisenbahn nach dem Osten zu befördern, erhielten die Eisenbahngesellschaften am 31. Dezember früh. Zwei Infanterie= Divisionen sollten in Vierzon, eine in Bourges verladen werden, während die Armeekorps Nr. 18 und 20 in Nevers, La Charité und Decize eingeladen worden waren.

Jetzt sollte auf Wunsch des Generals Borel und des Herrn de Serres Besançon als Ausladeort bestimmt, der Bahntransport aber über Dijon geleitet werden, welches inzwischen von den Franzosen wieder besetzt worden war.

Am 2. Januar 1871 meldete die Eisenbahngesellschaft, die zerstörte Eisenbahnbrücke über den Kanal de Bourgogne könnte erst am 4. Januar wiederhergestellt sein. Am selben Tage meldete der kommandirende General des 15. Armeekorps, sein Korps zähle nicht 32 000 Mann, wie er vor acht Tagen gemeldet habe, sondern reichlich 43 000 Mann.

Es wurde daher befohlen, daß am 3. Januar nur 1 Brigade, 2 Batterien und die Brückenequipage nach Dijon befördert werden sollten, der Transport des Armeekorps selbst aber erst am 4. Januar zu beginnen habe.

Die Einschiffung der Truppen ging glatt vor sich, aber im letzten Augenblick entschloß man sich für Clerval als Ausladeort, obschon hier auf dem kleinen Bahnhofe weder genügende Rampen, noch genügende sonstige Vorkehrungen für das Ausladen großer Massen von Truppen, Pferden und Fahrzeugen vorhanden waren.

Die Folgen dieser übereilten und unbesonnenen Maßregel waren äußerst traurig. Am 11. Januar erhielt de Freycinet die Meldung,

daß seit dem 8. Januar kein einziger Eisenbahnzug Dijon habe ver=
laffen können, weil die Geleife vollständig verstopft wären.

7 Züge waren in Dijon seit drei Tagen festgefahren, 5 bis 6 Züge
zwischen Dijon und Chagny, 12 Züge zwischen Dijon und Dôle, andere
wieder zwischen Dôle und Clerval. Dazu traten dann noch die un=
geheueren Massen von Verpflegungswagen und der Transport der
Garibaldischen Armee von Autun nach Dijon.

Der Transport des 15. Armeekorps war auf drei Tage berechnet, er
dauerte aber in Wirklichkeit vom 4. Januar bis zum 16. Januar 1871.

Von Anbeginn an hatten sich also Schwierigkeiten aufgethürmt,
deren Umfang die Regierung nicht annähernd im Voraus geahnt hatte.

Aber es blieb keineswegs bei starken Verzögerungen.

Die Leiden der Truppen während dieser denkwürdigen Bahn=
beförderung waren sehr groß. Schon bei dem 18. und 20. Armee=
korps schmolzen die Effektivstärken sichtlich zusammen. Das 42. Marsch=
Regiment vom 18. Armeekorps war am 19. Dezember mit 2585 Mann
Kopfstärke von Bourges abmarschirt; als es am 29. Dezember aus
Chagny abmarschirte, woselbst das Regiment die Eisenbahn verlassen
hatte, zählte es nur noch 1925 Mann. Innerhalb von 10 Tagen,
welche fern vom Feinde mit Märschen und Eisenbahntransport zu=
gebracht worden waren, hatte also das Regiment einen Krankenabgang
von 660 Mann!

Es ist vielleicht von Interesse, die Verluste der Franzosen auf
Grund der genauen Angaben dieses sehr tüchtigen Marsch=Regiments
einigermaßen zu veranschaulichen.

Das Regiment wurde am 31. Oktober 1870 gebildet, zählte
damals 54 Offiziere, 3839 Mann und focht zum ersten Mal in der
Schlacht von Beaune la Rolande am 28. November. Am 2. Februar 1871
traten seine Trümmer nach der Schweiz über. In dieser verhältniß=
mäßig kurzen Zeit verlor das Regiment

todt	3 Offiziere,	167 Mann,
verwundet . . .	12 =	515 =
gefangen . . .	2 =	134 =
vermißt	— =	347 =
krank im Lazareth	19 =	961 =

Summa 36 Offiziere, 2124 Mann.

Man kann unschwer sich daraus ein Bild machen, welche Verluste
die 1. Loire=Armee im Kriege von 1870/71 erlitten hat.

Bei dem 15. Armeekorps gestalteten sich die Dinge noch weit trauriger als bei den Armeekorps Nr. 18 und 20. Das 16. Linien=Regiment brachte 5 Tage in den Eisenbahnwagen zu, das 32. Mobil=garden=Regiment 5 Tage und 6 Nächte, das Fremden=Regiment 6 Tage! Vielen Mannschaften schwollen die Füße so an, daß sie nachher nicht marschiren konnten. Viele Pferde kamen vor Hunger und Durst um.

Man muß sich den wahren Zustand der französischen Ost=Armee stets vor Augen halten, wenn man die folgenden Ereignisse gerecht be=urtheilen will. Auf der einen Seite eine sehr diktatorische Regierung von höchst thatkräftigen, jungen Männern, auf der anderen Seite ein Obergeneral, der auf seine eigenen Truppen ein sehr geringes Ver=trauen setzt, mit seinem Generalstabschef und seinem Generalintendanten sehr wenig erfreuliche Beziehungen unterhält und dabei selbst durch Herrn de Serres auf Schritt und Tritt überwacht wird.

Dazu kommandirende Generale, die anscheinend auch gerade auf den Oberfeldherrn keine sonderlich großen Hoffnungen setzten, und Truppen, die zum großen Theil schon mehrfache Niederlagen erlitten hatten, durch große Anstrengungen erschöpft waren und deren Gesund=heitszustand als sehr traurig bezeichnet werden muß.

Endlich unerhörte Verzögerungen in der Versammlung der Armee.

Ein Napoleon hätte vielleicht auch mit solchen Truppen und unter den gleichen Verhältnissen Siege erfochten, ein Bourbaki konnte die Armee nur ins Verderben führen.

Als Bourbaki schließlich auch noch das 15. Armeekorps bewilligt erhalten hatte, verzögerte er seine Unternehmungen erst recht, um diesem Armeekorps die zum Eintreffen am Doubs nothwendige Zeit zu ver=schaffen.

Am 2. Januar 1871 standen das 18. Armeekorps bei Pesmes, das 20. Armeekorps bei Marnay, das 24. Armeekorps bei Besançon, die Division Crémer zwischen Gray und Dijon.

Pesmes liegt von Vesoul etwa 8 Meilen, Besançon von Héricourt etwa 9 Meilen in der Luftlinie entfernt. Selbst wenn man nur 3 Meilen pro Tag als Marschleistung rechnet (wir haben oben gesehen, daß Theile der Badischen Division 14 Meilen in 2 Tagen zurücklegten), konnten diese Entfernungen in 3 Tagen zurückgelegt werden. Wollte man aber, wie das wohl unbedingt erforderlich war, sich auf einen Punkt mit aller Macht werfen, so reichten 4 bis höchstens 5 Tage hierzu aus.

Aber es fehlte an Proviant= und Troßkolonnen. Diese Kolonnen waren nämlich auf dem Landwege marschirt. Allein das große Haupt= quartier hatte 900 Wagen, die am 30. Dezember erst in Châlon sur Saône sich befanden. Die Troßkolonnen der Armeekorps Nr. 18 und 20 waren auf Befehl des Oberkommandos entladen worden. Die Lebensmittel wurden per Eisenbahn befördert, die leeren Fahrzeuge auf den Landwegen. Aber die zwangsweise beigetriebenen Fuhrleute fanden wenig Vergnügen bei ihrer Beschäftigung, sie froren und entwichen, wo sie nur irgend konnten.

Man hatte Lebensmittel im Ueberfluß aufgespeichert, besonders in Clerval, auch in Baume les Dames. Indessen gingen die Truppen mit diesen Lebensmitteln verschwenderisch um. Ein einziges Regiment warf 35 Kisten vortrefflichen Zwiebacks einfach in den Schnee.

Allein die Stadt Lyon beförderte vom 1. bis 20. Januar 1871:

646 000	Portionen	Mehl,
1 611 400	=	Brot,
872 000	=	Zwieback,
3 000 000	=	Reis,
2 400 000	=	Salz,
1 476 000	=	Zucker,
2 000 000	=	Kaffee,
1 025 000	=	trockenes Gemüse,
1 367 500	=	Speck,
56 560	=	frisches Fleisch,
209 600	=	Branntwein,
8 000	kg	Heu,
31 500	=	Gerste und Hafer.

Wenn die Lebensmittel fast gar zu reichlich vorhanden waren, so mangelte es dafür an der Möglichkeit, sie der Armee auch wirklich zu= zuführen.

Aus den soeben angeführten Ursachen waren die regelmäßig organi= sirten Troßkolonnen theils nicht rechtzeitig zur Stelle, theils war ihre Zahl durch Entweichen der Fuhrleute mit ihren Gespannen stark herab= gemindert worden.

Man mußte also neue Troßkolonnen bilden. Das Beschaffen der er= forderlichen Wagen ließ sich trotz aller Energie natürlich nicht in kürzester Zeit erledigen. Schließlich hatten aber die Armeekorps Nr. 18 und 20 doch je 600 bis 700 Wagen, das 24. Armeekorps 400, aber das 15. Armee=

korps nur 200, weil seine regelmäßig formirten Troßkolonnen, etwa 700 beladene Wagen, von Dijon her in Baume les Dames erst ankamen, als der Rückzug der französischen Ost=Armee schon begonnen hatte.

Dabei fehlten den neu herbeigetriebenen Troßwagen die nothwendigsten Ausrüstungsgegenstände, so z. B. Handwerkszeug zum Beladen, Wagendecken, Wagenleitern, Bretter, Stricke ꝛc. Alles mußte erst für den Nothbehelf hergerichtet werden.

Wir kennen bereits die Schwierigkeiten, welche die gut organisirten Trains des XIV. Armeekorps der Deutschen zu überwinden hatten. Für die höchst mangelhaften Troßkolonnen der Franzosen, die meistens von ursprünglichster Art waren, mußten sich bei den glatt gefrorenen Wegen, dem hohen Schnee, den großen Steigungen und Senkungen geradezu ungeheuere Schwierigkeiten ergeben.

Man durfte denn auch die Wagen nur zur Hälfte beladen, obschon man die Bespannung verdoppelte. Unordnung konnte nicht vermieden werden. Die Troßkolonnen vermochten täglich kaum 1½ Meilen zurückzulegen, sie waren also ein Hemmschuh für die Armee, welche ihren Vormarsch nothgedrungen verlangsamen mußte, weil sie gezwungen war, auf das Näherkommen der Proviantkolonnen zu warten.

Für alle diese Dinge hatte man aber in Bordeaux kein Verständniß. Man rechnete hier stets nur mit todten Zahlen. Man verwechselte nicht bloß bewaffnete und uniformirte Männer mit Soldaten, eine Masse von zweiräbrigen Bauernkarren, wie sie allen Mitkämpfern des deutsch=französischen Krieges gewiß in deutlicher Erinnerung sind, mit regelmäßig organisirten Trainkolonnen, wie sie die deutschen Heere besaßen; man glaubte auch, daß eine so locker zusammengesetzte Armee mit gleichfalls zum weitaus größten Theile improvisirten Offizieren nicht nur alles Mögliche leisten, sondern auch alles Erforderliche besitzen müsse, weil man ja allerdings die Armee mit Geldmitteln verschwenderisch ausgestattet hatte.

Den Schwärmern für Milizheere empfehlen wir ein recht gründliches Studium des Feldzuges im Südosten Frankreichs.

III. Zusammensetzung und Stärke der französischen Ost-Armee unter General Bourbaki.

Oberkommandeur: General Bourbaki.
Chef des Generalstabes: General Borel.
Erster Abjutant: Oberst Leperche.
Kommandeur der Artillerie: General De Blois de la Calande,
Kommandeur der Genietruppen: General Séré de Rivière.
Chef der Intendantur: Generalintendant Friant.

15. Armeekorps.

Kommandirender General: General Martineau des Chenez.

1. Infanterie-Division. General Dastugue.

1. Brigade. General Minot.

1. Marsch-Zuaven-Regiment	=	3 Bataillone,
12. Mobilgarden-Regiment (Nièvre) . .	=	3 =
Mobilgarden-Bataillon de la Savoie . . .	=	1 Bataillon,
	Summe =	7 Bataillone.

2. Brigade. General Queftel.

4. Marsch-Jäger-Bataillon	=	1 Bataillon,
Marsch-Regiment der Turkos	=	3 Bataillone,
18. Mobilgarden-Regiment (Charente) . .	=	3 =
	Summe =	7 Bataillone.

3 gezogene 4pfdge Batterien	=	18 Geschütze,
1 Mitrailleusen-Batterie	=	8 Geschütze.

Stärke der 1. Infanterie-Division: = 14 Bataillone,
18 Geschütze, 8 Mitrailleusen.

2. Infanterie-Division. General Rebilliard.

1. Brigade. General Lecamus.

5. Marsch-Jäger-Bataillon	=	1 Bataillon,
39. Linien-Regiment	=	3 Bataillone,
Fremden-Regiment	=	3 =
25. Mobilgarden-Regiment (Gironde) . .	=	3 =
	Summe =	10 Bataillone.

2. **Brigade.** General Choppin-Mérey.

2. Marſch-Zuaven-Regiment	=	3	Bataillone,
30. Marſch-Regiment	=	3	=
29. Mobilgarden-Regiment (Maine et Loire)	=	3	=
	Summe =	9	Bataillone.

3 gezogene 4pfdge Batterien.

Stärke der 2. Infanterie-Diviſion = 19 Bataillone, 18 Geſchütze.

3. Infanterie-Diviſion. General Peytavin.

1. **Brigade.** General Jacob de la Cottière.

6. Marſch-Jäger-Bataillon	=	1	Bataillon,
16. Linien-Regiment	=	2½	Bataillone,
33. Marſch-Regiment	=	1	Bataillon,
32. Mobilgarden-Regiment (Puy de Dôme)	=	3	Bataillone,
	Summe =	7½	Bataillone.

500 Mann des 16. Linien-Regiments, etwa 1000 Mann des 33. Marſch-Regiments und einige Abtheilungen des 32. Mobilgarden-Regiments waren während des Rückzuges nach der Schlacht von Orléans in die falſche Richtung auf Blois gerathen und machten den weiteren Feldzug bei der Armee des Generals Chanzy mit.

Auch eine ziemlich große Anzahl von Mannſchaften des 29. Mobilgarden-Regiments der 2. Infanterie-Diviſion gerieth auf die gleiche Weiſe nach Blois, und wurden dieſe Mannſchaften in das 6. Bataillon der Mobilgarden de Maine et Loire eingereiht, gingen alſo der Oſt-Armee gleichfalls verloren.

2. **Brigade.** General Martinez.

27. Marſch-Regiment	=	3	Bataillone,
34. = = ...	=	3	=
69. Mobilgarden-Regiment (Ariège) . . .	=	3	=
	Summe =	9	Bataillone.

2 gezogene 4pfdge Batterien. Die dritte Batterie der Diviſion war bekanntlich gleichfalls nach Blois gerathen.

Stärke der 3. Infanterie-Diviſion = 16½ Bataillone, 12 Geſchütze.

Kavallerie-Division. General Galand de Longuerue.

1. Brigade. General ? ?

11. Regiment Chasseurs à cheval . . . = 4 Schwadronen,
6. Dragoner-Regiment . . . . = 4 =
6. Husaren-Regiment . . . . = 4 =

2. Brigade. General De Boërio.

1. Marsch-Regiment der Chasseurs à cheval = 4 Schwadronen,
9. Kürassier-Regiment . . . . = 4 =

3. Brigade. General Tillon.

5. Lanciers-Regiment . . . . = 4 Schwadronen,
1. Marsch-Kürassier-Regiment . . . . = 4 =

Stärke der Kavallerie-Division = 28 Schwadronen.

Die Reserveartillerie des 15. Armeekorps umfaßte:

4 gezogene 8pfdge Batterien . . . = 24 Geschütze,
4 reitende 4pfdge Batterien . . . = 16 =
2 Gebirgs-Batterien . . . . . = 12 =
1 Mitrailleusen-Batterie . . . . . = 8 =

Summe = 60 Geschütze.

Gesammtstärke des 15. Armeekorps.

1. Infanterie-Division 14 Bataillone, Schwadronen, 26 Geschütze,
2. = 19 = = 18 =
3. = = 16 ½ = = 12 =
Kavallerie-Division . . . . 28 =
Reserveartillerie . . . . 60 =

Zusammen 49 ½ Bataillone, 28 Schwadronen, 116 Geschütze.

Wir haben hier angenommen, daß Lehautcourt mit seiner auf
S. 403 der Schrift „Coulmiers et Orléans" gemachten Behauptung
Recht hat, nämlich daß alle Mitrailleusen-Batterien bei der Loire-
Armee 8 Geschütze zählten. Nach der schon im Jahre 1871 erschienenen
Schrift „L'artillerie du 15ième corps pendant la guerre de 1870/71.
Par le général De Blois" war dies nicht der Fall, vielmehr hat nach
dieser Schrift nur die eine Mitrailleusen-Batterie des 15. Armeekorps
8 Geschütze gehabt, die andere nur 6 Geschütze.

Es bleibt also die Sache fraglich.

Die Effektivstärken der französischen Ost-Armee lassen sich mit Genauigkeit nicht angeben. Der Bericht der Untersuchungskommission der französischen Nationalversammlung, welche die Handlungen der Regierung „de la défense nationale" zu prüfen hatte, drückt sich folgendermaßen aus: „Nous avons renoncé, à donner les effectifs des combattants, car il nous a paru impossible, à la façon dont se faisaient et se défaisaient les armées, de réunir à cet égard des documents qui pussent offrir un caractère suffisant de certitude."

Die Untersuchungskommission der französischen Nationalversamm=lung verfügte nun doch sicherlich über alles überhaupt vorhandene Akten=material; die Kommandeure der französischen Regimenter, Bataillone u. s. w. lebten damals noch fast sämmtlich; wenn es trotzdem nicht gelang, die Zahlenverhältnisse auch nur einigermaßen sicher festzustellen, so wird dies in einer späteren Zeit sicherlich erst recht unmöglich bleiben. Wir sind daher dazu gezwungen, uns ausschließlich mit Wahrscheinlich=keitsrechnungen zufrieden zu stellen, die wir jedesmal möglichst sorg=fältig begründen werden.

Nach dem Werke des Generals Martin des Pallières, S. 433, hatten die 49½ Bataillone des 15. Armeekorps gegen Ende Dezember 1870 eine Stärke von 32 000 Mann. Es sollen späterhin allerdings noch Verstärkungen und viele trainards angekommen sein.

Einschließlich der Kavallerie, der Artillerie, der Genietruppen, der Franktireurs und der Verwaltungstruppen hatte das 15. Armeekorps am 1. Januar 1871 einen Verpflegsstand von mehr als 43000 Mann.

Da nun aber viele Erkrankungen infolge der Strapazen, des langen Eisenbahntransports bei ungewöhnlicher Kälte und infolge der mangel=haften Verpflegung eintraten, so wird man die Durchschnittsstärke der Bataillone des 15. Armeekorps am 13. Januar 1871 nur zu höchstens 550 Gewehren, die der Schwadronen zur selben Zeit nur zu höchstens 100 Säbeln berechnen dürfen.

Wir wählen den 13. Januar zum Ausgangspunkte, weil an diesem Tage zum ersten Male Truppen des 15. Armeekorps ernsthaft mit den deutschen Truppen des Generals v. Werder ins Gefecht kamen.

Es versteht sich ganz von selbst, daß die einzelnen Regimenter und Bataillone sehr verschiedene Stärken hatten. Wir sprechen hier nur von der Durchschnittsstärke.

Vom Fremden-Regiment wissen wir, daß es am 18. Dezember 1870 nicht weniger als 2000 Rekruten aus den Depots von 9 Infanterie-Regimentern erhalten hat, daß es aber trotzdem nur 3000 Mann = 2850 Gewehre stark war. Das Regiment wurde am 7. Januar 1871 in Bourges verladen und zwar in zwei Eisenbahnzügen; der eine Zug blieb sechs Tage in Dijon liegen, der andere Zug sechs Tage in Chagny. Ohne jeden Zweifel hat sich die Effektivstärke des Regiments bis zum 13. Januar sehr bedeutend herabgemindert. Jedenfalls zählte das Regiment am 27. März 1871, als es in Besançon zur Abfahrt nach Versailles bereitgestellt wurde, zwar 66 Offiziere, aber nur 1003 Mann, obschon es im Kampfe keineswegs besonders große Verluste erlitten hatte.

Das 18. Mobilgarden-Regiment zählte nach Grenest, S. 669, am 3. Januar 1871 nur noch 1900 Mann.

Demnach würde das 15. Armeekorps am 13. Januar 1871 folgende Stärke gehabt haben:

49 1/2 Bataillone = 27 225 oder rund 27 000 Gewehre,
28 Schwadronen = 2 800 Säbel,
116 Geschütze.

18. Armeekorps.

Kommandirender General: General Billot.

1. Infanterie-Division. General Feillet-Pilatrie.

1. Brigade. Oberst Leclaire.

9. Marsch-Jäger-Bataillon	=	1 Bataillon,
42. Marsch-Regiment	=	3 Bataillone,
19. Mobilgarden-Regiment (Cher) . . .	=	3 ,
	Summe =	7 Bataillone.

2. Brigade. General Robert.

44. Marsch-Regiment	=	3 Bataillone,
73. Mobilgarden-Regiment (Loiret et Isère)	=	3 ,
	Summe =	6 Bataillone.

3 gezogene 4pfdge Batterien.

Stärke der 1. Infanterie-Division = 13 Bataillone, 18 Geschütze.

2. Infanterie-Division. Kontreadmiral Du Penhoat.

1. **Brigade.** Oberft Perrin.

12. Marſch-Jäger-Bataillon . . . . . = 1 Bataillon,
52. Marſch-Regiment . . . . = 3 Bataillone,
77. Mobilgarden-Regiment (Tarn, Allier,
    Maine et Loire) . . . . = 3 "
               Summe = 7 Bataillone.

2. **Brigade.** General Perreaux.

92. Linien-Regiment . . . . = 3 Bataillone,
Regiment leichter afrikaniſcher Infanterie
    (Zephirs) . . . . = 2 "
49. Marſch-Regiment . . . . = 3 "
               Summe = 8 Bataillone.

3 gezogene 4pfdge Batterien.

Stärke der 2. Infanterie-Division = 15 Bataillone, 18 Geſchütze.

3. Infanterie-Division. General Bonnet.

1. **Brigade.** Oberft Goury.

4. Marſch-Zuaven-Regiment . . . . = 2½ Bataillone,
81. Mobilgarden-Regiment (Charente
    Inférieure, Cher, Indre) . . . = 3 "
               Summe = 5½ Bataillone.

2. **Brigade.** Oberftlieutenant Bremens.

14. Marſch-Jäger-Bataillon . . . = 1 Bataillon,
53. Marſch-Regiment . . . . = 3 Bataillone,
82. Mobilgarden-Regiment (Charente, Bau-
    cluſe, Var) . . . . = 3 "
               Summe = 7 Bataillone.

3 gezogene 4pfdge Batterien.

Stärke der 3. Infanterie-Division = 12½ Bataillone, 18 Geſchütze.

Kavallerie-Division. General De Brémond b'Ars.

1. **Brigade.** General Charlemagne.

2. Marſch-Huſaren-Regiment = 4 Schwadronen,
3. Marſch-Lanciers-Regiment = 4 "

2. **Brigade.** Oberst Gaitié.

5. Marsch-Dragoner-Regiment = 4 Schwadronen,
5. = Küraffier- = = 4 =
Stärke der Kavallerie-Division = 16 Schwadronen.

Refervartillerie.

2 gezogene 12pfdge Batterien = 12 Geschütze,
2 reitende 4pfdge = = 8 =
2 Mitrailleusen-Batterien . = 16 =
1 Gebirgs-Batterie . . . . = 6 =
Summe = 42 Geschütze.

Das 4. Marsch-Zuaven-Regiment bestand aus 6 Kompagnien des 1., 7 Kompagnien des 2. Zuaven-Regiments und aus 2 Kompagnien vom Depot des 47. Linien-Regiments. Ursprünglich sollten noch drei Kompagnien vom 3. Zuaven-Regiment zu dem 4. Marsch-Zuaven-Regiment stoßen; diese drei Kompagnien wurden jedoch in Algier erst am 7. Dezember 1870 im Hafen von Bône eingeschifft und erreichten daher das Regiment niemals, sie machten vielmehr den letzten Theil des Krieges unter dem General Chanzy mit. (Greneft, Armée de l'Est, S. 726.)

Wir haben demgemäß das 4. Marsch-Zuaven-Regiment nur zu 2½ Bataillonen berechnet.

Das 14. Marsch-Jäger-Bataillon und des 49. Marsch-Regiment stießen erst am 1. Januar bei Auxonne zum 18. Armeekorps und müssen daher zunächst noch ziemlich vollzählig gewesen sein. Beiläufig sei bemerkt, daß das 49. Marsch-Regiment sonderbarerweise zunächst nicht seiner Division zugetheilt, sondern vielmehr einstweilen zur Bedeckung des Generalkommandos des 18. Armeekorps verwendet wurde.

Das 52. Marsch-Regiment zählte am 21. Dezember 1870 nach dem Eintreffen von 200 Mann Ersatzmannschaften 2512 Mann. Es ist dies insofern von Interesse, als man weiß, daß dieses Regiment am 17. November 32 Offiziere, 2516 Mann stark war, daß es bei den Kämpfen an der Loire nur am 2. Dezember mit einem einzigen Bataillon betheiligt war und hierbei etwa 20 Mann verlor. Es ergiebt sich also hieraus, daß das Regiment in der Zeit vom 17. November bis 21. Dezember 184 Mann durch Krankheiten einbüßte, d. h. binnen 4½ Wochen mehr als 7 Prozent seiner Effektivstärke. Man kann daraus ermessen, welche riesigen Krankheitsverluste im Januar, bei der

ungeheueren Kälte, den jämmerlich schlechten Wegen und der mangel=
haften Verpflegung eingetreten sein werden.

Die Gesammtstärke des 18. Armeekorps zur Zeit des Treffens von
Villersexel betrug

1. Infanterie=Division 13 Bataillone, 1 Schwadron, 18 Geschütze.
2. = = 15 = 1 = 18 =
3. = = 12½ = 1 = 18 =
Kavallerie=Division . 13 Schwadronen,
Reserveartillerie . . 42 =

Summa 40½ Bataillone, 16 Schwadronen, 96 Geschütze.

Wir haben hier angenommen, daß, wie aus dem „Journal des
marches de la 2ième division d'infanterie du 18ième corps d'armée"
hervorzugehen scheint, je eine Schwadron der Kavallerie=Division dieses
Armeekorps den Infanterie=Divisionen zugetheilt war.

Amédée le Faure giebt Theil II, S. 120, folgenden Stärke=
nachweis des 18. Armeekorps für den 10. Januar 1871 (zweifellos ohne
die Verluste bei Villersexel berücksichtigt zu haben):

1. Infanterie=Division . . . . 9 970 Mann,
2. = = ... 9 896 =
3. = = ... 9 379 =
Kavallerie=Division . . . . 1 476 =
Reserveartillerie, Park, Genietruppen u. s. w. . 1 824 =

Summa 32 545 Mann.

Bei dieser Rechnung sind nun die Gewohnheiten der Franzosen zu
berücksichtigen; bei jeder Infanterie=Division rechnen sie die Divisions=
artillerie, die Kavallerie (in diesem Falle), die Genietruppen und die
services administratifs mit. Man muß also bei jeder Infanterie=
Division für die Divisionsartillerie und den Park rund 500 Mann,
für die Kavallerie rund 150 Mann, für die Genietruppen, Verwaltungs=
behörden, Post, Divisions=Ambulanz rund 150 Mann, zusammen mithin
rund 800 Mann von dem Effektiv= (Verpflegungs=)Stande in Abzug
bringen. Dann erhalten wir für den 9. Januar 1871:

1. Infanterie=Division . 9 170 Mann = rund 8 500 Gewehre,
2. = = . 9 096 = = = 8 300 =
3. = = . 8 579 = = = 7 900 =

Die Gesammtstärke des 18. Armeekorps würde also am 9. Januar
1871 betragen haben: 24 700 Gewehre, 1600 Säbel, 96 Geschütze.

Wir verweisen nochmals darauf, daß ein Stärkenachweis für den 10. Januar unmöglich schon die am 9. Januar erlittenen Verluste be= rücksichtigt haben kann. Jeder erfahrene Kriegsmann weiß, daß ein zu einem bestimmten Termin verlangter Stärkenachweis auf den Angaben beruht, welche die einzelnen Truppentheile mindestens am Tage vorher, mitunter zwei bis drei Tage vorher aufgestellt haben. Am Morgen des 10. Januar konnte man außerdem bei dem 18. Armeekorps die im Treffen von Villerfexel erlittenen Verluste noch gar nicht übersehen! Es sind also für die Schlacht an der Lisaine die am 9. Januar erlittenen Verluste bei dem 18. Armeekorps in Abzug zu bringen, ebenso die in der Zwischenzeit erlittenen Abgänge durch Krankheiten.

20. Armeekorps.
Kommandirender General: General Clinchant.

1. Infanterie=Division.   General de Polignac.

1. Brigade.   Oberstlieutenant Godefroy.

85. Linien=Regiment . . . . =	2	Bataillone,
11. Mobilgarden=Regiment (Loire) . . . =	2	=
55. = = (Jura) . . . =	2	=
Summa =	6	Bataillone.

2. Brigade.   Oberst Brisac.

67. Mobilgarden=Regiment (Haute=Loire) . =	3	Bataillone,
24. = = (Haute=Garonne) =	2	=
4. Bataillon Mobilgarden de Saône et Loire =	1	Bataillon,
Summa =	6	Bataillone.

2. Marsch=Lanciers=Regiment,
2 gezogene 4pfdge Batterien.
Stärke der Division: 12 Bataillone, 4 Schwadronen, 12 Geschütze.

2. Infanterie=Division.   General Thornton.

1. Brigade.   General Debernard de Seigneurens.

25. Marsch=Jäger=Bataillon . . . . . . =	1	Bataillon,
34. Mobilgarden=Regiment (Deux=Sèvres) . =	3	Bataillone,
2. Mobilgarden=Bataillon de la Savoie . =	1	Bataillon,
Summa =	5	Bataillone.

3*

2. Brigade. Oberst Bivenot.

3. Marsch-Zuaven-Regiment	=	3 Bataillone,
68. Mobilgarden-Regiment (Haut-Rhin)	=	2 =
Summa	=	5 Bataillone.

7. Regiment Chasseurs à cheval,
　　2 gezogene 4pfdge Batterien.

Stärke der Division: 10 Bataillone, 4 Schwadronen, 12 Geschütze.

3. Infanterie-Division. General Ségard.

1. Brigade. Oberst Durochat.

47. Marsch-Regiment	=	3 Bataillone,
2 Bataillone Mobilgarden de la Corse	=	2 =
Summa	=	5 Bataillone.

2. Brigade. Oberst Simonin.

Mobiles des Pyrénés-Orientales	=	2 Bataillone,
58. Mobilgarden-Regiment (Vosges)	=	2 =
1 Bataillon Mobilgarden der Meurthe	=	1 Bataillon,
Summa	=	5 Bataillone.

6. Marsch-Kürassier-Regiment,
　　2 gezogene 4pfdge Batterien.

Stärke der Division: 10 Bataillone, 4 Schwadronen, 12 Geschütze.
Reserveartillerie: 1 Mitrailleusen-Batterie, 3 gezogene 12pfdge Batterien.

Das Bataillon vom 78. Linien-Regiment, welches zur 3. Division 20. Armeekorps gehörte, war dem 47. Marsch-Regiment einverleibt worden. Dieses Regiment hatte eine recht bunte Zusammensetzung; es bestand aus der Legion von Antibes, dem 4. Bataillon des 78. Linien-Regiments, 500 Mobilgardisten des Deux-Sèvres und 300 Mobilgardisten de Saône et Loire.

Die dem 20. Armeekorps zugetheilten Franktireurs führen wir hier ebenso wenig an, wie bei den übrigen Armeekorps.

Demnach hatte das 20. Armeekorps zu Anfang des Januar 1871 folgende Gesammtstärke:

1. Division	12	Bataillone,	4	Schwadronen,	12	Geschütze,
2. =	10	=	4	=	12	=
3. =	10	=	4	=	12	=
Reserveartillerie					26	=

Zusammen 32 Bataillone, 12 Schwadronen, 62 Geschütze.

Nach Lehautcourt, „Campagne de la Loire", S. 428, zählte das 20. Armeekorps am 26. Dezember 26 000 Mann Verpflegsstand. Wir haben das Armeekorps in unserer Schrift über die Schlacht von Orléans für den 3. Dezember früh auf allerhöchstens 21 000 Gewehre, 1100 Säbel berechnet. Bei Orléans hatte das 20. Armeekorps nur am 4. Dezember das kleine Gefecht von Chécy gehabt und dabei nur unbedeutende Verluste erlitten.

Unsere Berechnung beruhte aber insofern auf einem Irrthum, als wir auf Grund der damals verfügbaren französischen Quellen annahmen, daß das Bataillon des 78. Linien-Regiments nicht zum 47. Marsch-Regiment gehört habe.

Das historique des 47. Linien- und Marsch-Regiments und das Buch „Campagne de la Loire" von Lehautcourt lassen aber keinen Zweifel darüber, daß die Angabe von Jules Richard, „Annuaire de la guerre 1870/71", Theil 3, S. 30 falsch ist. Hier wurde nämlich behauptet, daß das 4. Bataillon des 98. Linien-Regiments zum 47. Marsch-Regiment gehört habe; in Wirklichkeit war es jedoch das 4. Bataillon des 78. Linien-Regiments. Daher sind unsere Stärke-angaben des 20. Armeekorps durchweg um 800 Gewehre zu hoch ge-griffen gewesen.

Das 20. Armeekorps zählte mithin am 3. Dezember früh höchstens 20 200 Gewehre.

Das Depot des 16. Jäger-Bataillons stand in Besançon und zählte am 1. November 1870 13 Offiziere, 1817 Mann. Es wurden aus diesem Depot am 1. Januar 1871 zwei Marsch-Jäger-Bataillone gebildet, das 14. bei dem 18. Armeekorps und das 25. bei dem 20. Armeekorps. Man wird daher den Zuwachs an Gewehren für das 20. Armeekorps durch das 25. Marsch-Jäger-Bataillon auf höchstens 800 Gewehre berechnen dürfen.

Zweifellos haben Entbehrungen, Anstrengungen, unnütze Hin- und Hermärsche, Kälte und mangelhafte Verpflegung schwere Verluste an Kranken erzeugt. Vom 55. Mobilgarden-Regiment (Jura) wissen wir durch Grenest, S. 716, daß es ursprünglich mehr als 2400 Mann stark war, später Nachschub aus dem Depot erhielt und trotzdem am 15. Januar nur noch „un millier de fusils" gezählt haben soll.

Es ist möglich, ja eigentlich wahrscheinlich, daß Ersatzmannschaften diese Abgänge wenigstens zum Theil wieder ergänzt haben; Genaues darüber wissen wir nicht. Jedenfalls bestand aber das 20. Armeekorps zu zwei Dritteln aus Mobilgarden, deren Depots nur in geringem Grade

für Nachschub zu sorgen vermochten, weil sie hierfür gar nicht zweck=
mäßig genug organisirt worden waren. Ein normales Mobilgarden=
Bataillon zählte nämlich acht Kompagnien, von denen eine einzige
Kompagnie als Depot zurückblieb. Es versteht sich von selbst, daß
172 Mann im Depot unmöglich für die Verluste von 1200 Mann
durch feindliches Feuer und durch Krankheiten ausreichenden Ersatz ver=
schaffen konnten.

Da nun gerade das 20. Armeekorps in Bezug auf seine Organisation
außerordentlich unglücklich bedacht worden war (es fehlten ihm noch
am 1. Dezember 10 000 Paar Schuhe, Lagergeräth für 10 000 Mann,
20 000 Tornister u. s. w., Martin des Pallières, S. 165), so wird
man die Stärke dieses Armeekorps für den 9. Januar 1871 früh
schwerlich höher als zu 19 000 Gewehren, 1000 Säbeln und 62 Ge=
schützen beziffern dürfen.

Thatsächlich ist es unmöglich, die Stärke der einzelnen Divisionen
auch nur einigermaßen genau anzugeben; wir unterlassen daher jeden
Versuch einer genaueren Berechnung.

24. Armeekorps.

Kommandirender General: General Bressolles.

1. Division. General Dariés.

1. Brigade. Oberstlieutenant Desveaux du Lyf.

15. Marsch=Jäger=Bataillon . . . . . . = 1 Bataillon,
63. Marsch=Regiment . . . . = 3 Bataillone.

2. Brigade. Oberstlieutenant D'Ollonne.

1 Bataillon Mobilgarden du Haut=Rhin . . ⎫
1 = = de la Haute=Garonne ⎬ = 3 Bataillone.
1 = = de Tarn et Garonne ⎭

Die 3. Legion der Mobilisés der Rhône traf erst nach dem
Rückzuge der Ost=Armee ein und hat an der Lisaine nicht mit=
gefochten.

2 gezogene 4pfdge Batterien.

Stärke der Division: 7 Bataillone, 12 Geschütze.

In Wirklichkeit war also keine Division, sondern nur eine Brigade
vorhanden.

Das 15. Marsch-Jäger-Bataillon rückte erst am 4. Januar aus Besançon aus, mit 1044 Mann Verpflegsstärke. Das 63. Marsch-Regiment war erst am 28. November in Besançon formirt worden und bestand aus 3 Bataillonen vom 78., 84. und 85. Linien-Regiment. Man wird die Durchschnittsstärke eines Bataillons der 1. Division am 9. Januar 1871 auf etwa 900 Gewehre beziffern dürfen, da die Truppen sämmtlich noch nicht ernsthaft im Kampfe gewesen waren.

Dies ergiebt also 6300 Gewehre für die 1. Division am 9. Januar.

2. Division. General Comagny (in Wirklichkeit nur ein Pseudonym für Thibaudin).

1. **Brigade.** Oberstlieutenant Irlande.

21. Marsch-Jäger-Bataillon	=	1 Bataillon,
60. Marsch-Regiment	=	3 Bataillone,
61. = = ...	=	3 =

Summa = 7 Bataillone.

2. **Brigade.** Oberstlieutenant Bramas.

14. Mobilgarden-Regiment (Yonne) . . .	=	3 Bataillone,
87. Mobilgarden-Regiment (Lozère, Tarn et Garonne)	=	3 =

Summa = 6 Bataillone.

2 gezogene 4pfdge Batterien,
1 Gebirgs-Batterie.

Stärke der Division: 13 Bataillone, 18 Geschütze.

Die Bataillone des 60. und 61. Marsch-Regiments müssen zur Zeit des Treffens von Villersexel zu 1000 Gewehren gerechnet werden, da sie aus je 6 Kompagnien zu 200 Mann bestanden und erst Ende November, bezw. Anfang Dezember formirt worden waren, ohne bis zum Beginn der Operationen im Januar 1871 irgendwo ins Gefecht zu kommen.

Wenn wir also die Marsch-Infanterie-Bataillone zu 1000, die Mobilgarden-Bataillone und das Marsch-Jäger-Bataillon zu 900 Gewehren rechnen, so ergeben sich 12 300 Gewehre als Stärke der 2. Division am 9. Januar.

3. Diviſion. General Carré de Bufferolles.

1. Legion der Mobiliſés der Rhône . . . $=$ 3 Bataillone,
2. ⸗ ⸗ ⸗ ⸗ ⸗ . . . $=$ 3 ⸗
89. Mobilgarden⸗Regiment (Var, Gironde,
Loire) . . . . $=$ 3 ⸗
4. Mobilgarden⸗Bataillon der Loire . . . $=$ 1 Bataillon,

Summa $=$ 10 Bataillone,

2 gezogene 4pfdge Batterien,
1 Gebirgs⸗Batterie.

Stärke der Diviſion: 10 Bataillone, 18 Geſchütze.

Beide Legionen der Rhône hatten ſchon ſtarke Verluſte erlitten. Die 1. Legion verlor allein bei Nuits am 18. Dezember 33 Offiziere, 1164 Mann, darunter allerdings 464 Gefangene, von denen angeblich etwa 350 den Badenſern glücklich entkamen und ſchon nach zwei Tagen wieder bei ihren Truppentheilen eintrafen.

Die 2. Legion verlor am 18. Dezember bei Nuits 10 Offiziere, 705 Mann.

Urſprünglich hatten beide Legionen zuſammen einen Beſtand von 5600 Mann Infanterie (Verpflegsſtärke). Rechnet man nun 10 Prozent Abgang an Kranken, die erlittenen Verluſte und außerdem 50 Mann per Bataillon ab, um die Gefechtsſtärke zu Anfang des Januar 1871 zu erhalten, dann ergeben ſich höchſtens 3200 Gewehre als Gefechtsſtärke beider Legionen zuſammen für den 9. Januar 1871.

Die Mobilgarden⸗Bataillone wird man mit 900 Gewehren im Durchſchnitt berechnen müſſen.

Dies ergiebt für die 3. Diviſion eine Gefechtsſtärke von rund 6800 Gewehren am 9. Januar früh.

An Kavallerie beſaß das 24. Armeekorps nur das 7. Regiment de cavalerie mixte $=$ 4 Schwadronen $=$ 400 Säbel.

Die Reſervartillerie zählte 4 gezogene 12pfdge Batterien, 1 reitende Batterie, 1 Gebirgs⸗Batterie, alſo zuſammen 34 Geſchütze.

Demnach hatte am 9. Januar 1871 das 24. Armeekorps folgende Gesammtstärke:

1. Division: 7 Bataillone, 12 Geschütze = 6 300 Gewehre,
2. " 13 " 18 " = 12 300 "
3. " 10 " 18 " = 6 800 "

Kavallerie: 4 Schwadronen . . . . = 400 Säbel,
Reserveartillerie . . 34 "

Zusammen 30 Bataillone = 25 400 Gewehre,
    4 Schwadronen = 400 Säbel,
    82 Geschütze.

Der innere Werth des 24. Armeekorps muß gering veranschlagt werden. Die Linien= oder richtiger gesagt Marsch=Truppentheile waren erst vor kurzer Zeit gebildet worden, hatten daher noch recht wenig Uebung und noch weniger festen Zusammenhalt.

Die Mobilgarden litten selbstredend an genau denselben Mängeln und Schäden, welche allen übrigen Formationen der gleichen Gattung eigenthümlich waren. Die Mobilisés endlich waren eine ganz zweifellos minderwerthige Truppe.

Armeereserve.

Kommandeur: Fregattenkapitän Pallu de la Barrière.

38. Linien=Regiment . . . . = 3 Bataillone,
29. Marsch=Regiment . . . . = 3 "
Marsch=Regiment der Marine=Infanterie . = 3 "

      Summa = 9 Bataillone.

2. Lanciers=Regiment . . . . = 4 Schwadronen,
2. Marsch=Regiment der Chasseurs d'Afrique = 4 "
3. Marsch=Dragoner=Regiment . . . . . = 4 "

      Summa = 12 Schwadronen.

3 gezogene 8pfdge Batterien.

Zusammen: 9 Bataillone, 12 Schwadronen, 18 Geschütze.

Wir hatten in unserer Schrift über die Schlacht von Orléans für den 3. Dezember 1870 früh die genannten 3 Infanterie=Regimenter zu folgender Gefechtsstärke berechnet:

38. Linien=Regiment . . . . = 3 100 Gewehre,
29. Marsch=Regiment . . . . = 3 750 "
Marsch=Regiment der Marine=Infanterie . = 3 450 "

      Zusammen = 10 300 Gewehre.

Alle drei Regimenter waren in der Schlacht von Orléans scharf im Feuer, und besonders die Marine-Infanterie erlitt schwere Verluste. Auch das 38. Linien-Regiment hatte ernste Verluste, während das 29. Marsch-Regiment weniger litt.

Mit Genauigkeit lassen sich diese Verluste, wie es leider bei den Franzosen die Regel ist, nicht angeben; bei der Marine-Infanterie dürfte der Verlust mindestens 600 Mann betragen haben.

Am 9. Januar 1871 muß man aber die Gefechtsstärke der Armee-reserve noch immer auf rund 9000 Gewehre, 1200 Säbel, 18 Geschütze berechnen.

Selbständige Division des Generals Crémer.

Kommandeur: General Crémer.

1. Brigade. Oberst Millot.

32. Marsch-Regiment	=	3 Bataillone,
57. = = ...	=	3 =
Mobilgarden-Bataillon der Gironde . . .	=	1 Bataillon
Zusammen	=	7 Bataillone.

2. Brigade. General Carol-Tewis.

83. Mobilgarden-Regiment (Aube et Gers) .	=	3 Bataillone,
86. Mobilgarden-Regiment (Saône et Loire)	=	3 =
Zusammen	=	6 Bataillone.

2 gezogene 4pfdge Batterien,
2 Gebirgs-Batterien,
1 Armstrong-Batterie.

Stärke der Division: 13 Bataillone, 30 Geschütze.

Kavallerie besaß die Division Crémer nicht, sie verfügte nur über eine Abtheilung Eclaireurs à cheval.

Das 32. Marsch-Regiment hatte nach Dumas, „Guerre sur les communications allemandes", Seite 254, am 18. Dezember 1870 eine Stärke von 2341 Mann; das 57. Marsch-Regiment eine solche von 2964 Mann; das Mobilgarden-Bataillon der Gironde zählte am selben Tage 1030 Mann.

Die Verluste dieser Truppentheile im Treffen von Nuits am 18. Dezember kann man in runden Ziffern auf

250 Mann für das 32. Marsch=Regiment,
150 = = = 57. = =
150 = = = Mobilgarden=Bataillon der Gironde

beziffern.

Am 15. Januar 1871, d. h. an dem Tage, als diese Truppentheile zum ersten Male mit den Truppen des Generals v. Werder in feindliche Berührung traten, würden sie demnach etwa folgende Gefechtsstärke gehabt haben:

32. Marsch=Regiment = rund 1 900 Gewehre.
57. = = = = 2 600 =
Bataillon der Gironde = = 800 =

Die Bataillone der Mobilgarden = Regimenter Nr. 83 und 86 wird man für den 15. Januar 1871 im Durchschnitt zu 900 Gewehren berechnen dürfen, wobei schon ein großer Ausfall von Kranken berück= sichtigt worden ist.

Demnach erhalten wir für die Division Crémer eine Gefechtsstärke von 10 700 Gewehren und 30 Geschützen am 15. Januar 1871.

Wir bemerken an dieser Stelle nochmals, daß wir bei keinem Armeecorps die sehr zahlreichen Franktireurs mitgerechnet haben. Sollten also hier und da die Durchschnittsstärken der französischen Bataillone noch geringer gewesen sein, als wir sie angenommen haben, so dürfte sich der Unterschied durch den Zuwachs der von uns nicht mit berechneten Franktireurs wohl wieder ausgleichen.

Zu der Armee Bourbakis gehörten endlich auch die Truppen, welche von der Militär=Division von Besançon auf der Hochfläche von Blamont gegenüber der Truppenabtheilung des Generals v. Debschitz aufgestellt worden waren.

Mit Bestimmtheit befanden sich auf der genannten Hochfläche:
das Freikorps der Vogesen unter Oberst Bourras, am 9. Januar etwa 1200 Gewehre, 110 Säbel und 2 Gebirgsgeschütze stark;
das Marsch=Regiment des Oberstlieutenants Bousson, bestehend aus je einem Mobilgarden=Bataillon des Hautes=Alpes und des Vosges und dem 4. Bataillon der Mobilisés der Haute=Saône;
3 Mobilgarden = Bataillone du Doubs unter Oberst de Véjet mit 9 Gebirgsgeschützen.

Ferner die Kompagnie Viette des 2. Bataillons der Mobilisés du Doubs, anfangs etwa 100 Mann stark, später jedoch stärker.

Ebenso die Freikompagnie der 2. Zuaven unter Lavallière mit 180 Mann.

Außerdem standen auf der Linie des Doubs von Baume bis Isle sur le Doubs und Blamont einige Bataillone Mobilisés, deren Zahl und Stärke wir nicht kennen.

Da wir nicht einmal eine genaue Angabe aller hier betheiligten Truppentheile besitzen, so ist selbstredend von einer Stärkeangabe, die auch nur einigen Anspruch auf Genauigkeit machen könnte, gar keine Rede. Indessen dürfen wir, ganz abgesehen von den am Doubs ge-staffelten Truppen, die Stärke der auf der Hochfläche von Blamont dem General v. Debschitz unmittelbar gegenüberstehenden französischen Truppen auf mindestens 6000 Gewehre, 110 Säbel, 11 Geschütze berechnen.

Die folgende Stärkeübersicht der Armee des Generals Bourbaki ist auf den 9. Januar früh berechnet. Sollten sich nennenswerthe Unterschiede daraus ergeben, daß wir die Stärke des 15. Armeekorps für den 13. Januar, die Stärke der Division Crémer für den 15. Januar berechnet haben, so würden sich die betreffenden Stärke-angaben für den 9. Januar entsprechend erhöhen, jedenfalls aber der Beweis erbracht sein, daß es uns äußerst fern lag, die Stärke der französischen Ost-Armee künstlich heraufzuschrauben, wie sehr viele französische Schriftsteller es bei den deutschen Truppen thun.

Gesammtstärke der französischen Ost-Armee unter General Bourbaki am 9. Januar 1871.

	Gewehre		Säbel		Geschütze
15. Armeekorps . . .	27 000	Gewehre,	2 800	Säbel,	116 Geschütze,
18. = . . .	24 700	=	1 600	=	96 =
20. = . . .	19 000	=	1 000	=	62 =
24. = . . .	25 400	=	400	=	82 =
Armeereserve	9 000	=	1 200	=	18 =
Division Crémer . .	10 700	=	—		30 =
Truppen von Blamont	6 000	=	110	=	11 =

Summe: 121 800 Gewehre, 7 110 Säbel, 415 Geschütze.

Rechnet man nun auf das Geschütz 20 Mann Bedienungs-mannschaften, so ergiebt sich eine Gesammtstärke der Franzosen von 137 210 oder von rund 137 000 Streitbaren.

Der Verpflegsstand dieser großen Armee hat zweifellos mehr als 170 000 Köpfe betragen. Diese hohe Ziffer, die so ziemlich an die Stärke der in Metz kapitulirenden Rhein-Armee heranreicht, wird den Franzosen einigermaßen peinlich sein, wir sind jedoch in der glücklichen Lage, sie ihnen ziemlich genau vorrechnen zu können.

Nach Secretan, S. 71 (L'Armée de l'Est) sind thatsächlich X 90 314 Franzosen in der Schweiz internirt worten.

Etwa 15 000 Mann hat die französische Ost-Armee in der Zeit vom 1. Januar bis 1. Februar 1871 im Gefecht verloren, ohne die 15 000 Mann zu rechnen, welche die Armee Manteuffels bei der Verfolgung gefangen nahm.

Etwa 10 000 Franzosen entkamen glücklich ins Innere Frankreichs und entzogen sich der Internirung in der Schweiz.

Die 2. Division 15. Armeekorps, die 1. Division 20. Armeekorps und die Truppen von Blamont verblieben während des Rückzuges der französischen Ost-Armee in Besançon; gerade diese Truppen hatten im Gefechte wenig gelitten, und muß man ihre Verpflegungsstärke bei ihrer Ankunft in Besançon ganz bestimmt noch auf rund 25 000 Mann, möglicherweise aber noch höher veranschlagen.

Hierzu treten nun noch allermindestens 15 000 Mann, welche im Laufe des Januar 1871 theils als erkrankt nach dem Innern Frankreichs zurücktransportirt wurden, theils als trainards u. s. w. sich selbst in Sicherheit brachten.

Das ergiebt eine Gesammtziffer von rund 170 000 Köpfen. Dabei haben wir aber stets nur Minimalziffern gerechnet; nur die in der Schweiz wirklich internirten Franzosen sind ziffernmäßig festgestellt; wir haben z. B. das 15. Armeekorps am 13. Januar nur zu rund 32 000 Streitbaren berechnet, während es thatsächlich am 1. Januar einen Verpflegsstand von mehr als 43 000 Köpfen besaß.

Nimmt man den eben genannten Unterschied, 32 000 Streitbare gegen 43 000 zu verpflegende Köpfe, als Unterlage, so ergiebt sich sogar für die Verpflegsstärke der französischen Ost-Armee, bei 137 000 Streitbaren, eine Ziffer von rund 183 000 Köpfen. Wir haben mithin, bei der Berechnung dieser Verpflegsstärke zu mehr als 170 000 Köpfen, keinesfalls die Zahlen künstlich erhöht.

Was den Zustand der französischen Truppen zu Anfang des Januar 1871 betrifft, so verweisen wir zunächst auf unsere eingehende Schilderung der Loire-Armee zur Zeit der Schlacht von Loigny.

— 46 —

Seit Loigny war der innere Werth der französischen Truppen nur dauernd gesunken, ganz besonders stark auf dem Rückzuge nach der Schlacht von Orléans.

Die frisch ankommenden Ersatzmannschaften waren noch viel minderwerthiger, als die ursprünglichen Bestandtheile der Regimenter es gewesen waren. Auch die zuletzt formirten Marsch=Regimenter glichen nicht annähernd den schon im September und Oktober 1870 auf= gestellten Marsch=Regimentern. Je länger der Krieg dauerte, je mehr das gute Menschenmaterial schon verbraucht war, desto trauriger ge= staltete sich der moralische und auch der physische Werth der zwangsweise zu den Fahnen gerufenen Rekruten.

Dazu kam, daß ein großer Theil der Franzosen trotz allen Revanchegeschreies und sonstiger hohler Phrasen sehnlichst das Ende des Krieges herbeiwünschte.

Und gerade jetzt gesellten sich zu den schon vorhandenen Uebelständen eine in Frankreich ganz ungewöhnliche Kälte, ein überaus anstrengender Eisenbahntransport, eine mangelhafte Verpflegung und Strapazen aller Art, um das moralische Element im Heere noch tiefer herabzudrücken.

Große Erfolge und ein unbedingtes Vertrauen auf die höhere Führung hätten in dieser Beziehung wohl mildernd eingreifen können, aber die großen Erfolge blieben aus, und das Vertrauen in die höhere Führung fehlte erst recht.

Die französische Ost=Armee war nur noch ein Schatten von der französischen Rhein=Armee und mit dieser kaum in einem Athem zu nennen. Eine einzige Infanterie=Division des alten kaiserlichen Heeres hatte mehr militärischen Werth als ein ganzes Armeekorps der Armee Bourbakis.

Man siegt nicht durch die überlegene Zahl bewaffneter Männer, selbst dann nicht, wenn diese auf dem entscheidenden Punkte zu rechter Zeit eingesetzt wird, sondern man siegt nur durch die überlegene Zahl tüchtiger Soldaten, die zu rechter Zeit, am rechten Orte die Entscheidung herbeiführen.

Dies darf man nicht vergessen, wenn man die recht mangelhaften Leistungen der französischen Ost=Armee gerecht beurtheilen will.

IV. Zusammensetzung und Stärke der Truppen des Generals v. Werder.

XIV. Armeekorps.

Kommandirender General: General der Infanterie v. Werder.
Chef des Generalstabs: Oberstlieutenant v. Leszczynski.

Großherzoglich Badische Feld-Division. Generallieutenant v. Glümer.

1. Infanterie-Brigade. Oberst Freiherr v. Wechmar.

    1. Leib-Grenadier-Regiment $\Big\}$ = 6 Bataillone.
    2. Grenadier-Regiment

2. Infanterie-Brigade: Generalmajor Freiherr v. Degenfeld.

    3. Infanterie-Regiment . . $\Big\}$ = 6 Bataillone.
    4.   =   =   . .

3. Infanterie-Brigade. Generalmajor Keller.

    5. Infanterie-Regiment . . $\Big\}$ = 6 Bataillone.
    6.   =   =   . .

Divisionskavallerie: 3. Badisches Dragoner-Regiment.

Divisionsartillerie: 1., 2., 3., 4. schwere $\Big\}$ Badische Batterie.
                               1. leichte

Kavallerie-Brigade. Oberst Freiherr v. Willisen.

    1. Leib-Dragoner-Regiment.
    2. Badisches Dragoner-Regiment.
    Reitende Badische Batterie.

Korpsartillerie: 2., 3., 4. leichte $\Big\}$ Badische Batterie.
                   5. schwere

Pontonier-Kompagnie mit leichtem Feldbrücken-Train.
Außerdem Ponton-Kolonne und Feldbrücken-Train.

Summe der Badischen Feld-Division: 18 Bataillone, 12 Schwadronen, 10 Batterien, darunter 5 schwere Batterien.

Leider besitzen wir keine bis ins Einzelne gehenden Stärkenachweise der Badischen Feld-Division für die Zeit vom 1. Januar bis 21. Januar 1871.

Das 3. Badische Regiment zählte am 5. Januar 1871 2643 Köpfe, das 5. Badische Regiment am 14. Januar 2537 Mann Ausrückestärke. Anfang Januar 1871 waren Ersatzkommandos eingetroffen, z. B. bei dem 2. Grenadier-Regiment 115 Mann, bei dem 3. Regiment 170 Mann, bei dem 5. Regiment 20 bis 30 Mann per Kompagnie.

Der offizielle Standesausweis für den 21. Januar 1871 giebt bei der Badischen Feld-Division 13 494 Mann Infanterie an. Rechnet man hierzu den von der badischen Infanterie in der Zeit vom 5. Januar bis 20. Januar erlittenen Verlust von rund 850 Mann, so ergiebt sich unter Berücksichtigung eines gewissen Abgangs an Kranken, der innerhalb jener 15 Tage gewiß nicht unbedeutend gewesen sein wird, eine Durchschnittsstärke von rund 800 Köpfen = 750 Gewehren für das Bataillon. Wir haben hierbei nur einen Krankenabgang von 250 Mann im Ganzen angenommen, von der Iststärke der Infanterie am 21. Januar aber die Pioniere mit 200 Mann in Abzug gebracht. Vermuthlich ist der Krankenabgang aber höher gewesen, so daß wir jedenfalls nicht zu niedrig, sondern eher zu hoch gerechnet haben.

Die Schwadron wird man auf durchschnittlich 120 Säbel berechnen dürfen.

Am Morgen des 5. Januar 1871 zählte demnach die Badische Feld-Division:

18 Bataillone . . . . . = 13 500 Gewehre,
12 Schwadronen . . . . = 1 440 Säbel,
60 Geschütze.

Kombinirte preußische Truppen des XIV. Armeekorps.

Generalmajor Baron v. d. Goltz.

Regiment Nr. 30 . . . . } = 6 Bataillone.
   = Nr. 34 . . . . }

2. Reserve-Dragoner-Regiment } = 8 Schwadronen.
2.   =   Husaren   = }

Die kombinirte Infanterie-Brigade wurde vom Oberst Wahlert, die Kavallerie-Brigade vom Major v. Walther befehligt.

Die Artillerie bestand aus 3 Batterien, der schweren Reserve-Batterie I. Armeekorps, der 1. und 2. leichten Reserve-Batterie III. Armeekorps.

Das Bataillon der kombinirten preußischen Infanterie-Brigade muß man am 5. Januar zu 875 Gewehren durchschnittlich, die Schwadron zu 120 Säbeln im Durchschnitt berechnen.

Dies ergiebt:

6 Bataillone . . . . . = 5 250 Gewehre,
8 Schwadronen . . . . . = 960 Säbel,
18 Geschütze.

Gesammtstärke des XIV. Armeekorps am 5. Januar 1871:
24 Bataillone . . . . . = 18 750 Gewehre,
20 Schwadronen . . . . = 2 400 Säbel,
78 Geschütze.

1. Reserve-Division. Generalmajor v. Tresckow I.

1. Pommersche Landwehr-Brigade. Oberst Baron v. Buddenbrock.

1. kombinirtes Pom- ⎱ Bataillon Gnesen ⎫
merschtes Landwehr- ⎰ ⸱ Schneidemühl ⎬ Regiments Nr. 14,
Regiment . . . ⎰ ⸱ Konitz ⎭ ⸱ ⸱ 21.
2. kombinirtes Pom- ⎱ Bataillon Deutsch-Krone ⸱ ⸱ 21,
merschtes Landwehr- ⎰ ⸱ Jnowrazlaw ⎫
Regiment . . . ⎰ ⸱ Bromberg ⎬ ⸱ ⸱ 54,
Infanterie-Regiment Nr. 67.

2. Pommersche Landwehr-Brigade. Generalmajor v. Avemann.

3. kombinirtes Pom- ⎱ Bataillon Stendal ⎫
merschtes Landwehr- ⎰ ⸱ Burg ⎬ Regiments Nr. 26,
Regiment . . . ⎰ ⸱ Neustadt ⸱ ⸱ 61.
4. kombinirtes Pom- ⎱ Bataillon Pr. Stargardt ⸱ ⸱ 61,
merschtes Landwehr- ⎰ ⸱ Halberstadt ⸱ ⸱ 66,
Regiment . . . ⎰ ⸱ Neuhaldensleben ⸱ ⸱ 66.

2. Reserve-Ulanen-Regiment,
1. leichte Reserve-Batterie II. Armeekorps,
1. ⸱ ⸱ IX. ⸱
2. ⸱ ⸱ ⸱ ⸱ ⸱

Eine Festungs-Pionier-Kompagnie.

Summe der 1. Reserve-Division = 15 Bataillone, 4 Schwadronen, 18 Geschütze.

Für die Stärke dieser Division haben wir leider nur äußerst lückenhaftes Material auftreiben können.

I./67 zählte am 13. Januar 957 Mann = 900 Gewehre,
II./67 ⸱ ⸱ ⸱ 912 ⸱ = 860 ⸱
F./67 ⸱ ⸱ ⸱ 921 ⸱ = 870 ⸱

Regiment Nr. 67 also am 13. Januar 2790 Mann = 2630 Gewehre.

Am 12. Januar zählten die Bataillone Schneidemühl und Konitz zusammen 1657 Mann, die Bataillone Inowrazlaw und Deutsch-Krone zusammen 1822 Mann, das 3. kombinirte Pommersche Landwehr-Regiment am 13. Januar 2816 Mann, das 4. kombinirte Pommersche Landwehr-Regiment am 13. Januar 2833 Mann. Das ergiebt im Durchschnitt 912 Mann per Bataillon.

Da jedoch das 3. kombinirte Pommersche Landwehr-Regiment für den 12. Januar ausdrücklich nur zu 2764 Mann angegeben wird, statt 2816 Mann für den 13. Januar, so liegt die Vermuthung nahe, daß die Landwehr-Bataillone meistens ihre Revierkranken bei der Iststärke mitberechnet haben. Es wird daher nothwendig sein, für die Ermittelung der Gefechtsstärke hier nicht 50 Mann per Bataillon in Abzug zu bringen, wie wir es für gewöhnlich thun, sondern etwa 90 Mann. Dann würde die Durchschnittsstärke der Landwehr-Bataillone bei der 1. Reserve-Division am 13. Januar 820 Gewehre betragen haben, womit wir der Wahrheit wohl recht nahe gekommen sein dürften.

Die Schwadron berechnen wir mit 120 Säbeln im Durchschnitt.

Am 13. Januar, d. h. an dem Tage, an welchem zum ersten Male Truppen der 1. Reserve-Division gemeinschaftlich mit den Truppen Werders gegen die Armee Bourbakis fochten, hatte demnach die 1. Reserve-Division folgende Stärke:

15 Bataillone . . . . . = 12 470 Gewehre,
4 Schwadronen . . = 480 Säbel,
18 Geschütze.

4. Reserve-Division. Generalmajor v. Schmeling.

Kombinirte Infanterie-Brigade. Oberst Knappe v. Knappstädt.

Infanterie-Regiment Nr. 25.

2. kombinirtes Ost-preußisches Land-wehr-Regiment.	Bataillon Osterode	Regiments Nr. 4,
	= Ortelsburg	= = 4,
	= Graudenz	= = 5,
	= Thorn	= = 5.

Ostpreußische Landwehr-Infanterie-Brigade. Oberst v. Zimmermann.

1. kombinirtes Ost-preußisches Land-wehr-Regiment . .	Bataillon Tilsit	Regiments Nr. 1.
	= Wehlau	= = 1.
	= Insterburg	= = 3.
	= Gumbinnen	= = 3.

3. kombinirtes Ostpreußisches Landwehr-Regiment. .	Bataillon Lötzen	Regiments Nr. 43,
	= Goldap	= = 43,
	= Danzig	= = 45,
	= Marienburg	= = 45.

4. Reserve-Kavallerie-Brigade. Generalmajor v. Treskow II.

1.
3. } Reserve-Ulanen-Regiment.

Je 1 schwere und 2 leichte Reserve-Batterien vom IV. und VI. Armeekorps.

Eine Festungs-Pionier-Kompagnie.

Summe der 4. Reserve-Division = 15 Bataillone, 8 Schwadronen, 36 Geschütze.

Bei der 4. Reserve-Division besitzen wir für die 5 am Treffen von Villersexel betheiligten Landwehr-Bataillone genaue Stärkeangaben vom 6. Januar. Danach zählten an diesem Tage:

Bataillon Wehlau .	709 Mann,
= Osterode .	801 =
= Ortelsburg	710 =
= Graudenz .	765 =
= Thorn . .	750 =
Zusammen	3735 Mann.

Im Durchschnitt zählte also das Bataillon am 6. Januar 747 Mann = rund 690 Gewehre; bei allen 5 Bataillonen waren die Ersatzmannschaften zur Kompletirung auf 1000 Mann noch nicht eingetroffen.

Regiment Nr. 25 zählte am 6. Januar 2789 Mann = 929 Mann per Bataillon = 875 Gewehre.

Es ergiebt sich also, daß alle preußischen Linien-Regimenter des Generals v. Werder (Regimenter Nr. 25, 30, 34, 67) zu Anfang des Januar 1871 fast genau die gleiche Stärke hatten.

Die Schwadron berechnen wir mit 120 Säbeln im Durchschnitt.

Die 4. Reserve-Division zählte mithin am Tage des Treffens von Villersexel:

3 Linien-Bataillone . zu 875 Gewehren	= 2625 Gewehre,
5 Landwehr-Bataillone = 690 =	= 3450 =
8 Bataillone	= 6075 Gewehre.

7 Schwadronen = 840 Säbel,
36 Geschütze.

Der Reft der Division gehörte damals zum Belagerungskorps von Belfort und trat erft an der Lifaine wieder unter die Befehle des Divifionskommandeurs.

Wir bemerken an diefer Stelle, daß wir fpäterhin zur leichteren Bezeichnung der betreffenden Truppentheile folgende Abkürzungen wählen werden:

Die badifchen Regimenter werden wir durchweg nach ihren heutigen Regimentsnummern bezeichnen, alfo ftatt Badifches Leib=Grenadier= Regiment einfach Nr. 109; ftatt Badifches Leib=Dragoner=Regiment ebenfo Nr. 20. Die badifchen Batterien werden wir mit I./B. oder 1./B. bezeichnen, die fchweren mit römifchen Ziffern, die leichten mit arabifchen. Die Batterien der Brigade v. d. Golz entfprechend mit I./G., die Batterien der Referve=Divifionen mit 1./1. R. D. u. f. w. Die Landwehr=Bataillone immer nach ihrem Namen, nicht nach ihrem Regiment.

Für den 16. Januar weifen die Bataillone der 4. Referve= Divifion folgende Stärke auf:

I./25	927 Mann	= 870 Gewehre	Regiment Nr. 25 = 2390 Gewehre.
II./25	793 =	= 740 =	
F./25	832 =	= 780 =	

Bataillon Tilfit	=	922 Mann,
= Wehlau	=	903 =
= Infterburg	=	908 =
= Gumbinnen	=	822 =
= Ofterode	=	784 =
= Ortelsburg	=	902 =
= Graudenz	=	920 =
= Thorn	=	914 =
= Lötzen	=	898 =
= Goldap	=	894 =
= Danzig	=	902 =
= Marienburg	=	896 =

10 665 Mann.

Die Durchfchnittsftärke der Landwehr=Bataillone der 4. Referve= Divifion betrug daher am 16. Januar 888 Mann.

Hier find nun aber zweifellos die Verlufte am 15. Januar noch nicht berückfichtigt gewefen, fo daß der Stärkenachweis eigentlich für den Morgen des 15. Januar gilt und keineswegs vom 16. Januar hätte datirt werden follen.

Man muß ferner berücksichtigen, daß die vor Belfort verwendeten Bataillone der 4. Reserve-Division vermuthlich ziemlich viele Kranke im Revier gehabt haben werden, die fünf im Bewegungskrieg gewesenen Bataillone dagegen weniger.

Wir können daher für den 13. Januar früh die Durchschnitts-stärke der Landwehr-Bataillone der 4. Reserve-Division auf 825 Gewehre berechnen.

Bei dem Linien-Regiment Nr. 25 muß man die am 13. Januar erlittenen Verluste mit 62 Mann in Rechnung stellen.

Wir erhalten demnach für den Morgen des 13. Januar folgende Stärke der 4. Reserve-Division:

$$3 \text{ Linien-Bataillone} = 2\,450 \text{ Gewehre,}$$
$$12 \text{ Landwehr-Bataillone} = 9\,900 \qquad \text{-}$$
$$\text{Zusammen} = 12\,350 \text{ Gewehre,}$$
$$8 \text{ Schwadronen} = 940 \text{ Säbel,*)}$$
$$36 \text{ Geschütze.}$$

Truppenabtheilung des Generals v. Debschitz.

Kommandeur: General v. Debschitz.

Landwehr-Bataillon Liegnitz	⎫	
= = Jauer	⎬ Regiments Nr. 7,
= = Lauban	⎫
= = Hirschberg	⎬ = = 47,
= = Breslau	⎫
= = Oels	⎬ = = 50,
= = Striegau	= = 10,
= = Apenrade	= = 84.

2. und 3. Schwadron 6. Reserve-Ulanen-Regiments,
1. und 2. leichte Reserve-Batterie VIII. Armeekorps,**)
Bayerische Ausfall-Batterie (4 Geschütze).

Stärke der Truppenabtheilung v. Debschitz:
8 Bataillone, 2 Schwadronen, 16 Geschütze.

Am 21. Januar 1871 weist der Stärkerapport der Truppen-abtheilung v. Debschitz 7225 Mann Infanterie nach. Hierzu muß nun der Verlust von 245 Mann gerechnet werden, welchen diese Truppen

*) 20 Pferde Verlust seit dem 9. Januar gerechnet.
**) Abgekürzt: 1./D.

in der Zeit vom 1. Januar bis 20. Januar erlitten. Dies ergiebt eine Stärke von 7470 Mann Infanterie, oder per Bataillon 933 Mann = 880 Gewehre im Durchschnitt. Dies ist die Gefechtsstärke für den Beginn des Januar, wobei die Krankenabgänge nicht berücksichtigt sind.

Die Verluste der Infanterie des Generals v. Debschütz betrugen in der Zeit vom 1. Januar bis 12. Januar nur rund 60 Mann. Wir wollen jedoch auch hier berücksichtigen, daß vermuthlich eine nicht unerhebliche Zahl von Revierkranken in den rückwärtigen Quartierorten der Truppenabtheilung zurückgeblieben ist, und dementsprechend für den Morgen des 13. Januar die Stärke der Infanterie des Generals v. Debschütz nur zu 850 Gewehren per Bataillon im Durchschnitt berechnen. Dies ergiebt 6800 Gewehre.

Die Schwadron wird man zu 120 Säbeln berechnen müssen.

Wir erhalten mithin für den Morgen des 13. Januar folgende Stärke der Truppenabtheilung des Generals v. Debschütz.

8 Bataillone   = 6 800 Gewehre,
2 Schwadronen = 240 Säbel,
16 Geschütze.

Außerdem standen dem General v. Werder noch eine Anzahl von Etappentruppen zur Verfügung und zwar:

Landwehr-Bataillon Eupen Regiments Nr. 25 = 6 Kompagnien,
die Kompagnien Nr. 1 und 4 des 1. Reserve-Jäger-Bataillons,
eine Schwadron des 4. Reserve-Husaren-Regiments,
die schwere Reserve-Batterie des VII. Armeekorps und
die 2. leichte Reserve-Batterie des sächsischen Armeekorps.

Das Landwehr-Bataillon Eupen wird man am 13. Januar zu 1200 Gewehren, die beiden Reserve-Jäger-Kompagnien aber schwerlich zu mehr als 400 Gewehren berechnen dürfen.

Wir erhalten dann für den 13. Januar folgende Stärke der verwendbaren Etappentruppen:

8 Kompagnien = 1 600 Gewehre,
1 Schwadron = 120 Säbel,
12 Geschütze.

An Feld-Pionier-Kompagnien war großer Mangel. Nur die Badische Division besaß eine solche, dagegen hatten die beiden Reserve-Divisionen nur Festungs-Pionier-Kompagnien.

Vor Belfort standen zu Anfang des Januar 2 preußische, 1 badische, 1 württembergische und 1 bayerische Festungs-Pionier-Kompagnie

= 5 Kompagnien. Bis zur Schlacht an der Lisaine trat keine Vermehrung der Pioniere ein.

Dagegen befanden sich nicht weniger als 24 Kompagnien bezw. Batterien der Festungsartillerie vor Belfort, nämlich 12 preußische, 6 bayerische (die Bayern hatten keine Festungsartillerie-Kompagnien, sondern statt deren Batterien), 2 württembergische und 4 badische. Es war also die Festungsartillerie sehr zahlreich und hat denn auch, wie wir sehen werden, in der Schlacht an der Lisaine lebhaft und äußerst erfolgreich mitgewirkt.

Am 5. Januar 1871 gebot General v. Werder in der Stellung Vesoul—Villersexel—Corcelles über folgende Truppen:

Badische Division .	13 500 Gewehre,	1 440 Säbel,	60 Geschütze,
Brigade v. b. Goltz .	5 250 =	960 =	18 =
4. Reserve-Division .	6 075 =	840 =	36 =

Zusammen 24 825 Gewehre, 3 240 Säbel, 114 Geschütze.

Bis zum Treffen von Villersexel haben sich diese Gefechtsstärken nur wenig verändert. Die Verluste am 5. Januar werden wir kennen lernen, sie waren jedenfalls gering. Man kann die Gefechtsstärke der Werderschen Truppen am 9. Januar auf rund 24 700 Gewehre, 3200 Säbel, 114 Geschütze berechnen.

Am 13. Januar verfügte General v. Werder über folgende Truppen:

Badische Division . .	13 300 Gewehre,	1 400 Säbel,	60 Geschütze,
Brigade v. b. Goltz .	5 100 =	930 =	18 =
1. Reserve-Division .	12 470 =	480 =	18 =
4. = = .	12 350 =	940 =	36 =
Truppenabtheilung des Generals v. Debschitz	6 800 =	240 =	16 =
Etappentruppen . . .	1 600 =	120 =	12 =

Zusammen 51 620 Gewehre, 4 110 Säbel, 160 Geschütze oder rund

$$\left. \begin{array}{l} 51\ 600 \text{ Gewehre,} \\ 4\ 100 \text{ Säbel,} \\ 160 \text{ Geschütze} \end{array} \right\} = 58\ 900 \text{ Streitbare.}$$

Rechnet man die Offiziere und Aerzte, die zu den Fahrzeugen, zu den Handpferden u. s. w. Abkommandirten, die Regimentsmusiken, die Schreiber, die Lazarethgehülsen und Krankenträger, die Trainsoldaten u. s. w. mit, so erhält man schon bei der Infanterie einen Verpflegungsstand, der sich zum Gefechtsstand annähernd wie 10 : 9 verhält. Bei der Kavallerie und Artillerie erhöht sich der Verpflegungsstand noch weit mehr gegenüber dem Gefechtsstande.

Nun treten in unserem Falle noch hinzu die Feld- und Festungs-Pioniere, die Festungsartillerie, die Munitions- und Proviant-Kolonnen, die Fuhrparks-Kolonnen, die Feldbrückentrains, die Sanitäts-Detachements, die Feldlazarethe, die Feldbäckerei-Kolonnen, die Proviantämter, alle sonstigen Zweige der Intendantur und die höheren Stäbe nebst allem Unterpersonal.

Ferner müssen wir vor Belfort die an Ort und Stelle in Behandlung befindlichen Verwundeten und Kranken mitrechnen, ebenso alle im Offiziersrange stehenden Beamten, Aerzte u. s. w.

Die Verpflegsstärke aller dem General v. Werder unterstellten Truppen mag daher am 13. Januar rund 75 000 Köpfe betragen haben.

Zur Erklärung dieser anscheinend überraschend hohen Verpflegsstärke erinnern wir daran, daß allein etwa 1600 Pioniere und etwa 2400 Festungsartilleristen als Streitbare gerechnet werden müssen, so daß die Gefechtsstärke der Truppen Werders sich schon hierdurch um rund 4000 Mann erhöht. Sehr zahlreiche Verwundete und Kranke lagen rings um Belfort herum, mußten also gleichfalls verpflegt werden. Für den Kenner wird daher die Ziffer von 75 000 Köpfen Verpflegsstärke sehr erklärlich erscheinen, besonders deshalb, weil unsere Trains von Soldaten bedient wurden, die französischen Trains aber meistens von Civilpersonen.

Wir hatten die Gefechtsstärke der Armee Bourbakis am 9. Januar zu rund 137 000 Streitbaren berechnet, den Verpflegsstand dieser Armee am gleichen Tage zu mehr als 170 000 Köpfen, wobei die Ziffer 175 000 vermuthlich der Wahrheit recht nahe kommen dürfte.

Die Gefechtsverluste der Franzosen vom 9. Januar bis einschl. 12. Januar haben wahrscheinlich weniger als 2000 Köpfe betragen, wie wir noch sehen werden. Der Abgang an Kranken dürfte dagegen höher gewesen sein.

Wie man nun aber die Dinge auch betrachten mag, immer stand dem General v. Werder eine ungeheuere Uebermacht der Franzosen am 13. Januar gegenüber.

Legt man die Gefechtsstärke zu Grunde und beziffert man den Krankenabgang der Armee Bourbakis während der Tage vom 9. bis 12. Januar auf 3000 Mann, so standen sich am Morgen des 13. Januar gegenüber:

58900 Streitbare Werders, die gleichzeitig noch etwa 10000 Streit=
bare der Franzosen in Belfort in Schach zu halten hatten, und
132 000 Streitbare Bourbakis.

Am klarsten wird die Kriegslage, wenn man die 13 300 Streit=
baren der 1. Reserve=Division, bis auf 900 Gewehre von I/67, die
thatsächlich am 13. Januar fochten, gänzlich bei Seite läßt; ebenso
natürlich die Besatzung von Belfort.

Dann verringert sich die Gesechtsstärke Werders am 13. Januar
um 12 400 Streitbare und beträgt mithin nur noch 46 500 Streitbare
gegen 132 000 Streitbare Bourbakis; d. h. es standen 100 Deutsche
284 Franzosen gegenüber.

Legt man den Verpflegsstand zu Grunde, so standen einschl. der
Besatzung von Belfort sich gegenüber:
75 000 Deutsche und 185 000 Franzosen.

Thatsächlich fesselten sich nun aber am 13. Januar die Truppen
des Generals v. Debschitz und die Truppen der Militär=Division von
Besançon gegenseitig.

Betrachtet man die Kriegslage unter diesem Gesichtspunkte, dann
standen am 13. Januar rund 39 000 Streitbare Werders gegenüber
von rund 125 000 Streitbaren Bourbakis.

Die Gerechtigkeit erfordert es, zu bemerken, daß am 13. Januar
das 15. französische Armeekorps noch nicht vollständig eingetroffen war,
daß vielmehr die 2. Division dieses Armeekorps wohl nur mit ihren
Spitzen zu dieser Zeit schon auf dem Kampfplatze eingreifen konnte.
Dadurch würde sich also die Gesechtsstärke Bourbakis am 13. Januar
entsprechend verringern.

Es ist gänzlich unmöglich, die Gesechtsstärke der 2. Division
15. Armeekorps am 13. Januar anzugeben, auch wissen wir nicht genau,
welche Truppentheile dieser Division am genannten Tage schon ver=
fügbar waren.

Wir werden jedoch der Wahrheit nahe kommen, wenn wir das
gegenseitige Kräfteverhältniß am 13. Januar auf rund 39 000 Streit=
bare der Deutschen gegen rund 115 000 Streitbare der Franzosen be=
ziffern. Wir kommen also auch hier nahezu zu dem Verhältniß 1 : 3.

Was den Zustand der deutschen Truppen betrifft, so sei hier
Folgendes gesagt:
Die Badische Feld=Division hatte bis einschl. Dezember 1870 eine
durchschnittliche Kopfstärke von 24 460 Mann; sie verlor bis einschl.

31. Dezember 2169 Mann todt und verwundet = 8,867 Prozent. An Lazarethkranken hatte die Division bis zum selben Zeitpunkte 6031 Mann = 24,656 Prozent.

Die 1. Reserve=Division hatte bis zum gleichen Zeitpunkte eine Durchschnittsstärke von 10 400 Mann, wobei offenbar Regiment Nr. 67 nicht mitgerechnet worden ist. Die Division verlor bis einschl. 31. Dezember 418 Mann todt und verwundet = rund 4 Prozent; sie hatte bis zum gleichen Tage 2049 Lazarethkranke = 20 Prozent.

Die 4. Reserve=Division hatte bis einschl. 31. Dezember eine durch= schnittliche Kopfstärke von 14 380 Mann, ihre Verluste an Todten und Verwundeten betrugen bis zum 31. Dezember nur 157 Mann, d. h. wenig mehr als 1 Prozent der Durchschnittsstärke, die Zahl der Lazareth= kranken betrug dagegen bei der 4. Reserve=Division bis zum gleichen Tage 2873 Mann = rund 20 Prozent.

Von Interesse wird es sein, das allmähliche Anwachsen der Lazareth= kranken im Laufe der Monate zu verfolgen, wobei ausdrücklich bemerkt wird, daß die Verwundeten in dieser Rechnung nicht mit einbegriffen sind.

Der monatliche Zugang an Lazarethkranken betrug bei der

	Badischen Division:	1. Reserve= Division:	4. Reserve= Division:
im November 1870 . .	1 070 Mann	290 Mann	496 Mann,
= Dezember 1870 . .	1 472 =	623 =	945 =
= Januar 1871 . .	1 866 =	675 =	1 317 =
= Februar 1871 . .	1 302 =	668 =	953 =

Wir sehen hier eine große Steigerung der Neuerkrankungen im Dezember 1870, die in Ziffern beträgt bei der

Badischen Division . .	von 100 Prozent	auf 137,57 Prozent,
1. Reserve=Division . .	= 100 =	= 214,83 =
4. = = . .	= 100 =	= 190,52 =

Auch im Januar 1871 war die Zunahme der Erkrankungen sehr groß, durchweg größer als im Dezember 1870; sie nahm bei der 4. Reserve=Division sogar eine erschreckende Ausdehnung an. Im Februar 1871 dagegen verminderten sich die Neuerkrankungen bei der Badischen Division und bei der 4. Reserve=Division sehr beträchtlich, weil erstere ganz, letztere bis auf 4 Bataillone, die vor Belfort zurück= blieben, sich wieder dem Bewegungs= und Feldkriege zuwenden konnten.

Es litten also bei Weitem am meisten die vor Belfort liegenden Truppen, die ganze 1. Reserve-Division und ein Theil der 4. Reserve-Division.

Um den auffallenden Unterschied in den Erkrankungen der 1. und 4. Reserve-Division zu erklären, sei nochmals daran erinnert, daß in dem offiziellen deutschen Werke: „Morbidität und Mortalität bei den deutschen Heeren im Kriege gegen Frankreich 1870/71", welches von der Medizinalabtheilung des preußischen Kriegsministeriums herausgegeben worden ist, bei der 1. Reserve-Division das Regiment Nr. 67 offenbar keine Aufnahme gefunden hat. Dieses Regiment hat aber im Verlaufe des Krieges allein 647 Verwundete und 1545 Lazarethkranke gehabt.

Ferner hatte die 4. Reserve-Division doppelt so viel Kavallerie und Artillerie, als die 1. Reserve-Division.

Es würde daher ein vollkommener Trugschluß sein, wenn man etwa glauben wollte, gerade die 4. Reserve-Division habe besonders stark durch Krankheiten gelitten. Dagegen läßt sich nicht leugnen, daß während der drei schlimmsten Monate, Dezember 1870, Januar und Februar 1871, die Verluste der 1. Reserve-Division durch Krankheiten ziemlich gleichmäßig waren, während der Monat Januar 1871 bei der 4. Reserve-Division eine ganz auffällig große Zunahme der Neuerkrankungen aufweist.

Wir sind nicht im Stande, diese in der That sonderbare Erscheinung zu erklären. Dem Anschein nach würden sich aber doch die Ostpreußen der 4. Reserve-Division während des Monats Januar 1871 in minderem Grade widerstandsfähig gegen die Einflüsse der Witterung und der Anstrengungen erwiesen haben als die Pommern, Polen und Sachsen der 4. Reserve-Division.

Es muß übrigens hervorgehoben werden, daß die Augmentationsmannschaften der Landwehr, welche die Bataillone auf 1000 Mann Kopfstärke ergänzen sollten, ganz besonders starke Kontingente zu den Lazarethkranken stellten. Diese Mannschaften gehörten nämlich den ältesten Jahrgängen an, vielfach sogar Jahrgängen, die eigentlich gar nicht mehr zur Landwehr gehörten; sie waren eben nach dem Grundsatze: „Noth bricht Eisen" zu den Fahnen berufen worden.

Gerade diese älteren Leute erwiesen sich nun als äußerst wenig widerstandsfähig gegen die allerdings besonders schlimmen Einflüsse der Witterung im Winter 1870/71. Daher kamen wesentlich die größeren Abgänge durch Krankheiten im Januar 1871.

Es ift dies ein bedeutsamer Fingerzeig dafür, wie thöricht die Wahnvorstellung ist, daß gerade das bei Weitem reifere Alter der Landwehrmannschaften sie besonders geeignet zum Kriegsdienste machen soll. Zum Glück sieht unsere Heeresleitung völlig klar in diesen Dingen, und nicht belehrungsfähige Gegner des sogenannten „Militarismus" überzeugen zu wollen, heißt Eulen nach Athen tragen.

Die Stimmung der deutschen Truppen war ernst, sogar sehr ernst, aber von felsenfester Entschlossenheit durchdrungen. Nur besonders unglückliche Umstände und eine recht mangelhafte Führung hätten Miß= erfolge herbeiführen können. Aber das Glück gab uns einen General v. Werder als Führer und einen Generalstabschef ersten Ranges, wie es Oberstlieutenant v. Leszczynski war. Unter solchen Männern mußten die Deutschen siegen und sie haben auch gesiegt!

V. Die Ereignisse vom 5. Januar bis zum 8. Januar 1871.

Wir wissen, daß General v. Werder seine verfügbaren Truppen (Badische Division, Brigade v. d. Goltz, größten Theil der 4. Reserve= Division) auf der Linie Vesoul—Villerseyel—Corcelles am 4. Januar so aufgestellt hatte, daß alle Straßen, welche die Franzosen zum Vor= marsche benutzen konnten, durch die Deutschen gesperrt wurden.

Am selben Tage marschirte die Armee Bourbakis vorwärts, das 18. Armeekorps von Pesmes auf Vesoul, das 20. Armeekorps über Voray auf der Straße Besançon—Rioz—Vesoul, das 24. Armeekorps auf der Straße Marchaux—Rougemont.

General v. Werder begab sich persönlich nach der Straße auf Esprels; schon gegen 9 Uhr früh erhielt er vom Regiment Nr. 111 die Meldung, daß nördlich von Rioz feindliche Vorposten ständen und größere Massen dahinter biwakirten.

Sogleich wurden General v. d. Goltz nach Dampierre les Mont= bozon, General v. Schmeling nach Vallerois le Bois befehligt, die Korps= artillerie über Villers le Sec gegen die große Straße Rioz—Vesoul vorgezogen. Die 2. und 3. Badische Brigade besetzten die Höhen= stellungen südlich von Vesoul.

Unter diesen Umständen kam es am 5. Januar zu einer Reihe von Gefechten, deren Ergebnisse von ausschlaggebender Bedeutung wurden.

Auf der Straße Rioz—Vesoul stießen die Spitzen des 20. Armee=
korps bei Echenoz le Sec auf Theile der Badischen Division. Wir
beabsichtigen nicht, die Einzelheiten dieser Kämpfe zu schildern, für uns
genügt ihr Gesammtergebniß.

Das heftigste Gefecht fand bei Lévrecey statt, östlich der Straße
Pesmes—Vesoul. Dieses Dorf wurde schließlich von den Bataillonen
F/111 und F/113 mit einem eigenen Verluste von 4 Offizieren,
71 Mann erobert und dabei über 100 Gefangene gemacht. Hier
focht auf Seite der Franzosen das 1. Bataillon 42. Marsch=Regiments
vom 18. Armeekorps.

Endlich kam es auch noch bei dem Dorfe Velle le Chatel an
der Eisenbahn Gray—Vesoul zu einem Gefechte zwischen Theilen des
Regiments Nr. 114 und Theilen des 4. Marsch=Zuaven=Regiments
vom 18. Armeekorps. Das Gefecht endete ungünstig für die Deutschen.

Auch an vielen anderen Stellen kam es am 5. Januar zu mehr
oder minder lebhaften Berührungen mit den Franzosen.

Im Ganzen verloren die Deutschen am 5. Januar 5 Offiziere,
93 Mann, darunter nur einen Mann vermißt, dagegen machten sie
reichlich 200 Franzosen zu Gefangenen.

Hier muß ein Versehen berichtigt werden. Das Generalstabswerk
und mit ihm andere Werke sprechen von 500 Gefangenen, die am
5. Januar von den Deutschen gemacht worden sein sollen. (General=
stabswerk, Theil II, S. 1056.) Es ist dies offenbar ursprünglich auf
einen Schreibfehler oder aber auf einen Druckfehler zurückzuführen.
Das Kriegsarchiv, W I, 4, IV, S. 966/967 läßt hierüber keinen
Zweifel bestehen.

Wir berichtigen hiermit jenes unabsichtlich gemachte kleine Versehen,
damit nicht eine spätere französische offizielle Geschichtschreibung, an=
scheinend mit Recht, den Deutschen Neigung für Uebertreibungen zu
ihren Gunsten vorwerfen kann.

Das wichtigste Ereigniß des 5. Januar war, daß bei dem seit
Mittag ununterbrochen andauernden heftigsten Schneefall, der jede
Aussicht verhinderte, ein französischer Offizier geraden Weges in die
deutschen Vorposten hineinritt. Dieser Offizier wurde natürlich gefangen
genommen und dem Generalstabschef, Oberstlieutenant v. Leszczynski,
überbracht, welcher ihn dazu veranlaßte, sich in seiner Gegenwart zu
entkleiden, wobei denn die Ordre de Bataille der französischen Ost=
Armee wenigstens zum größten Theile zum Vorschein kam.

Es gelang mithin, die Anwesenheit der französischen Armeekorps Nr. 18 und 20 dicht vor der Front der Deutschen mit Sicherheit festzustellen. Ueber die Bestimmung des 24. Armeekorps gewann man auf deutscher Seite noch kein klares Bild, es wurde aber als wahrscheinlich angenommen, daß auch dieses Armeekorps auf Vesoul vormarschire. Der Transport des 15. Armeekorps hatte bekanntlich erst am 4. Januar begonnen, und konnten begreiflicherweise die Deutschen über dieses Armeekorps noch nichts in Erfahrung bringen.

Jedenfalls war das Gesammtergebniß der Vorpostengefechte vom 5. Januar für die Deutschen ausgezeichnet. Es wurde mit voller Sicherheit festgestellt, daß die französischen Truppen, welche man vor sich hatte, wirklich früher zur großen Loire-Armee gehört hatten.

Jeder Zweifel darüber, wo die 1. Loire-Armee sich eigentlich zur Zeit befände, war nun endlich geschwunden. Die telegraphische Meldung des Generals v. Werder über die Ergebnisse des 5. Januar veranlaßte den General v. Moltke sofort zum energischen Eingreifen in den Lauf der Ereignisse.

Auf Befehl Seiner Majestät des Königs Wilhelm wurde sogleich eine neue „Süd-Armee" gebildet, zu welcher die Armeekorps Nr. II und VII, sowie sämmtliche Truppen Werders gehörten. General v. Manteuffel wurde aus dem Norden Frankreichs abberufen und zum Oberbefehlshaber der neuen Armee ernannt.

Ohne jedes Zögern erfolgte nunmehr der Vormarsch des II. und VII. Armeekorps, zunächst nach der Gegend von Nuits zur Armançon und Châtillon zur Seine. Aber es mußten noch etwa 14 Tage vergehen, ehe sich der Vormarsch beider Armeekorps, die sich am 6. Januar noch bei Montargis und Auxerre befanden (die 14. Infanterie-Division war sogar noch im Transport auf der Eisenbahn begriffen), für den General v. Werder wirksam gestalten konnte.

Einstweilen blieb also nach wie vor General v. Werder auf seine eigenen Kräfte angewiesen.

Am 5. Januar noch legte nun Oberstlieutenant v. Leszczynski seinem kommandirenden General ein Promemoria vor, welches dessen vollste Billigung fand und den Generalen v. Glümer, v. Schmeling und v. d. Goltz sogleich mündlich mitgetheilt wurde.

Der Chef des Generalstabes erwog alle möglichen Fälle und zwar:

1. Der Feind hat die Absicht, auf Nancy zu marschiren, um hier die rückwärtigen Verbindungen der deutschen Heere gründlich zu

unterbrechen. In diesem Falle bot die Stellung bei Vesoul, hinter dem Durgeon-Bache, einen sehr vertheidigungsfähigen Abschnitt. Der rechte Flügel der Deutschen mußte an die Saône gelegt werden, der linke Flügel an die Stadt Vesoul.

Eine Offensive der Deutschen konnte nur von Froten und Quincen aus geführt werden.

Der Feind war in der Lage, auf mehreren Straßen seinen An=marsch zu bewerkstelligen, das Herabsteigen von der Hochfläche von Anbelare, südlich von Vesoul, war aber nur auf engen Straßen möglich. Hier herrschte schon die Jura=Formation im Gelände vor, d. h. es waren überall senkrechte, oft 50 bis 80 Fuß hohe Felswände vorhanden, welche mauerartige Abschlüsse bildeten und nur auf den eingemeißelten Stufen zu erklimmen sind.

Die Flüsse sind hier scharf und steil eingeschnitten; die Thäler sind echte und rechte Gebirgsthäler. Das Gelände war stark mit Laubholz bedeckt, der Doubs=Fluß nur auf Brücken zu passiren.

Das Herabsteigen der Franzosen von der Hochfläche hätte nun aber im wirksamen Geschützfeuer der Deutschen vor sich gehen müssen, während die feindliche Artillerie nur aus entfernteren Stellungen feuern konnte.

Auf das Eintreten dieses Falles setzte das Generalkommando große Hoffnungen.

2. Der Feind wendet sich plötzlich nach rechts und marschirt auf Villersexel, um das XIV. Armeekorps von Belfort abzudrängen. Er konnte dies auf verschiedene Art versuchen, indem er entweder von Montbozon, Rougemont und Esprels nordwärts marschirte oder südlich des Ognon in der Defensive verharrte und einen Theil seiner Kräfte zum Entsatze von Belfort verwendete.

Diese Möglichkeit wurde vom Generalkommando als die un=angenehmste betrachtet.

Indessen war man sich darüber klar, daß für eine erfolgreiche Durchführung der französischen Absichten in diesem Falle ein hoher Grad von Manövrirfähigkeit die Vorbedingung war, daß diese Vor=bedingung aber keineswegs vorhanden sei, und daß selbst im schlimmsten Falle das XIV. Armeekorps bei seiner Beweglichkeit und Marsch=tüchtigkeit noch immer nach links abmarschiren könnte, um Belfort vor den Franzosen zu erreichen.

Zur Erleichterung eines solchen Linksabmarsches nahm man schon am 5. Januar einen Offensivstoß auf der Straße nach Esprels in Aussicht.

3. Die Franzosen konnten südlich von Vesoul Avantgarden als Maske stehen lassen und unter deren Schutze zwischen Ognon und Doubs, ja sogar südlich des Doubs auf Belfort marschiren.

Für eine solche Operation hatten die Franzosen vier große Straßen zu ihrer Verfügung:

a) die Straße Rioz—Montbozon—Villersexel—Arcey—Héricourt,

b) die Straße Besançon—Marchaux—Rougemont—Vellechevreux—Arcey—Héricourt,

c) die Straße Besançon—Baume les Dames—Clerval—Jsle sur le Doubs—Montbéliard,

d) die Straße Besançon—St. Juan d'Adam—Pont de Roide—Montbéliard.

Die Straßen a und b treffen sich in Arcey, können also von hier ab nur als eine einzige Straße betrachtet werden.

Die Armee Bourbaki war bekanntlich mit außerordentlich schlechten Trains ausgerüstet, sie konnte sich also bei ihrer großen numerischen Stärke nicht weit von der Eisenbahn entfernen. Auch war die Armee im Allgemeinen nicht mit tüchtigen Offizieren versehen, jedenfalls nicht mit genügend geübten Offizieren, so daß sie ohne Gefahr ernster Mißverständnisse Seitenstraßen mit kleineren Marschkolonnen hätte benutzen können; man konnte daher darauf rechnen, daß sie ihre Massen stets auf den großen Straßen vereinigt halten würde.

Man nahm an, daß dem General Bourbaki die Benutzung der Straße a zu gefährlich dünken würde, weil sie ja einem Offensivstoße der Deutschen sehr ausgesetzt war.

Die Straße d war wegen ihrer schroffen Bergrücken und tiefen Einschnitte bei der großen Glätte und dem tiefen Schnee jedenfalls sehr ungünstig.

Allerdings mußte das Generalkommando, daß starke französische Truppenmassen schon damals südlich des Doubs bei Pont de Roide und Gegend standen, man schätzte diese Massen auf starke Theile eines Armeekorps, täuschte sich freilich in dieser Beziehung, denn thatsächlich befanden sich bei Pont de Roide—Blamont lediglich die lockeren Truppenformationen der Militär-Division von Besançon, während das 15. Armeekorps nicht, wie das Generalkommando anscheinend damals glaubte, vor der Front der Werder'ſchen Truppen ſtand, ſondern vielmehr erſt ſeinen Eiſenbahntransport nach Clerval begann. 4.-16. I

Jedenfalls berechnete aber das Generalkommando die vor ſeiner eigenen Front ſtehenden Truppen Bourbakis ganz richtig auf drei Armee=korps und ſagte ſich, daß ſolche großen und noch dazu ungelenken Truppenmaſſen nicht an einem einzigen Tage rechts abmarſchiren konnten, daß ſie vielmehr ſich in Staffeln theilen mußten.

Am 1. Tage des Abmarſches konnte die erſte Marſchſtaffel Mont-bozon und Baume les Dames erreichen, am 2. Tage Villerſexel und Jsle ſur le Doubs, am 3. Tage konnte ſie bei Arcey und Aibre auf=marſchiren, am 4. Tage konnte dann der Entſatzverſuch auf Belfort erfolgen. Schneller war die Bewegung ſelbſt mit guten Truppen kaum ausführbar.

Wenn nun die Deutſchen am 1. Tage den Rechtsabmarſch der Franzoſen rechtzeitig erkannten, ſo konnten ſie am 2. Tage in die feindlichen Marſchkolonnen hineinſtoßen und am 3. Tage noch früh genug vor Belfort erſcheinen, ſelbſt wenn ihr Offenſivſtoß nicht glücken ſollte.

Ein ſolcher Offenſivſtoß konnte an keinem anderen Punkte einen ſo günſtigen Erfolg haben, wie bei Villerſexel. Hier kannte die 4. Reſerve=Diviſion bereits das Gelände, die Deutſchen hatten verſchiedene Anmarſchſtraßen, und die Franzoſen hatten gerade hier große Schwierig=keiten, die eine Marſchkolonne mit der anderen rechtzeitig zu unter=ſtützen, da die Verbindungsſtraßen zwiſchen den franzöſiſchen Anmarſch=ſtraßen eigentlich nur Feldwege waren.

Gelang es den Deutſchen, den ſchwierigſten Theil ihrer Aufgabe auszuführen und den Ognon bei Villerſexel zu überſchreiten, ſo mußte ein Offenſivſtoß hier den Feind in ſeinem Marſche auf Belfort gründlich ſtören, große Stockungen in demſelben herbeiführen, ja man durfte hoffen, ihn zum Frontmachen gegen Norden zu verleiten und dadurch den Deutſchen die nöthige Zeit zu verſchaffen, um über Leval und Bóverne nach der Liſaine abmarſchiren zu können.

Im günſtigſten Falle hoffte man ſogar den Weg über St. Ferjeux nach Héricourt einſchlagen zu können.

Die Entſcheidungsſchlacht wollte man dann hinter der Liſaine ſchlagen und die Vertheidigungsſtellung vorher gründlich vorbereiten und verſtärken.

Wir haben es hier mit einem meiſterhaft erdachten, wohlerwogenen Plane zu thun, der vor vielen ähnlichen Plänen den großen Vortheil hatte, daß er die Dinge so ansah, wie sie in Wirklichkeit lagen, daß er den Feind ganz richtig beurtheilte, und daß die thatsächlichen Grundlagen des Planes auf Wahrheit beruhten, während oft genug in anderen Fällen nur mit illusorischen Hoffnungen gerechnet wird.

Die am 5. Januar von den Franzosen unternommenen Bewegungen schienen sich geraden Weges gegen Vesoul zu richten. Der vom Oberstlieutenant v. Leszczynski vorgesehene erste Fall schien also am meisten Wahrscheinlichkeit zu gewinnen.

Man hatte den direkt nach Norden gerichteten Vormarsch der Franzosen auf drei Straßen festgestellt, der rechte Flügel der Franzosen hatte aber bestimmt die Straße Vesoul—Montbozon nicht überschritten. Die Hauptkräfte Bourbakis waren also ohne jeden Zweifel vor der Front des XIV. Armeekorps, die Gefangenen sagten übereinstimmend aus, daß Vesoul ihr Marschziel sei.

Es wurde daher am 5. Januar abends 11 Uhr folgender Befehl ausgegeben:

„Das 18. französische Korps ist auf der Straße Grandvelle—Vesoul im Anmarsch, das 20. Korps von Rioz her, das 24. Korps wahrscheinlich von Rougemont aus. Infolgedessen bricht das XIV. Armeekorps sofort auf und versammelt sich nördlich von Vesoul, die 2. und 3. Brigade mit der Korpsartillerie zwischen Pusey und Vesoul, Oberst v. Willisen rückt nach Pusey. General v. d. Goltz und die 1. Badische Brigade marschiren sofort nach Frotey—Calmoutier, die Division Schmeling auf die Höhe von Villers le Sec und an die Straße Frotey—Calmoutier, die Trains u. s. w. . . . ."

Am frühen Morgen des 6. Januar wurden die befohlenen Bewegungen ausgeführt, erfuhren aber um 6 Uhr früh noch einige Veränderungen, durch welche die gesammten Streitkräfte des Generals v. Werder auf der Linie Pusey—Vesoul—Frotey versammelt wurden.

Gegen alles Erwarten blieb aber der Feind am 6. Januar ruhig. Der erwartete und man kann wohl sagen vom Generalkommando ersehnte Angriff der Franzosen gegen die vortreffliche Stellung nördlich von Vesoul hinter dem Durgeon-Bache erfolgte nicht.

Am 6. Januar versammelte General v. Treskow 1. seinerseits 5 Bataillone, 2¼ Schwadronen und 2 Batterien des Belagerungskorps von Belfort bei Arcey.

Wir sehen in der Stellung nördlich von Vesoul einmal eine richtige Flankenstellung. Ihre Wahl war durchaus gerechtfertigt, denn der

Feind konnte sie unter keinen Umständen unbeachtet lassen, weil Bourbaki sonst sich einem Angriffsstoße Werders gegen die Flanke und sogar gegen den Rücken der langen und sehr schwerfälligen Marschkolonnen der Franzosen ausgesetzt hätte.

In Wirklichkeit stellte nun aber Bourbaki nach den Ereignissen des 5. Januar den Vormarsch gegen Vesoul sogleich ein und that vorläufig eigentlich gar nichts.

Wenn er Ende Dezember die Mitwirkung des 15. Armeekorps erbeten und gewährt erhalten hatte, so forderte er jetzt auch noch die Mitwirkung der Division Crémer und setzte auch diesmal seinen Willen durch, obschon de Freycinet in ganz richtiger Erkenntniß der Kriegslage diese Division lieber in der Richtung auf Langres verwendet wissen wollte.

Vorläufig konnte übrigens die Division Crémer in die Operationen Bourbakis selbst bei dem besten Willen nicht eingreifen, sie mußte erst marschiren. Vorausschickend erwähnen wir schon hier, daß die Division Crémer am 13. Januar in Vesoul, am 14. Januar in Lure eintraf.

Den 7. Januar benutzte General v. Werder zu gründlichen Erkundungen, ohne daß es jedoch gelungen wäre, volle Klarheit in die wahre Lage der Dinge zu bringen. Nur das wurde völlig klar, daß Vesoul jetzt nicht mehr das Ziel Bourbakis sein konnte.

Es kam nun darauf an, die Franzosen derartig mit Kavallerie zu umgeben, daß ihre Bewegungen rechtzeitig erkannt werden konnten, damit das XIV. Armeekorps den nunmehr unbedingt nothwendig gewordenen Angriffsstoß gegen die Flanke der feindlichen Marschkolonnen auch noch rechtzeitig ausführen konnte.

Bei dieser Gelegenheit kam dem General v. Werder seine zahlreiche Kavallerie ausgezeichnet zu statten.

Auf allen Straßen wurde die Kavallerie am 8. Januar vorgetrieben. Die Truppen erhielten auf zwei Tage Hafer, auf drei Tage eiserne Portion; Alles mußte sich zum sofortigen Abmarsch bereit halten.

Die Badische Division erkundete auf allen von Vesoul nach Süden führenden Straßen, General v. d. Goltz mit dem 2. Reserve-Husaren-Regiment gegen Montbozon, Major v. Walther, begleitet von dem Generalstabshauptmann v. Friedeburg, mit dem 2. Reserve-Dragoner-Regiment über Noroy le Bourg gegen Villersexel.

Die 4. Reserve-Division wurde zur Vorbereitung der beabsichtigten Offensivbewegung schon am 8. Januar in östlicher Richtung in Marsch gesetzt.

5*

Man fand die feindlichen Vorposten auf der ganzen Linie von Seey zur Saône über Ballerois le Bois bis St. Ferjeur. Es gelang aber einer Abtheilung (1. 4./30. unter Hauptmann Kreckel und 4./2. Reserve-Husaren unter Rittmeister v. Rundstedt), in der Gegend von Dampierre les Montbozon ausgezeichnete Beobachtungen anzustellen. Beide genannte Offiziere beobachteten nämlich persönlich ganz genau den Marsch einer auf etwa 15 000 Mann geschätzten französischen Kolonne von Authoison her (zwischen den Straßen Rioz—Vesoul und Montbozon—Vesoul) in östlicher Richtung auf Montbozon, also offen= bar nach Belfort hin.

Obschon dies ganz deutlich für einen Rechtsabmarsch Bourbakis sprach, beabsichtigte General v. Werder doch, der Vorsicht halber, mit der 3. Badischen Brigade am 9. Januar von Bellefaur her in der Richtung auf Rioz vorzustoßen und erst nach Osten abzumarschiren, wenn der Abmarsch der Franzosen in gleicher Richtung mit Sicherheit festgestellt sein würde. Die bezüglichen Befehle wurden erlassen, die 4. Reserve-Division um 8 Uhr abends auf Noroy le Bourg in Marsch gesetzt u. s. w.

Unterdessen wurden aber in der hellen Mondnacht zum 9. Januar die Beobachtungen eifrigst fortgesetzt. Hauptmann v. Friedeburg vom Generalstabe stellte die Anwesenheit der Franzosen in Villerferel und St. Ferjeur fest, dagegen wurden die auf den Straßen südlich von Vesoul bisher von den Franzosen besetzt gewesenen Dörfer überall frei vom Feinde gefunden.

Da traf nun auch noch um 3 Uhr früh am 9. Januar vom General v. Tresckow I. die telegraphische Meldung ein, daß gegen den Oberst v. Bredow, welcher mit 7 Bataillonen, 2 Schwadronen, 14 Ge= schützen in der Linie Saulnot—Arcey—Onans stand, von Geney her am Abend des 8. Januar starke feindliche Truppen vorgerückt seien. Eine Abtheilung des Bataillons Gnesen der 1. Reserve-Division war bei der Erkundung der Doubs=Brücke von Longevelle auf den jenseits des Doubs befindlichen Feind gestoßen und hatte dabei 19 Mann verloren.

Jetzt war die Kriegslage klar. Es durfte keine Zeit mehr verloren werden.

General v. Werder entschloß sich sogleich zum Abmarsch in der Richtung auf Villerferel, um die Franzosen, falls sie wirklich schon gegen Belfort vorgingen, durch einen Flankenstoß zum Stehen zu bringen und sie zur Entwickelung gegen seine eigenen Truppen zu zwingen.

Noch in der Nacht zum 9. Januar wurden die entsprechenden Befehle ausgefertigt.

„Korpsbefehl vom 9. Januar 1871 früh 3 Uhr.

Der Feind hat Villerſexel ſtark beſetzt, von Echenoz le Sec ſind ſeine Vorpoſten zurückgezogen. Die Badiſche Diviſion bricht in= folgedeſſen ſogleich auf und marſchirt über Vy les Lure nach Atheſans.

Die Diviſion Schmeling marſchirt ſogleich auf Villerſexel, das Gros in Stellung bei Aillevans zurückhaltend. General v. d. Goltz läßt ſogleich ſeine Kavallerie gegen Les Monnins und Vallerois le Bois vorgehen und marſchirt mit ſeinem Detachement nach Noroy le Bourg, wo ihm weitere Befehle zugehen werden.

General Keller erkundet mit der 3. Brigade nicht nach Süden.

Zwei Bataillone der Badiſchen Diviſion, möglichſt ſolche, die auf Vorpoſten ſind, bleiben unter Befehl eines Regimentskommandeurs oder Oberſtlieutenants in Veſoul ſtehen, wohin noch 6 Kompagnien, 1 Schwadron und 2 Batterien aus Port ſur Saône ſtoßen werden.

Meldungen treffen mich in Noroy le Bourg, ſodann bei der Diviſion Schmeling.

gez. v. Werder.“

Oberſt Bayer, der ſchließlich mit der Feſthaltung von Veſoul be= auftragt wurde, erhielt folgenden Befehl, datirt vom 9. Januar:

„Euer Hochwohlgeboren haben den Auftrag, Veſoul zu beſetzen und, wenn es nicht von ſehr überlegenen Kräften angegriffen wird, zu halten. Sie ſichern und klären gegen Süden und Combeaufontaine fortgeſetzt auf.

In Port ſur Saône ſtehen Ihnen zu dieſem Zwecke 2 Jäger= Kompagnien und 1 Schwadron zur Verfügung. Den Kommandeur derſelben, Major v. Paczinski, haben Sie hiervon zu benachrichtigen. Ihre etwaige Rückzugslinie geht auf Luxeuil.

Sie haben täglich zweimal mir über die Lage der Dinge über Lure telegraphiſch zu melden, ebenſo dem Oberſt und Etappen= inſpekteur v. Schmieden in Epinal.

Mit dem hieſigen Präfekten (in Veſoul), Geheimen Rath v. Lauer, haben Sie ſich in Verbindung zu ſetzen und Ihr Quartier in der Präfektur zu nehmen.

gez. v. Werder.“

Thatsächlich erreichte die französische Ost=Armee am 8. Januar abends folgende Punkte: das 18. Armeekorps Montbozon, das 20. Armeekorps die Gegend vorwärts von Rougemont, das 24. Armee= korps Cubry—Abbenans—Fallon, die Armeereserve Rougemont. Das 15. Armeekorps hatte seine Ausschiffung aus der Eisenbahn in Clerval begonnen.

Der Armeebefehl des Generals Bourbaki für den 9. Januar lautete folgendermaßen:

„Montbozon, 8 janvier 1871.

L'armée continuera demain, 9 du courant, le mouvement commencé les jours précédants. La partie disponible du 15ième corps occupera les positions qui s'étendent le long de la route de Fontaine à Belfort par Arcey, depuis la Guinguette jusqu'au village d'Onans.

Le 24ième corps appuiera son extrême droite au ruisseau du Scey; il occupera Vellechevreux et s'étendra par sa gauche jusqu'à Georfans et Grammont. Le 20ième corps occupera les villages de Villargent, Villers la Ville et les Magny. Le 18ième corps occupera Villersexel, Autrey le Vay, Esprels, le bois de Chassey; la réserve occupera Abbenans et Cubry. La brigade de réserve de cavalerie sera cantonnée à Fallon. Le grand quartier général sera établi à Bournel, entre les villages de Cuse et de Cubry.

Toutes les dispositions prescrites les jours précédants pour assurer la sécurité des troupes, pendant la durée du mouvement, comme pour dissimuler le mieux possible notre marche à l'ennemi et pour relier les corps entr'eux, seront scrupuleusement observées.

Tous les convois du 18ième corps seront tenus sur la rive gauche de l'Ognon; les troupes laissées sur la rive droite recevront des instructions précises pour passer l'Ognon si elles se trouvaient obligées de se replier devant des forces supérieures.

Les reconnaissances seront poussées au loin et faites avec le plus grand soin.

Les commandants de corps d'armée feront connaitre au général en chef le point choisi par eux pour établir leur quartier général."

Am 7. Januar 1871 ging aus Versailles folgender Befehl des großen Hauptquartiers an den General v. Werder ab:

„Euer Excellenz theile ich ganz ergebenst mit, wie nunmehr auch hier Nachrichten vorliegen, nach welchen es sehr wahrscheinlich ist, daß der größte Theil der Armee Bourbakis sich gegen Sie gewendet hat. Seine Majestät haben hierauf die Versammlung des II. und VII. Korps in der Linie Châtillon sur Seine—Nuits angeordnet und behufs Herstellung einer gemeinsamen Leitung auf dem östlichen Kriegsschauplatz den Oberbefehl über diese Korps, sowie über die Euer Excellenz unterstellten Truppen dem General der Kavallerie Frhrn. v. Manteuffel zu übertragen geruht. Derselbe wird in den nächsten Tagen zu Châtillon sur Seine eintreffen.

Bis zur thatsächlichen Uebernahme des Kommandos der hierdurch gebildeten Armee seitens des Generals v. Manteuffel haben Euer Excellenz die Operationen der Ihnen bisher unterstellt gewesenen Truppen selbständig zu leiten und nach wie vor direkt hierher zu melden.

Euer Excellenz Aufmerksamkeit empfehle ich hierbei noch die nachstehenden Punkte:

1. Die Belagerung von Belfort ist unter allen Umständen zu decken. Seine Majestät hoffen, daß, nachdem Euer Excellenz von der Deckung des Geländes westlich der Vogesen entbunden sind, es Wohldenselben event. unter Heranziehung aller für die Einschließung von Belfort nicht unbedingt nothwendigen Truppen gelingen wird, einer feindlichen Offensive gegen Belfort so lange zu begegnen, bis das Eingreifen der beiden eingangs erwähnten Armeekorps wirksam wird. Euer Excellenz würden nur Bedacht auf Sicherung Ihrer eigenen rechten Flanke zu nehmen haben, in welcher Beziehung eine durch Detachements zu überwachende gründliche Zerstörung der durch den südlichen Theil der Vogesen führenden Straßen wichtig sein kann.

2. Euer Excellenz wollen die Beobachtung des etwa westlich der Vogesen in nördlicher Richtung vorrückenden Feindes nicht aus den Augen lassen und dieserhalb mit dem Generalgouvernement von Lothringen, welchem eine gleiche Aufforderung zugegangen ist, in Verbindung bleiben.

3. Das Generalgouvernement Elsaß ist angewiesen, jede Insurgirung im Rücken Euer Excellenz nach Kräften zu hindern. Sollte

eine solche sich im Bereiche Ihrer Truppen bemerkbar machen, so erfordert das Interesse der letzteren sowie der Land= bevölkerung selbst die rücksichtsloseste Bestrafung Einzelner und ganzer Ortschaften.

4. Euer Excellenz werden auch bei momentanem Zurückweichen stets danach trachten müssen, die engste Fühlung mit dem Feinde zu halten, um, wenn dieser sich vor Ihnen schwächt, sogleich die Offensive wieder ergreifen und ihn hierdurch ver= hindern zu können, daß er sich mit Ueberlegenheit auf das zu Ihnen heranrückende II. und VII. Korps werfe.

5. Da die Operationen der bezüglich Verpflegungs= und Munitions=Trains überaus mangelhaft organisirten feindlichen Armee stets an die Eisenbahn gebunden sind, so ist eine Be= drohung derselben gegen den Rücken des etwa vor Ihrer Front vorbeirückenden Feindes für Letzteren überaus empfindlich, und daher auch hierdurch der zeitgemäße Entschluß zur Offensive bedingt. Das Generalgouvernement von Lothringen ist be= auftragt, die Zerstörung der Bahnstrecken Langres—Chaumont und Epinal — St. Loup vorbereiten und erforderlichenfalls ausführen zu lassen.

Da die Strecke Belfort—Mülhausen noch für längere Zeit unfahrbar ist, so wollen Euer Excellenz eintretendenfalls dafür sorgen, daß die Strecke Mülhausen—Basel in einer die Wiederherstellung für 8 bis 14 Tage sicher hindernden Weise zerstört werde.

6. Das Großherzoglich Badische Kriegsministerium ist ersucht, geeignete Theile der Ersatztruppen in den südlichen Theil des Großherzogthums zu verlegen, behufs später etwa zeitweise nothwendig werdender Beobachtung des Rheines und Ver= hinderung des Uebersetzens feindlicher Streifkorps.

gez. Graf Moltke."

Diese Direktiven erreichten den General v. Werder aber erst am 10. Januar, als er von Lure nach Frahier fuhr, und zwar traf der betreffende Feldjäger den General in Ronchamp.

Es hatten daher die eben angeführten Ausführungen des Generals v. Moltke auf die Entschlüsse des Generals v. Werder am 9. Januar keinerlei Einfluß.

Vor Belfort war inzwischen in der Nacht zum 8. Januar der Ueberfall auf Danjoutin erfolgt, welcher einen glänzenden Erfolg hatte und etwa 700 Gefangene, sowie den Besitz des genannten Dorfes als Gewinn einbrachte.

Die Energie der Kriegsführung auf deutscher Seite wird durch diese That recht vortheilhaft sichtbar. Weder ein Bazaine noch ein Bourbaki, vermuthlich auch nicht einmal ein Faidherbe, ja vielleicht selbst nicht einmal ein Chanzy würden bei gleicher Kriegslage noch den Wagemuth besessen haben, offensive Schläge gegen die in Belfort ein= geschlossenen Truppen zu unternehmen, wenn vielleicht schon in den nächsten Tagen die völlige Zersprengung der eigenen Armee durch eine fast dreifach überlegene feindliche Armee drohend am Horizont gestanden hätte.

Die deutsche Kriegsführung wagte solche Offensivschläge ohne Weiteres, General v. Moltke hatte den preußischen Generalstab eben selbst geschult und ihn gänzlich nach seinem eigenen Geiste umgeformt: er hatte ihm den Stempel dieses Geistes, d. h. des Geistes wohlüber= legter, aber kühnster Offensive vollständig aufgedrückt.

Die nächst den kommandirenden Generalen hier besonders zur Sprache kommenden Chefs des Generalstabs, Oberstlieutenant v. Leszczynski und Oberstlieutenant v. Scheliha, trugen diesen Stempel an der Stirn, und eine spätere Zeit wird erst noch aufdecken, welchen ungeheuren Dank Deutschland gerade dem General v. Werder und diesen beiden Herren schuldet.

Das aber kann schon jetzt gesagt werden und wird aus unserer Darstellung klar hervorgehen, daß neben dem General v. Werder die beiden genannten Herren die geistige Triebfeder auf Seiten der Deutschen waren. Ihre zielbewußte Thatkraft brachte auch die gerechtfertigtsten Bedenken der kommandirenden Generale — und derartige ernste Be= denken waren durch die Kriegslage wahrlich mehr als genügend gerecht= fertigt — zum Schweigen.

Auch hier sehen wir wieder, wie im Kriege die Persönlichkeit Alles macht, allerdings muß eine solche Persönlichkeit an der richtigen Stelle stehen, und das Instrument, mit dem sie arbeitet, muß vorzüglich und völlig zuverlässig sein.

Beides war aber hier der Fall!

Oberstlieutenant v. Leszczynski war der Chef des Generalstabs aller dem General v. Werder unterstellten Truppen; Oberstlieutenant v. Scheliha aber war der Kommandeur der Belagerungsartillerie vor Belfort und hier die eigentliche Seele alles energischen Handelns.

VI. Das Treffen von Villerseyel am 9. Januar 1871.

Einleitung.

Am Morgen des 9. Januar standen französischerseits in Villerseyel als Vorposten je ein Bataillon der Mobilgarden des Vosges und de la Corse vom 20. Armeekorps sowie zwei Kompagnien der 1. Legion der Rhône vom 24. Armeekorps, außerdem eine Schwadron des 6. Marsch=Küraffier=Regiments vom 20. Armeekorps.

Anscheinend ist das 1. Bataillon Mobilgarden de la Corse, gefolgt vom 2. Bataillon dieses Regiments, erst am frühen Morgen des 9. Januar nach Villerseyel marschirt, denn das historique des Regiments behauptet, es habe das 1. Bataillon schon bei dem Vormarsche nach Villerseyel Granatfeuer erhalten, dasselbe aber glücklich überwunden, während das 2. Bataillon (angeblich allerdings nur vier Kompagnien des Bataillons) durch das Granatfeuer der Preußen zersprengt worden sei.

Das 1. Bataillon de la Corse soll dann mit zwei Kompagnien die Ognon=Brücke besetzt haben, während eine Kompagnie im Schlosse von Villerseyel stand, eine andere Kompagnie in einem Obstgarten, drei Kompagnien zwischen der Brücke und dem Schlosse entwickelt waren und die letzte Kompagnie (das Bataillon war acht Kompagnien stark) damals noch nicht eingetroffen war.

Die Brücke über den Ognon war französischerseits leicht ver= barrikadirt worden, die Häuser nördlich von der Brücke waren wohl nur schwach besetzt, vielleicht nur von Feldwachen.

Die französischen Berichte sind, wie gewöhnlich, äußerst lückenhaft und ungenau, jedenfalls gehörten die späterhin bei der Einnahme von Villerseyel gemachten etwa 500 Gefangenen hauptsächlich den Mobil= garden be la Corse an, zum geringeren Theile den Mobilgarden des Vosges, nur ein kleiner Rest anscheinend der 1. Legion der Rhône.

Der ganze Nordrand des Städtchens war besetzt, meist sogar ziemlich stark besetzt; das Gelände begünstigte die Franzosen erheblich.

Villerseyel hatte damals etwa 1400 Einwohner, war also ein recht kleines Landstädtchen; es liegt am linken Ufer des Ognon, der in einem Wiesengrunde dahinfließt. Unmittelbar östlich der Ognon=Brücke mündet das kleine Flüßchen Scey in den Ognon. Das rechte Ufer des Ognon ist mit großen, ausgedehnten Waldungen bedeckt, welche nur die Gegend von Marat—Moimay bis Esprels—Autrey le Vay einiger=

maßen frei ließen. Indeſſen zeigt der Gefechtsplan auch hier verſchiedene Waldſtücke von freilich geringer Breite.

Der Punkt, an welchem die Straße von Noroy le Bourg aus
dem Walde Le Grand Fougeret heraustritt, liegt etwa 1500 m entfernt
vom Nordrande der ſteinernen Ognon-Brücke, vom Nordſaume der Stadt
und vom Schloſſe.

Die Stadt ſelbſt liegt hoch. Während die Häuſer nördlich der
Ognon-Brücke nur auf 266 m Höhe gelegen ſind, beträgt die Höhe
nordöſtlich von Villerſexel ſchon 313 m und die Höhe ſüdlich der Straße
Villerſexel—Villers la Ville dicht bei der Stadt 311 m. Letztere Höhe
iſt von der 250 m langen Ognon-Brücke nur etwa 600 m entfernt.
Das Gelände ſteigt alſo auf der kurzen Entfernung von 600 m Luftlinie
um 45 m.

Die Straßen von Villerſexel ſind ſehr eng und ſteigen ziemlich
ſteil die Höhe hinan. Auch das Schloß liegt hoch. Es beherrſcht alſo
das linke, ſüdliche Ufer des Ognon vollkommen das rechte, nördliche
Ufer, allerdings bezieht ſich dies öſtlich von Villerſexel nur auf das
linke Ufer des Scey-Flüßchens, da der Ognon ſelbſt faſt im rechten
Winkel nach Norden abbiegt.

Während ſchon Villerſexel ſelbſt hoch liegt, ſteigt das Gelände in
der Richtung auf Villers la Ville noch an. Letzteres Dorf liegt auf
314 m, das Gehölz Les Breuleux allerdings nur auf 309 m Höhe.
Dagegen liegt die Niederung des Peute-vue-Baches wiederum erheblich
tiefer, bei der Brücke nördlich von La Tuilerie auf 270 m.

Die Höhe zwiſchen Le Petit- und Le Grand Magny beträgt nur
289 m, iſt alſo erheblich niedriger, als die am Oſtausgang von Villerſexel gelegene Höhe.

Das ſüdlich von Villers la Ville befindliche Gehölz Le Petit
Fougeret erreicht in ſeinem höchſten Theile die Höhe von 313 m. Die
Höhe von La Tuilerie beträgt 292 m, ebenſo viel die Höhe ſüdlich von
Le Petit Magny bei dem Austritt des dorthin führenden Weges aus
dem Grand Bois.

Autrey le Bay liegt auf 263 m, die Höhe zwiſchen Marat und
Grange d'Ancin auf 292 m.

Sehr viel bedeutender ſind die Höhen bei Aillevans. Hier erreicht
die Höhe zwiſchen Oricourt und Aillevans 394 m, gewährt alſo eine
vortreffliche Ueberſicht über das ganze Gelände von Villerſexel, welches
ſie um etwa 80 m überragt.

Das Schloß von Villerserel hatte seine Front gegen den Ognon, es bestand aus einem großen Mittelbau und zwei angehängten kleineren Seitenflügeln und hatte mehrere Stockwerke. Die Höhe, auf welcher es liegt, fällt ziemlich steil nach dem Ognon ab, dagegen sanfter nach Süden hin. Das Schloß war von einem ausgedehnten Park umgeben, der wiederum im Allgemeinen durch eine Mauer eingefaßt wurde. An manchen Stellen scheint diese Mauer verfallen, an anderen Stellen nicht eben sonderlich hoch gewesen zu sein.

Auf der östlichen Abdachung des Schloßberges befanden sich mehrere Terrassen. Ein Gitterthor sperrte den Schloßhof. Vom Park aus führte ein Weg nach dem Eisenhammer über die Arme des Ognon hinweg auf einem Drahtseilstege. Nach Süden hin erstreckte sich das ziemlich große Waldstück de Chailles bis auf 650 m an den Schloßpark, auch lagen gerade hier zwischen beiden Geländestücken Büsche, durch deren Vorhandensein ein Vorgehen der Franzosen gegen den Schloßpark sehr begünstigt wurde.

An Plätzen sind im Städtchen Villerserel drei zu verzeichnen, ein freier Platz unmittelbar südlich der Ognon=Brücke, der Marktplatz in der Mitte des Städtchens und der Platz am Stadthause, da wo auf dem Gefechtsplane die Kirche eingezeichnet ist.

A. Die Eroberung von Villerserel durch die Preußen.

Die Bewegungen der Truppen begannen am 9. Januar auf Seiten der Deutschen sehr früh, d. h. etwa zwischen 4 und 5 Uhr morgens bei starkem Schneefall.

Mündlich wurde befohlen, daß gleich bei dem Eintreffen der 4. Reserve=Division bei Aillevans möglichst zahlreiche Kriegsbrücken über den Ognon hergestellt werden sollten, um gute Verbindung mit dem Gelände südlich von Athesans zu haben.

Da man auf Grund der am 9. Januar früh 3 Uhr ein= getroffenen Meldung des Generals v. Trescow I. (siehe frühere Dar= stellung) erwarten mußte, daß ein feindlicher Angriff auf die Ein= schließungstruppen von Belfort schon am 9. Januar erfolgen würde, befahl General v. Werder um 6 Uhr früh:

„Die 1. Badische Brigade·mit 2 Batterien und einiger Kavallerie marschirt über Lure, Move, Lyoffans, Beverne direkt auf Couthenans. Die übrige Bewegung bleibt bestehen. General v. Schmeling soll versuchen, bei Senargent den Uebergang zu gewinnen."

Gemeint war damit der Uebergang über den Scey=Bach bei Senargent. General v. Werder begab sich mit seinem Stabe von Besoul über Noroy le Bourg nach Aillevans.

Auf der Höhe 394 bei Oricourt hatte man eine wunderbar schöne Uebersicht über die ganze Gegend von Villersexel. Dagegen konnte man die Gegend von Marat und Moimay nicht einsehen. Da indessen General v. d. Goltz den strikten Befehl erhalten hatte, den Straßen=knoten bei Grange d'Ancin unter allen Umständen festzuhalten und zu sichern, so glaubte man sich gegen etwaige feindliche Angriffe von dieser Seite her gesichert und hatte daher keinerlei Besorgnisse.

Die Truppeneintheilung der 4. Reserve=Division war die folgende:

Avantgarde. Generalmajor v. Tresckow II. II. und F./25, 1. Reserve=Ulanen=Regiment, 1. und 2. schwere Reserve=Batterie.

Gros. Oberst Knappe v. Knappstädt. I./25; Bataillon Wehlau; 2. kombinirtes Ostpreußisches Landwehr=Regiment Nr. 4/5; 1., 2., 4. Schwadron 3. Reserve=Ulanen=Regiments; 1., 2., 3. leichte Re=serve=Batterie; 2. Festungs=Pionier=Kompagnie VII. Armeekorps mit einer Abtheilung des Feldbrücken=Trains.

2./Thorn war zur Begleitung der auf der Straße nach Lure in Marsch gesetzten Trains der Division abkommandirt.

Der Rest der 4. Reserve=Division (7 Bataillone, 1 Schwadron, 1 Batterie) befand sich vor Belfort.

Um 6³/₄ Uhr früh marschirte das Gros von Noroy le Bourg auf Aillevans, die Avantgarde von der Gegend östlich von Borey aus über Grange d'Ancin auf Villersexel.

Letzteren Weg schlug auch die Brigade v. d. Goltz ein, sie marschirte befohlenermaßen zunächst bis Grange d'Ancin, woselbst die Truppen bald nach 10 Uhr früh eingetroffen waren.

Die Avantgarde unter Oberstlieutenant Nachtigal bestand aus I., II./30, 3./2. Reserve=Husaren, der schweren Reserve=Batterie, der 1. leichten Reserve=Batterie; das Gros unter Oberst Wahlert aus F./30., Regiment Nr. 34, 1., 4./2. Reserve=Husaren und der 2. leichten Reserve=Batterie. Die 2. Schwadron der 2. Reserve=Husaren deckte während des Vormarsches die rechte Flanke der Brigade, 12./30 war zur Be=deckung der Trains nach Lure, 10./34 zu den Truppenfahrzeugen ab=kommandirt.

Das 2. Reserve=Dragoner=Regiment hatte die Nacht zum 9. Januar in Lure zugebracht und marschirte nach der Gegend von Aillevans.

Etwa gegen 8½ Uhr früh trat F./25 aus dem Walde von Grand Fougeret heraus und erhielt Feuer von dem Nordrande der Stadt, aus dem Schlosse und von der Ognon-Brücke her. Sofort fuhren die beiden schweren Batterien in dem Waldeinschnitte auf und eröffneten ihr Feuer sowohl gegen die Brücke als auf das Schloß und auch gegen französische Kolonnen, die von Süden her im Anmarsch nach Villersexel sich befanden. Ihr wirksames Granatfeuer zersprengte nach französischen Berichten vollständig 4 Kompagnien des 2. Bataillons der Mobilgarden de la Corse, die der Besatzung von Villersexel zu Hülfe eilen sollten.

General v. Tresckow II. ließ II./25 am Waldrande bei den beiden Batterien zurück (nur 8./25 wurde gegen Moimay vorgeschickt, um die rechte Flanke zu decken), I./25 wurde aus dem Gros herangeholt. F./25 begann das Vorgehen gegen Villersexel, indem 9./25 gegen die Häuser nördlich der Ognon-Brücke sich wandte, 10./25 ebendahin folgte.

Aber es gelang 9./25 nur, bis auf etwa 500 m an die Ognon-Brücke heranzukommen, weil das Schnellfeuer der Franzosen von der Brücke, von den Häusern des Nordrandes der Stadt, vom Schlosse und vom Schloßpark her gar zu heftig war.

Jetzt wurde daher 11./25 nach dem Eisenhammer geschickt. Sie fand hier einen schmalen Drahtseilsteg über den Ognon, der von den Franzosen nicht zerstört worden war, jedoch nur einzeln, Mann für Mann, passirt werden konnte. Mit großer Entschlossenheit leitete Premierlieutenant Hertel den Uebergang seiner Kompagnie über den Fluß und drang in den Schloßpark ein.

Nach und nach folgten auf demselben Wege 12., 6., 7., 2., 4./25. Oberst v. Loos begab sich persönlich nach dem Eisenhammer, um von hier aus die Entscheidung herbeizuführen.

Unterdessen eroberte 11./25 das Schloß und nahm die Besatzung desselben, die 3. Kompagnie des 1. Bataillons de la Corse, fast ganz gefangen. Die Eroberung einer Fahne, von der auch das Generalstabswerk spricht, beruht auf einem Irrthum. Weder die französischen Marsch-Regimenter, noch die Mobilgarden-Regimenter besaßen Fahnen (einige Ausnahmen kamen allerdings vor, so z. B. bei den päpstlichen Zuaven, indessen waren derartige Fahnen meist Geschenke, niemals vom Staate anerkannte Feldzeichen); es kann sich also wohl nur um ein Markirfähnchen der französischen Kompagnie gehandelt haben.

Wir klären dieses kleine Versehen auf, weil viele französische Schriftsteller solche Gelegenheit dazu benutzen, um den Deutschen Ruhm-

sucht und Prahlerei vorzuwerfen, während in Wirklichkeit nur ein
äußerst verzeihlicher Irrthum vorliegt.

Jedenfalls fielen der preußischen Kompagnie 3 Offiziere, 94 Mann
Franzosen als Gefangene in die Hände. 11./25 besetzte nun ihrerseits
das Schloß.

12./25 drang vom Schloßpark aus langsam in östlicher Richtung
vor, 6., 7./25 wendeten sich nach dem Südausgange von Villersexel,
2., 4./25 links von 12./25 gegen die Westseite des Städtchens.

Nachdem das Schloß genommen worden war, griffen 9., 10./25 die
Ognon-Brücke an, erzielten aber vorläufig noch keinen durchschlagenden
Erfolg. Nur die Häuser nördlich des Ognon und der Barrikade am Nord-
ende der Brücke wurden von den Preußen in Besitz genommen, dagegen
behaupteten sich die Franzosen am Südende der bekanntlich sehr langen
Brücke.

Jetzt wendete sich aber 12./25 direkt nach Norden und eroberte die
Häuserreihe südlich der Ognon-Brücke. Bald machte sich die Wirkung
dieses siegreichen Vordringens gegen den Rücken der Vertheidiger der
Brücke geltend. Als nun auch noch 1., 3./25 zur Unterstützung von
9., 10./25 ankamen, begannen diese vier Kompagnien den Sturm auf
die Brücke selbst.

Dieser Sturm gelang, die Franzosen wichen schleunigst zurück und
ließen außer sehr zahlreichen Gefangenen auch viele Todte und Verwundete zurück. Die Trümmer der arg mitgenommenen, wackeren Vertheidiger der Ognon-Brücke zogen längs des Scey-Baches in der
Richtung auf Beveuge ab.

Vergeblich war französische Artillerie südlich des Bois de Chailles
bei Rullet Ferme aufgefahren, um die Besatzung von Villersexel zu unterstützen.

Sowohl die beiden schweren Batterien der 4. Reserve-Division, wie
bald nachher auch die schwere und 1. leichte Batterie der Brigade
v. d. Golz (siehe Gefecht von Moimay) bekämpften diese Artillerie und
brachten sie nach einiger Zeit zum Abfahren.

Pöhlein giebt Seite 166 das Abfahren der französischen Batterien
auf die Zeit nach 12 Uhr mittags an.

2., 4./25 bewältigten unterdessen den Widerstand französischer
Schützenschwärme am Westrande von Villersexel, 6., 7./25 erreichten den
Südrand, zwangen den Feind zum Frontmachen und trieben ihn in
die Flucht, wobei ein Halbzug von 7./25 allein 87 Gefangene machte.

General v. Tresckow II. zog schleunigst das 1. Reserve-Ulanen-Regiment durch Villersexel hindurch zur Verfolgung vor. Die 2. Schwadron des Regiments fand noch Gelegenheit, eine französische Kompagnie, die soeben sich nach Villers la Ville in Sicherheit bringen wollte, zu attadiren. Hierbei konnte 1./25 unterstützend eingreifen; diese Kompagnie hatte nämlich die Höhe 313 nordöstlich von Villersexel besetzt.

Die Attacke gelang vollständig, der Feind wurde zersprengt. Viele Franzosen wurden niedergemacht oder mit der Lanze verwundet, 3 Offiziere und etwa 60 Mann fielen den Ulanen als Gefangene in die Hände.

Es läßt sich nicht mit Bestimmtheit angeben, wann das Gefecht mit der völligen Besitznahme von Villersexel geendigt hat. Die Einnahme des Schlosses mag wohl schon etwa um 11 Uhr früh erfolgt sein, möglicherweise sogar noch etwas früher. Jedenfalls war das Städtchen gegen 1 Uhr nachmittags im unbestrittenen Besitze des Regiments Nr. 25, während die Verfolgungsgefechte wohl noch etwas länger gedauert haben mögen.

Wahrscheinlich trat aber schon um 1 Uhr nachmittags eine Gefechtspause ein, welche bis nach 2 Uhr dauerte.

Die ganze Avantgarde der 4. Reserve-Division wurde nunmehr über den Ognon vorgezogen, das Gros der Division gleichfalls nach Villersexel befehligt. Die beiden schweren Batterien fuhren auf der Höhe östlich der Stadt an der Straße nach Arcey auf; 11./25 wurde mit den Gefangenen nach Aillevans geschickt. Es waren 1 Stabsoffizier, 13 Offiziere und nahezu 500 Mann, welche jetzt gefangen zurückgebracht wurden, meistens Mobilgarden be la Corse, aber auch Mobilgarden des Vosges und außerdem anscheinend einige Mannschaften der 1. Rhône-Legion.

Man hatte es also in Villersexel bisher nur mit Theilen der Division Ségard des 20. Armeekorps und mit schwachen Abtheilungen der 1. Rhône-Legion vom 24. Armeekorps zu thun gehabt. Der Rest der Division Ségard griff bis auf schwache Versuche der Artillerie in das Vormittagsgefecht nicht ein.

Weshalb dies nicht geschah, gehört zu den vielen noch unaufgeklärten Thatsachen; bei dem Mangel an zuverlässigen französischen Quellen hat es wenig Zweck, über die Ursache dieser schwerwiegenden Unterlassung Vermuthungen auszusprechen. Am wahrscheinlichsten sind bei derlei Unterlassungen im Kriege immer die allereinfachsten Gründe; hier dürfte man die eigenen Vorposten allzu weit vorgeschoben und nicht dafür

gesorgt haben, daß die Division Ségard diese bis nach Villersexel vor=
getriebenen Vorposten rechtzeitig unterstützen konnte, indem man die
Aufbruchsstunde dieser Division am 9. Januar zu spät festsetzte.

Jedenfalls haben die Franzosen ausreichende Unterstützungen ihrer
Vorposten in deren Nähe nicht bereit gehalten und später, wie wir dies
ja gesehen haben, als der Kampf schon ernsthaft entbrannt war, eine
solche Unterstützung zwar versucht, aber in ungeschickter Weise und mit
nicht ausreichend starken Truppen.

Jetzt wurde Villersexel vom Regiment Nr. 25 regelrecht besetzt.
9., 10., 12./25 nahmen Stellung auf dem Platze am Stadthause in der
Nähe des Schlosses, die eigentliche Besatzung des Schlosses, 11./25, be=
fand sich auf dem Transport der Gefangenen nach rückwärts, 6., 7./25
sicherten die Südausgänge von Villersexel, 5., 8./25 wurden nach dem
Marktplatze in der Mitte des Städtchens herangezogen, I./25 übernahm
die Besetzung des Ostrandes und der Höhe 313.

B. Die Gefechte bei Marat und Moimay bis 4 Uhr nachmittags.

Um den weiteren Verlauf der Ereignisse in seinen Ursachen klarer
überblicken zu können, müssen wir uns zunächst zur Brigade v. d. Goltz
wenden.

Am Morgen des 9. Januar ließ das Gros der 4. Reserve=Division
bei seinem Vormarsche auf Aillevans die Kompagnie 1./Thorn in der
Gegend von Grange d'Ancin zurück, um hier die rechte Flanke der
Deutschen bis zur Ankunft der Brigade v. d. Goltz zu decken.

Bald nach 10 Uhr früh traf diese Brigade denn auch bei Grange
d'Ancin ein. Wir wissen, daß General v. d. Goltz vom General=
kommando den strikten Befehl erhalten hatte, den sehr wichtigen Straßen=
knotenpunkt von Grange d'Ancin unter allen Umständen festzuhalten.
Das Gros der Brigade blieb, diesem Befehle entsprechend, daher bei
Grange d'Ancin halten. Die Avantgarde der Brigade (I. und II./30,
3./2. Reserve=Husaren, die Batterien I./G. und 1./G.) marschirte unter
Oberstlieutenant Nachtigal jedoch sogleich weiter und zwar auf der
Straße nach Villersexel bis nahe an den Waldrand.

Um diese Zeit schallte von Villersexel her schon heftiges Gewehr=
feuer und der Geschützdonner herüber, das Marcher au canon ist daher
leicht erklärlich, wenngleich es in diesem Falle den Absichten des General=
kommandos nur insoweit entsprach, als dadurch die Deckung der rechten
Flanke der Deutschen auch wirklich ausgeführt wurde, während eine

Unterstützung der Avantgarde der 4. Reserve-Division durch die Brigade v. d. Goltz durchaus nicht vom Generalkommando beabsichtigt wurde.

Etwa um 10½ Uhr wurden die beiden Batterien des Oberstlieutenants Nachtigal nach der Höhe nördlich von Moimay vorgeholt, um die französische Artillerie zu bekämpfen, welche bei Rullet ferme aufgefahren war.

Die Stellung der Avantgarden-Batterien befand sich zwischen dem Südrande des Bois les Jutayes und Moimay, ziemlich dicht an der Südspitze des Waldes. Zu ihrer Bedeckung dienten 6., 7./30, welche den Südrand von les Jutayes besetzten.

Dieses Eingreifen der Avantgarde der Brigade v. d. Goltz wird ein objektiv urtheilender Kritiker nicht tadeln wollen. Wollte die Brigade Goltz ihren Auftrag — Festhaltung des Straßenknotenpunktes Grange d'Ancin und Sicherung der rechten Flanke der Deutschen — erfüllen, dann mußte sie dies in einer günstigen Stellung versuchen. Als eine solche günstige Stellung erscheint die Linie: Höhe 292 nördlich von Marat, Südrand des Bois les Jutayes, Höhe nördlich von Moimay. Bis jetzt hatte also die Brigade v. d. Goltz im Sinne des Generalkommandos gehandelt.

Es sollte jedoch noch anders kommen. Der Geschützdonner lockte nämlich auch das Gros der Brigade v. d. Goltz von Grange d'Ancin fort und zu dem Kampfplatze hin.

Um diesen weiteren Vormarsch zu sichern, ließ General v. d. Goltz 2., 3./34 unter Hauptmann Lobemann bei Grange d'Ancin zurück und gab ihm den Befehl, gemeinschaftlich mit 1./Thorn über Marat auf Esprels vorzugehen.

Dieser Befehl wurde alsbald ausgeführt, nachdem das Gros der Brigade v. d. Goltz auf Villerseyel weiter marschirt war. 2./34 drang unter heftigem Feuer einer französischen Batterie durch das Dorf Marat hindurch, welches offenbar von den Franzosen nicht besetzt war, während 3./34 und 1./Thorn Marat vom Bois de la Bouloye aus zu umfassen suchten.

Indessen fuhr eine zweite französische Batterie auf und starke französische Kolonnen wurden nach dem Bois de la Bouloye hineingezogen.

Es war nämlich hier die 1. Division des 18. französischen Armeekorps in den Kampf getreten. General Billot entwickelte 14 Geschütze nördlich von Esprels, das 9. Marsch-Jäger-Bataillon wurde nach Autrey le Vay vorgezogen und entsandte zwei Kompagnien in das Bois le

Chanois. Außerdem befand sich ein Bataillon des 19. Mobilgarden=
Regiments in Autrey le Bav. Das 42. Marsch=Regiment besetzte die
Höhen südlich von Marat, dehnte sich bis zu der Lichtung zwischen dem
Bois de la Bouloye und dem Bois de la Gennevrave aus und ent=
sandte bald Schützenschwärme in das Dorf Marat. Zwei Bataillone
73. Mobilgarden=Regiments wurden zur Sicherung der linken Flanke in
das Bois de Chassey gesandt, südlich der Straße Vesoul—Esprels und
westlich von Esprels. Der Rest der 1. Division 18. Armeekorps stand
versammelt bei Esprels, die Kavallerie=Division zwischen Marat und
Esprels. An den späteren Kämpfen nahm auch die Reserve=Artillerie
des 18. Armeekorps einen sehr bemerkenswerthen Antheil.

Als auf eine Meldung des Hauptmanns Lodemann über die
Gefechtslage keinerlei Verstärkung eintraf, gingen 3./34 und 1./Thorn in
der Richtung auf Grange d'Ancin zurück, 2./34 anscheinend nach dem
Wäldchen Les Brosses.

Später wollten alle drei Kompagnien nach Moimay marschiren,
aber General v. d. Goltz befahl ein nochmaliges Vorgehen auf Marat.
3./34 führte diesen Befehl aus, 1./Thorn folgte in Reserve. Das erste
Haus von Marat wurde erreicht, hier aber erhielten die Preußen ein
so starkes Feuer, besonders vom Waldrande her, also jedenfalls vom
42. Marsch=Regiment herrührend, daß die beiden Kompagnien bis hinter
die nahe Höhe 292 zurückgehen mußten.

Hier machte 3./34 Front, während 1./Thorn zu ihrem Bataillon
abmarschirte. Besonders energisch scheint übrigens der Vorstoß von
3./34 nicht durchgeführt worden zu sein, da die Kompagnie nach der
Regimentsgeschichte am 9. Januar auch nicht einen einzigen Todten oder
Verwundeten verlor. 2./34 zog sich später zur Gefechtsgruppe von
Moimay heran und bildete hier die Bedeckung der 2. leichten Reserve=
Batterie.

Es läßt sich leider nicht genau bestimmen, wann die eben geschilderten
Momente des kleinen Gefechts sich abgespielt haben. Das erste Vor=
gehen der drei preußischen Kompagnien gegen Marat hat jedenfalls
nach 11 Uhr früh erst begonnen, denn um diese Zeit marschirte das
Gros der Brigade v. d. Goltz von Grange d'Ancin ab, und erst nach
diesem Abmarsch erfolgte das Vorgehen des Hauptmanns Lodemann.

Das zweite Vorgehen von 3./34 hat zweifellos erheblich später
stattgefunden, jedoch jedenfalls vor 3 Uhr nachmittags, denn erst um diese
Zeit haben sechs Kompagnien des 42. Marsch=Regiments Marat besetzt,
ohne übrigens dabei auch nur einen einzigen Schuß abzugeben.

Ein ernstes Gefecht hat sich bis 3 Uhr nachmittags hier überhaupt nicht abgespielt, wie aus den Verlusten hervorgeht, denn auch 2./34 büßte am 9. Januar nur drei Mann ein.

Kehren wir jetzt zu dem General v. d. Goltz und zu seiner Brigade zurück!

Der General war persönlich zu seinen Avantgarden-Batterien geritten, als er deren Feuer hörte, und befahl der Kompagnie 6./30, über den Lauzin-Bach vorzugehen und nur einen halben Zug zurückzulassen.

Dies geschah sogleich, das Gehölz Les Brosses wurde abgesucht und vom Feinde frei gefunden.

Erst jetzt wurde die 2. leichte Reserve-Batterie vorgeholt, und alle drei Batterien des Generals v. d. Goltz fuhren westlich von Moimay auf. Es mag dies nach 12 Uhr mittags stattgefunden haben, vielleicht etwa um 12½ Uhr.

7./30 wurde zuerst nach der Mühle nördlich von Moimay herangeholt, dann ging diese Kompagnie in der Richtung auf Marat vor und besetzte im Anschluß an 2./34 den nördlichen Theil des Wäldchens Les Brosses.

Oberstlieutenant Nachtigal war inzwischen mit der Avantgarde auf der Straße nach Villersexel bis nahe an den Waldrand vorgerückt und hatte gegen 11 Uhr früh 1., 2./30 durch den Wald nach dem Ognon gesendet, um die französische Artillerie zu beschießen, welche bei Rullet ferme im Feuer stand. Dies kam jedoch nicht völlig zur Ausführung, weil das Kreuzfeuer der beiden schweren Batterien der 4. Reserve-Division und der beiden Avantgarden-Batterien der Brigade v. d. Goltz jene feindliche Artillerie schon allein zum Abfahren zwang.

1., 2./30 besetzten daher den Eisenhammer.

General v. d. Goltz befahl nach 12 Uhr dem Oberstlieutenant Nachtigal, mit seinem Regiment nach Villersexel zu marschiren. Zwei Kompagnien sollten das Schloß besetzen, der Rest des Regiments an der Ognon-Brücke in Reserve verbleiben. Da 12./30 abkommandirt, 6., 7./30 bereits anderweitig verwendet waren, wie wir schon wissen, so blieben nur neun Kompagnien übrig: 1./30, 5., 8./30, 9., 10., 11./30.

1., 2./30 erhielten den Befehl, ihrem Bataillon über die Ognon-Brücke nach Villersexel zu folgen, und führten selbstredend diesen Befehl aus, indem sie den Eisenhammer räumten.

Oberstlieutenant Nachtigal marschirte mit seinen neun Kompagnien ab und meldete sich persönlich bei General v. Tresckow II., worauf vereinbart wurde, daß Regiment Nr. 30 die Westseite, Regiment Nr. 25 die Ostseite von Billerseyel besetzen sollten.

Von der Waldecke am Ausgange des Waldes Le Grand Fougeret bis zum Schloßpark von Billerseyel hatte Regiment Nr. 30 etwa 2 km zurückzulegen. Man könnte also annehmen, daß das Regiment zwischen 12½ Uhr und 1 Uhr in Billerseyel eingetroffen sein müßte. Vermuthlich ist aber Oberstlieutenant Nachtigal allein zum General v. Trescow II. vorgeritten und hat das Gros seines Regiments einstweilen an der Ognon-Brücke halten lassen, wie ihm ja befohlen worden war, so daß der Einmarsch des Gros des Regiments in Billerseyel erst nach der Rückkehr des Oberstlieutenants Nachtigal von seiner Meldung bei General v. Trescow II. stattgefunden haben wird. Man wird daher annehmen müssen, daß die Ankunft des Regiments an seinem nunmehrigen Bestimmungsorte wohl erst gegen 1½ Uhr erfolgt sein dürfte. Dies stimmt auch mit den Gefechtsberichten.

Man muß auch berücksichtigen, daß vermuthlich dem Regiment Nr. 30 bei seinem Vormarsch die Gefangenenkolonne vom Vormittagsgefechte begegnet sein wird, außerdem dürfte die Marschstraße nicht immer ganz frei gewesen sein.

Währenddessen hatte Regiment Nr. 34 (ohne 2., 3./34, deren Verwendung uns schon bekannt ist) seinen Vormarsch im Walde Le Grand Fougeret bis zum Schnittpunkte der Straßen nach Billerseyel und nach Moimay fortgesetzt und hier einen Halt von einer Stunde gemacht. Darunter ist wohl das Halten des Gros der Brigade v. d. Golz bei Grange d'Ancin zu verstehen und so zu erklären, daß die Infanterie überhaupt auf der großen Straße verblieb, mit ihrer Spitze bis zu dem erwähnten Schnittpunkte vorrückte, während das Ende der Kolonne bis Grange d'Ancin zurückreichte. Die Zeiten lassen sich wenigstens nur unter dieser Voraussetzung erklären. Wir glauben mithin, daß das Gros der Brigade Golz nur einmal Halt gemacht hat und zwar in der soeben dargestellten Weise.

Schon etwa um 11 Uhr früh, also ungefähr zu derselben Zeit, als der Park und das Schloß von Billerseyel von 11./25 genommen wurden, marschirte Regiment Nr. 34 auf Moimay vor. 11., 12./34 verblieben am Waldrande, während 1., 4., 9./34 und II./34 nach Moimay rückten und dieses Dorf um 12. Uhr mittags besetzten.

Die drei Batterien der Brigade v. d. Golz setzten sich westlich des Dorfes Moimay ins Feuer und hatten sich gegen die äußerst heftig feuernde feindliche Artillerie ernsthaft zu wehren. Die 1. leichte Reserve-

Batterie wollte näher an den Feind herangehen, protzte auf und ging längs des Ostrandes des Wäldchens Pes Brosses gegen Autrey le Vau vor. Plötzlich erhielt sie jedoch Schnellfeuer von französischer Infanterie aus diesem Gehölze und zwar aus nächster Entfernung.

Es war nämlich den Franzosen gelungen, einen Schützenschwarm von etwa 60 Mann nach der preußischerseits leider unbesetzt gebliebenen Südspitze des Gehölzes hineinzuwerfen, ohne daß dies preußischerseits bemerkt worden war.

Dieses Vorgehen der 1. leichten Reserve-Batterie fand etwa um 1 Uhr oder bald nachher statt. Im französischen Schnellfeuer blieben zwei Geschütze liegen, wurden aber glücklich gerettet. Unteroffizier Schulz erhielt einen Schuß durch die Brust, verblieb aber trotz dieser schweren Verwundung so lange bei seinem Geschütz, bis er es in Sicherheit gebracht hatte.

Die preußische Infanterie griff sogleich heldenmüthig ein. Der bei den Batterien verbliebene Halbzug von 6./30 stürmte schleunigst im „Marsch—Marsch" gegen die erwähnte Waldspitze vor, ein zweiter Halbzug wurde von der am Gehölz selbst schon stehenden Kompagnie 6./30 abgezweigt, der Feind aus dem Wäldchen herausgeworfen und der Westrand des Wäldchens besetzt. Der Rest von 6./30 folgte als Soutien.

Nunmehr gingen dichte französische Schützenschwärme gegen Pes Brosses vor; indessen traten ihnen zwei Züge von 6./30 sogleich entgegen, griffen sie energisch an und zwangen sie zu verlustreichem Rückzuge, wobei ein Zug von 7./30 von rechts her in das Gefecht eingriff.

Die 30er stürmten etwa 500 Schritt über den Waldrand hinaus vor. Nun drang aber ein starker französischer Schützenschwarm, anscheinend eine ganze aufgelöste Kompagnie, gefolgt von einem geschlossenen Bataillon, von den Höhen bei Autrey le Vau her vor. Die vorgeprellten Abtheilungen von 6., 7./30 mußten nach Pes Brosses zurück.

In diesem Augenblicke eilten 5., 8./34 zur Unterstützung der bedrängten Kameraden herbei, 7./34 folgte bis an den Ostrand des Wäldchens Pes Brosses. Die soeben noch siegreich vorgehenden Franzosen wurden wieder vertrieben und das Wäldchen bis an den Westrand hin vom Feinde gesäubert.

Natürlich hat das mehrfach hin und her wogende Gefecht längere Zeit gedauert, es ist jedoch unmöglich, die genauen Zeitpunkte anzugeben, an welchen ein Wechsel in der Gefechtslage eintrat. Sehr lange hat wohl keine der verschiedenen Gefechtsphasen gedauert.

Auch jetzt wurde 8./34 bald genug von Autrey le Bay her stark
bedrängt und zum Weichen gezwungen. Zwischen 2 und 3 Uhr nachmittags verließen die Preußen das Wäldchen Les Brosses und etwa um
2½ Uhr mag dieses Wäldchen so ziemlich unbestritten im Besitze der
Franzosen gewesen sein.

Etwa um 3 Uhr kam bei dem Regiment Nr. 34 der Befehl an,
Moimay zu räumen und auf Villersexel zurückzugehen. Hier hat offenbar
ein Mißverständniß obgewaltet, denn das Generalkommando legte im
Gegensatz zu diesem irrthümlichen Befehle gerade ganz besonderes Gewicht auf die Behauptung von Moimay und auch von Marat. Wir
werden das Nähere sogleich kennen lernen. Schon hier sei aber angeführt,
daß einerseits der Generalstabschef alle irgendwie verfügbaren Truppen
nach der Linie Marat—Moimay heranbeorderte, andererseits General
v. Werder persönlich die nach Villersexel gelangten neun Kompagnien
Regiments Nr. 30 sofort wieder aus dem Städtchen herauszog und
sie nach Moimay sandte.

Einstweilen wurde indessen der Befehl zur Räumung befolgt. Die
Artillerie fuhr zuerst ab, dann gingen auch die Kompagnien 6., 7./30,
5., 7., 8./34 zurück, und der Abmarsch der übrigen Truppen wurde eingeleitet. Zum Glück traf aber nunmehr der Gegenbefehl ein, Moimay
solle unter allen Umständen gehalten werden.

Jetzt besetzte 6./30 den Eisenhammer, 7./30 und ein kleiner Theil
von 6./30 schlossen sich dem Regiment Nr. 34 an.

Die zielbewußte, energische Vertheidigung von Moimay und ebenso
die Einleitung zu der später erfolgten Einnahme von Marat fallen der
Zeit nach mit dem persönlichen Eingreifen des Oberstlieutenants
v. Leszczynski auf diesem Theile des Schlachtfeldes zusammen, und man
wird nicht fehlgreifen, wenn man diesem höheren Offizier ohne Weiteres
das Verdienst der nunmehr hier in die Erscheinung tretenden ziel-
bewußten Leitung des Gefechts zuschreibt. Es muß jedoch hervorgehoben
werden, daß der Generalstabschef dabei ganz im Sinne des Generals
v. Werder handelte, und daß der kommandirende General ebenfalls die
Linie Marat—Moimay unter allen Umständen festhalten wollte.

C. Das Gefecht von Villers la Ville und die Räumung von Villersexel.

Auf der Höhe 394 zwischen Oricourt und Aillevans hatte unterdessen das Generalkommando aufmerksam den Gang der Ereignisse
verfolgt. Man konnte mit dem Fernglase die Bewegungen der französischen Truppen sehr genau erkennen.

Offenbar schritt das Gefecht bei Villersexel siegreich vorwärts und verstummte dann ganz, ein sicheres Zeichen, daß Alles gut gegangen sein mußte.

Man sah deutlich die langen, in östlicher Richtung im Marsch begriffenen Kolonnen der Franzosen plötzlich Halt machen, ihre bisherige Marschrichtung verlassen und auf Villersexel hin marschiren.

Oestlich von Aillevans war eine Kriegsbrücke über den Ognon fertiggestellt und eine Abtheilung des Gros der 4. Reserve-Division zu ihrem Schutze auf das linke Flußufer vorgeschoben worden und zwar zwischen Longevelle und St. Sulpice. 3., 4./Thorn, Bataillon Wehlau, und die 2. Schwadron 3. Reserve-Ulanen hatten unter Major v. Kayserlingk den Fluß theils durchwatet, theils auf einem Flußwehr überschritten. Bei der strammen Winterkälte des 9. Januar ist dies für Landwehrleute gewiß eine achtbare Leistung.

Das Generalkommando war mit dem bisherigen Verlaufe der Dinge außerordentlich zufrieden. Alles, was man gewünscht hatte, schien eintreffen zu sollen. Die Franzosen bogen anscheinend überall aus ihrer eigentlichen Marschrichtung ab und zogen sich gegen Villersexel hin, und gerade das hatte man ja erstrebt und gehofft.

Da schallte plötzlich bald nach 1 Uhr das lebhafte Geschütz- und Gewehrfeuer aus der Gegend von Moimay deutlich herüber. Man konnte von der Höhe 394 Moimay nicht sehen, aber es war klar, daß hier ernste Dinge sich vorbereiteten und daß irgend etwas nicht planmäßig verlaufen sein mußte. Anfangs hoffte das Generalkommando noch immer, das Feuer würde nachlassen, wie es ja auch bei Villersexel völlig verstummt war. Allein das Feuer ließ nicht nach, im Gegentheil, es verstärkte sich.

Offenbar war Gefahr im Verzuge. Man erkannte deutlich, daß ein weiteres Vorgehen über Aillevans hinaus, wie es unter günstigen Umständen ja ursprünglich geplant gewesen war, keineswegs mehr die Flanke der französischen Marschkolonnen treffen konnte. Es war im Gegentheil gar kein Zweifel mehr vorhanden, daß ein derartiges Vorgehen direkt auf die breit entwickelte Front eines an Zahl weitaus überlegenen Gegners treffen mußte. Es würde also eine Fortsetzung des geplanten Vorgehens über Aillevans hinaus ein Stoß ins Wespennest gewesen sein.

Man mußte unter den jetzigen Verhältnissen froh sein, wenn man die Franzosen daran verhindern konnte, ihrerseits den Ognon zu überschreiten, um dadurch eine Vereinigung der Truppen des Generals v. Werder mit dem Belagerungskorps von Belfort unmöglich zu machen.

Das heftige Feuer aus der Gegend von Moimay redete eine deutliche Sprache. Offenbar waren starke französische Truppentheile schon jetzt auf dem nördlichen Ufer des Ognon im Kampfe und zwar in einem äußerst heftigen Kampfe, wie das Zunehmen des Feuers klar genug aussprach.

Wir wissen bereits, daß General v. Schmeling das Gros seiner 4. Reserve-Division nach Villersexel befehligt hatte. Dieser Befehl entsprach den Anschauungen des Generalkommandos und kam daher zur Ausführung.

General v. Werder beorderte jetzt aber auch das Gros der Badischen Division, das schon im Marsche auf Athesans begriffen war, nach Arpenans zurück. Die bekanntlich über Lure nach Couthenans in Marsch gesetzte 1. Badische Brigade wurde gegen Abend bei Lure angehalten und übernachtete dort.

Es wurde fernerhin vereinbart, daß General v. Werder persönlich mit einem Theile des Stabes sofort nach Villersexel, Oberstlieutenant v. Leszczynski mit dem Rest des Stabes ebenfalls sofort nach der Gegend von Marat—Moimay reiten würden. Beide Herren wollten an Ort und Stelle die erforderlichen Maßregeln anordnen und sich demnächst an der Ognon-Brücke bei Villersexel wieder treffen.

Wir besitzen im Kriegsarchiv (Y, e, II./1, S. 357) einen sehr ausführlichen Bericht des Oberstlieutenants Hartmann vom Stabe des Generals v. Werder. Dieser Bericht verlegt das Abreiten des Generals v. Werder von der Höhe 394 auf 1 1/2 nachmittags. Dieser Zeitpunkt stimmt auch mit dem sogleich näher zu schildernden persönlichen Erscheinen des Generals in Villersexel.

Wir müssen jetzt nachholen, was inzwischen in Villersexel sich zugetragen hatte.

Die bereits früher erwähnten neun Kompagnien Regiments Nr. 30 waren gegen 1 1/2 Uhr nachmittags in Villersexel eingetroffen. Genau läßt sich der Zeitpunkt ihrer Ankunft im Städtchen nicht ermitteln, indessen glauben wir, daß die Angabe von 1 1/2 Uhr der Wahrheit sehr nahe kommen wird.

Diese neun Kompagnien besetzten nunmehr die Westseite des Städtchens in folgender Weise: 3., 4./30 das Schloß und den Schloß-park, 1., 2./30 standen als Unterstützung für die Besatzung des Südrandes von Villersexel am Ausgange nach Rougemont, 5., 8., 10./30 standen unmittelbar südlich der Ognon=Brücke, 9., 11./30 dienten zur Verstärkung der Besatzung der Ostfront.

Später änderte sich diese Aufstellung des Regiments Nr. 30; 1., 2./30 besetzten im Anschluß an den Schloßpark die Südwestausgänge des Städtchens, nachdem sie hier 6., 7./25 abgelöst hatten, hinter 1., 2./30 verblieben 9., 10./30 als Soutien. Auf der Ostfront verblieb jetzt nur 11./30; 5., 8./30 wurden bis zu den Häusern nördlich der Ognon=Brücke zurückgezogen. Es übernahm also jetzt Regiment Nr. 30 die Westfront der Stadt, Regiment Nr. 25 die Ostfront, während die Südfront von beiden Regimentern gemeinschaftlich besetzt gehalten wurde.

Regiment Nr. 25 hatte jetzt im Einzelnen folgende Stellungen inne: 1./25 auf der Höhe 313, 2., 3., 4./25 am Ostrande des Städtchens, 9., 10., 12./25 an den Ausgängen nach Villers la Ville und le Grand Magny, 11./25 auf dem Marktplatze, 11./25 war noch nicht vom Ge= fangenentransport zurück.

Der Kommandeur der 4. Reserve=Division, General v. Schmeling, war ein kranker Herr und am 9. Januar besonders leidend, so daß sein Einfluß auf die Leitung des Kampfes gleich Null war. Desto regsamer aber zeigte sich sein Generalstabsoffizier, Major v. Kretsch= mann II. Dieser Offizier hatte schon vor der Durchführung der soeben geschilderten Besetzung Villersexels durch beide Regimenter, angeblich im Beisein des kranken Generals v. Schmeling, dem Avantgardenkommandeur General v. Tresckow II. den Vorschlag gemacht, weiter auf Villers la Ville vorzugehen. General v. Tresckow II. lehnte jedoch diesen Vor= schlag in klarer Weise ab.

In Villersexel hielt man das Gefecht des heutigen Tages für be= endet. Die Gefechtspause hatte sich überall deutlich bemerkbar gemacht, vor der eigenen Front war Alles ruhig. Von dem bedrohlichen Heran= nahen starker französischer Heeresmassen, welches man auf Höhe 394 bei Aillevans ganz deutlich sehen konnte, ahnte in Villersexel Niemand etwas.

Das Divisionskommando der 4. Reserve=Division wollte daher das Gros der Division in Villersexel Ortsunterkunft beziehen lassen; die hierzu nothwendigen Vorbereitungen, welche allerdings ein weiteres Vor= schieben der Avantgarde unbedingt erfordert hätten, wurden getroffen, die Adjutanten der verschiedenen Truppentheile herbeigerufen.

Als die neun Kompagnien Regiments Nr. 30 in Villersexel ein= trafen, waren General v. Schmeling, General v. Tresckow II. und

Oberst v. Loos auf dem Marktplatze des Städtchens anwesend. Man freute sich über den erzielten schönen Erfolg, der ja nun durch das Eintreffen jener neun Kompagnien völlig gesichert erschien, umsomehr, als ja das Gros der 4. Reserve-Division von Aillevans her behufs Einquartierung in Villersexel demnächst eintreffen mußte und als die Verluste der eigenen Truppen außerordentlich gering gewesen waren. General v. Tresckow II. giebt den Verlust der Avantgarde bei der Einnahme von Villersexel in seinem Gefechtsberichte auf 3 Todte und 7 Verwundete an und zwar für alle ihm unterstellten Truppen.

Es herrschte also in Villersexel eine durchaus zuversichtliche, freudige Stimmung.

So traf General v. Werder die Sachlage an. Er war bekanntlich um 1½ Uhr von der Höhe 394 weggeritten; bis auf den Marktplatz von Villersexel hatte er etwa 6 km zurückzulegen, so daß der General nach ziemlich scharfem Ritte doch frühestens um 2 Uhr auf dem Marktplatze eingetroffen sein kann. Hier suchte General v. Werder sogleich sich persönlich über Alles zu unterrichten, insbesondere gründlich natürlich über die Gefechtslage. Er traf Alles in voller Ruhe, denn die Gefechtspause dauerte noch immer an.

Der General war mit der bisherigen Entwickelung der Dinge durchaus zufrieden; es war ja auch Alles fast über Erwarten planmäßig gelungen. Nur die Bedrohung seiner eigenen rechten Flanke, die mittlerweile durch das Vorgehen der 1. Division des 18. französischen Armeekorps gegen Marat und Moimay eingetreten war, bildete einen Querstrich in der eigenen Rechnung, indessen war ja jetzt dort der Generalstabschef persönlich thätig, und in bessere Hände konnte General v. Werder die Entwickelung der dortigen Ereignisse allerdings nicht legen.

General v. Werder beabsichtigte ein weiteres Vorgehen der 4. Reserve-Division über Villersexel hinaus durchaus nicht, er wird sich also jedenfalls auch dem General v. Schmeling gegenüber in diesem Sinne ausgesprochen haben. Es scheint jedoch wahrscheinlich, daß General v. Schmeling seine Absicht, die eigene Avantgarde weiter gegen Villers la Ville vorzutreiben, dem General v. Werder nicht mitgetheilt hat.

Aus den sehr ausführlichen, im Kriegsarchiv aufgehobenen Sonderberichten über die Ursachen der späteren Räumung von Villersexel geht mit großer Klarheit hervor, daß General v. Tresckow II. die Absicht eines weiteren Vorgehens der von ihm selbst befehligten Avantgarde viel weniger dem kranken General v. Schmeling, als vielmehr seinem

unternehmungslustigen Generalstabsoffizier, dem Major v. Kretschman II.
zuschreibt. Jedenfalls hat aber General v. Tresckow II. einen Befehl
zum weiteren Vorgehen nicht erhalten.

Aus der ganzen Lage der Dinge geht auch klar hervor, daß General
v. Werder in Villersexel von der Absicht eines weiteren Vordringens
der Avantgarde der 4. Reserve-Division nichts erfahren hat, sonst
würde er sogleich dagegen eingeschritten sein, wie er dies kurze Zeit
später ja thatsächlich gethan hat.

General v. Werder hielt sich nur kurze Zeit in Villersexel auf,
vielleicht eine halbe Stunde, vielleicht auch ein klein wenig länger, dann
ritt er nach der Ognon-Brücke zurück. Als er hier eintraf, also etwa
um 2³/₄ Uhr, schallte plötzlich ein sehr lebhaftes Geschütz- und Gewehrfeuer aus der Gegend von Villers la Ville herüber. Der General
wurde stutzig, er hatte doch soeben noch Alles hier ruhig gefunden, es
mußten also Dinge sich ereignet haben, die dem General v. Werder
keineswegs angenehm sein konnten.

An der Ognon-Brücke traf General v. Werder, wie ja im
Voraus verabredet worden war, seinen Generalstabschef, Oberstlieutenant
v. Leszczynski und empfing von diesem Offizier die Meldung, daß bei
Moimay die Gefechtslage ernst sei.

Kurz entschlossen machte General v. Werder sogleich Kehrt, ritt
nach Villersexel zurück und begab sich persönlich auf das Gefechtsfeld,
indem er gleichzeitig seine Offiziere des Stabes nach verschiedenen
Richtungen entsendete, um sich über alle Vorkommnisse gründlichst zu
unterrichten.

Oberstlieutenant v. Leszczynski trennte sich an der Ognon-Brücke
wieder von seinem kommandirenden General und ritt auf das Gefechtsfeld von Moimay zurück, wo wir sein erfolgreiches Eingreifen in den
Gang der Ereignisse bereits kennen gelernt haben.

Südlich von Villersexel hatte sich inzwischen Folgendes zugetragen:
Bald nachdem General v. Werder fortgeritten war, also wohl
gleich nach 2¹/₂ Uhr, theilte Major v. Kretschman II. dem Kommandeur
des Regiments Nr. 25, Oberst v. Loos, die Absicht des Generals
v. Schmeling mit, sein Gros in Villersexel Ortsunterkunft beziehen
zu lassen, seine Avantgarde aber dementsprechend über das Städtchen
hinaus gegen Villers la Ville und wenn möglich sogar gegen Villargent
vorzuschieben, um hier Vorposten auszusetzen und die in Villersexel
ruhenden Truppen zu sichern.

Wenn möglich sollten daher Billers la Bille und Billargent den Franzosen abgenommen werden.

Sobald das Gros der 4. Reserve=Division in Billersexel die Nacht zubringen sollte, mußte auch ihre Avantgarde weiter vorgeschoben werden, um die Ortsunterkunft zu sichern. Anderenfalls hätte man sich der Gefahr ausgesetzt, am nächsten Morgen von allen umliegenden Höhen mit einem erdrückenden Granatfeuer überschüttet zu werden, welches in dem engen Landstädtchen unheimliche Folgen hätte haben müssen. Da= gegen wird sich Stichhaltiges nicht einwenden lassen.

Wunderbar war nur, daß General v. Tresckow II., obschon er die Avantgarde befehligte, nicht die entsprechenden Weisungen erhielt, sondern der Oberst v. Loos, der doch nur die Avantgarden=Infanterie der 4. Reserve=Division befehligte und seinerseits wiederum unter den Befehlen des Generals v. Tresckow II. stand. Thatsächlich hat aber dieser General von dem nunmehr erfolgenden Vorgehen seiner Infanterie auf Billers la Bille nicht das Geringste gewußt, er hatte vielmehr bereits früher schon einmal den Vorschlag zu einem derartigen Vorgehen aus= drücklich abgelehnt und damit durchaus im Sinne des Generals v. Werder gehandelt, der bekanntlich ein weiteres Vorgehen über Billersexel hinaus keineswegs beabsichtigte.

So merkwürdig an sich dieser Mangel an Uebereinstimmung in den Ansichten der maßgebenden Vorgesetzten besonders dem Nicht=Soldaten erscheinen mag, so einfach haben sich wahrscheinlich in Wirklichkeit die Ereignisse ganz von selbst abgespielt.

Gegen 2 Uhr war nämlich das 20. französische Armeekorps endlich dazu gekommen, sich langsam gegenüber von Billersexel zu entwickeln. Die 1. Division marschirte auf das Wäldchen Le Petit=Fougeret und Billers la Bille, bei ihr befanden sich das 3. Bataillon der 1. Rhône= Legion und das 89. Mobilgarden=Regiment der 3. Division 24. Armee= korps, welche General De Polignac zu seiner Unterstützung zurückgehalten hatte, während das 24. Armeekorps im Uebrigen seinen Marsch auf Crevans und Secenans fortsetzte.

Die 2. Division 20. Armeekorps entwickelte sich bei les Magnu, die 3. Division anscheinend an der Straße von Rougemont, letztere Division aber jedenfalls ohne die am Vormittage schon in Billersexel im Gefecht gewesenen Mobilgarden=Bataillone.

Das bedrohliche Auftreten starker französischer Massen, bald genug unterstützt durch heftiges Granatfeuer, mag die vordersten preußischen Abtheilungen an dem Südostrande von Billersexel zu selbstthätigem

Eingreifen geradezu herausgefordert haben, und mithin mag die Weisung des Majors v. Kretschman II. an den Oberst v. Loos diesem völlig sachgemäß erschienen sein, auch ohne daß ein direkter Befehl des Generals v. Tresckow II. zum Vorgehen auf Villers la Ville eintraf.

Im Kriege geht Alles sehr einfach zu, viel natürlicher als im Frieden. Wer auf Grund reichlicher eigener Kriegserfahrung, mit einer guten Dosis von Menschenkenntniß und ohne jedes Vorurtheil für oder wider die einzelnen Persönlichkeiten den Ereignissen näher tritt, findet fast ausnahmslos genügende Erklärungen für Thatsachen, die, aus dem Zusammenhange herausgerissen, vielleicht Manchem befremdlich erscheinen mögen. Wir werden derartige Dinge am 9. Januar noch mehrfach kennen und hoffentlich auch verstehen lernen.

Doch nun zurück zu den Ereignissen!

Auf Grund der Besprechung des Oberst v. Loos mit dem Major v. Kretschman II. gingen nun 10., 12./25 gegen das Gehölz les Breuleux vor, 3./25 und hinter dieser Kompagnie 4./25 nördlich des Wäldchens les Breuleux gegen Villers la Ville. 1./25 stand bekanntlich auf Höhe 313, der Schützenzug dieser Kompagnie griff anscheinend auch in das Gefecht ein, 2./25 verblieb südöstlich von Höhe 313 in einem Thalgrunde, 9./25 ebenso am Ostausgange von Villersexel, 11./25 stand geschlossen auf dem Marktplatze.

Beide schwere Batterien unterstützten das Vorgehen der Preußen, insbesondere wurde die zweite schwere Batterie zum Vorgehen gegen Villers la Ville beordert, ging etwa gegen 3 Uhr bis auf 900 Schritt an das Dorf heran und warf französische Kolonnen, die sich aus dem Dorfe entwickeln wollten, durch Schnellfeuer mit Granaten zurück. Diese Batterie hielt sich eine halbe Stunde lang im Feuer, mußte aber dann, dem inzwischen eingetroffenen Befehle entsprechend, zurückgehen.

Wir wissen schon, daß die beiden schweren Batterien an dem Vormittags-Gefechte einen sehr bemerkenswerthen Antheil genommen, die Wegnahme von Villersexel sehr wirksam vorbereitet und auch die französische Artillerie zwischen Autrey le Bay und les Magny erfolgreich bekämpft hatten.

Auch andere preußische Truppen wurden in das soeben entbrannte Gefecht verwickelt.

Bald nach 2 Uhr erhielten die beiden nördlich der Ognon-Brücke in Reserve stehenden Kompagnien 5., 8./30 den Auftrag, über die Ognon-Brücke vorzugehen und die zum linken Ufer des Scey-Flüßchens scharf abfallenden Höhen in der Richtung auf Villers la Bille zu besetzen.

Die Geschichte des Regiments Nr. 30 behauptet auf Seite 436, daß Oberstlieutenant v. Leszczynski persönlich den beiden Kompagnien diese „Weisung" ertheilt habe. Dies beruht jedoch offenbar auf einem Irrthum. Einmal findet sich im Kriegsarchiv (Y, e, II./1, S. 360) eine vom General v. Werder zu dem Gefechtsberichte des Regiments Nr. 30 eingetragene Randbemerkung, laut welcher dies auf einem Irrthum beruht und Oberstlieutenant v. Leszczynski keine Anordnungen veranlaßt hat.

Dann aber ist Oberstlieutenant v. Leszczynski um diese Zeit noch gar nicht nördlich der Ognon-Brücke gewesen, er war vielmehr damals noch auf dem Gefechtsfelde der Brigade v. d. Goltz thätig.

Es hat also wohl ein anderer Offizier vom Stabe des General-kommandos oder überhaupt irgend ein höherer Offizier jene „Weisung" ertheilt.

Jedenfalls überschritten 5., 8./30 die Ognon-Brücke unter heftigem Granatfeuer der französischen Artillerie, dann marschirten beide Kompagnien unter theilweiser Benutzung eines Hohlweges auf die Höhe 313, fanden daselbst schon Truppen der 4. Reserve-Division und wurden von dem hier kommandirenden Offizier aufgefordert, mit diesen Truppen gemeinsam einen Vorstoß gegen Villers la Bille zu machen.

Hauptmann Hencke, der Führer von 5., 8./30, wollte dieser Auf-forderung eben Folge geben, als er von seinem Regimentskommandeur den Befehl erhielt, sofort wieder auf das rechte Ognon-Ufer zurück-zukehren und sich seinem Regiment wieder anzuschließen. Selbstredend führte Hauptmann Hencke diesen Befehl sogleich aus und kehrte auf das rechte Ufer des Ognon zurück.

Dagegen betheiligten sich Bataillon Ortelsburg und die 3. leichte Reserve-Batterie vom Gros der 4. Reserve-Division an dem Vorstoße gegen Villers la Bille. Das Bataillon verlor im Ganzen 18 Mann, darunter 6 Vermißte, wurde aber sehr bald zurückgenommen, weil der Befehl zum Abbrechen des Gefechts eintraf. Die Batterie 3./4. R. D. verschoß am 9. Januar nur 18 Granaten, sie kann also nur ganz kurze Zeit im Feuer gestanden haben. Auch ihrer Thätigkeit machte der Befehl zum Rückzuge sehr bald ein Ende.

Es war nämlich das Vorgehen der 25er gegen Villers la Bille auf unerwartet zähen Widerstand gestoßen. Die Division Polignac des 20. französischen Armeekorps war hier und bei dem Gehölz le Petit

Fougeret eingetroffen, außerdem befanden sich bei ihr die vier schon früher erwähnten Bataillone des 24. Armeekorps.

Die wenigen preußischen Kompagnien hatten es also mit starken französischen Kräften zu thun, was sich natürlich sehr bald in empfindlicher Weise geltend machte. Sehr günstig wirkte das Granatfeuer der 2. schweren Reserve-Batterie, welche eigentlich ganz allein ein Vorbrechen größerer feindlicher Massen aus Villers la Ville verhinderte.

Indessen kam das Gefecht gar nicht zur vollen Entwickelung, weil es auf Befehl von höchster Stelle abgebrochen werden mußte.

Wir wissen, daß General v. Werder etwa um 2³/₄ Uhr an der Ognon-Brücke mit seinem Generalstabschef zusammentraf. Die Besprechung beider Herren hat jedenfalls einige Zeit gedauert. Dann ritt bekanntlich General v. Werder persönlich wieder zurück und begab sich durch Villersexel hindurch auf das Gefechtsfeld von Villers la Ville.

Es mag also gegen 3¹/₂ Uhr nachmittags gewesen sein, als General v. Werder hier eintraf und sofort, nachdem er sich über die Gefechtslage ausreichend unterrichtet hatte, das Abbrechen des Gefechts befahl.

Dieser Befehl wurde unverzüglich ausgeführt. Jedoch erforderte begreiflicherweise das Abbrechen eines schon recht lebhaften Gefechts eine gewisse Zeit, da die einem übermächtigen Feinde gegenüber im Kampfe befindlichen Kompagnien sich doch erst aus diesem Kampfe loswickeln mußten.

Zum Glück waren bisher nur verhältnißmäßig geringe Theile der Franzosen bei Villers la Ville wirklich ernsthaft ins Gefecht verwickelt worden, nach den französischen Berichten nämlich nur das 3. Bataillon der 1. Rhône-Legion, welches angeblich 46 Mann verlor, und das 55. Mobilgarden-Regiment (Jura), welches etwa 50 Mann todt und verwundet verloren haben soll.

Es gelang daher den Kompagnien vom Regiment Nr. 25, der 2. schweren Reserve-Batterie und dem Bataillon Ortelsburg, ohne allzu große Schwierigkeiten abzuziehen, wobei sie zwar durch heftiges Artilleriefeuer des Feindes, aber durch keinen Offensivstoß der französischen Infanterie belästigt wurden.

Es versteht sich von selbst, daß die Franzosen, von ihrem Standpunkte aus mit Recht, sich in dem Gefechte von Villers la Ville den Sieg zuschreiben. Nur dürfte die französische Anschauung dahin zu berichtigen sein, daß die Franzosen keineswegs Villers la Ville erobert haben; vielmehr war dieses Dorf von den Franzosen besetzt und es gelang bekanntlich der Batterie II./4. R. D., durch ihr Granatfeuer das Vordringen der Franzosen aus Villers la Ville wirksamst zu verhindern.

Daß die Franzosen, nachdem die wenigen Kompagnien des 25. Regiments auf Befehl zurückgegangen waren, das Gehölz les Breuleux in Besitz nahmen, soll durchaus nicht bestritten werden, obschon selbst nach den französischen Berichten immer nur von einer „Wiedereroberung" von Villers la Ville und von einer Vertreibung der Preußen aus dem Wäldchen le Petit Fougeret durch Feuergefecht die Rede ist. Jedenfalls hat ein Nachbringen der französischen Infanterie hinter den abziehenden Preußen nicht stattgefunden, und es ist wahrscheinlich, daß starke Kräfte der Franzosen das Gehölz les Breuleux überhaupt nicht betreten haben.

Uebrigens muß zugegeben werden, daß die weit überlegenen französischen Massen die wenigen preußischen Kompagnien wahrscheinlich schließlich zurückgedrängt haben würden, wenn General v. Werder nicht sehr rechtzeitig persönlich eingegriffen und ihren Abzug befohlen hätte, der zu dieser Zeit noch ohne Bedrängniß ausgeführt werden konnte.

Wir haben hier ein schönes Beispiel dafür, daß sogar die höchste Führung der Truppen in das Gefecht der vordersten Abtheilungen außerordentlich glücklich eingreifen kann. Das hat uns General v. Werder am 9. Januar gezeigt.

Sobald nun General v. Werder durch sein energisches Veto dem Gefecht von Villers la Ville ein jähes Ende bereitet hatte, ritt er wieder nach Villersexel zurück. Hier traf er persönlich den General v. Schmeling und sagte ihm, er wolle gar nicht über Villersexel hinaus vorgehen, wünsche auch nicht, daß dieses Städtchen um jeden Preis gehalten werden solle, denn im Falle eines unglücklichen Gefechtes müßten nothwendig schwere Verluste eintreten, weil der Rückzug zuerst durch die sehr engen Straßen des Städtchens, dann aber über die einzige lange und auch nicht besonders breite Ognon-Brücke führe.

Auch mit General v. Tresckow II. sprach General v. Werder persönlich. Tresckow bat ihn um Unterstützung, weil die Franzosen um diese Zeit schon sich offenbar zum Angriff auf Villersexel vorbereiteten und zwar mit starken, den diesseitigen Kräften weit überlegenen Massen. General v. Werder schlug aber diese Bitte ab und verweigerte jede Unterstützung; er war vielmehr unzufrieden damit, daß sich jetzt plötzlich ein ernstes Gefecht entsponnen hatte, woran freilich General v. Tresckow gänzlich unschuldig war.

Nunmehr ritt General v. Werder zu dem Oberstlieutenant Nachtigal und gab ihm persönlich den Befehl, mit seinen 9 Kompagnien nach Moimay abzumarschiren, um hier den General v. d. Goltz zu unterstützen, der um diese Zeit allerdings schon ernsthaft von den Franzosen bedrängt wurde.

Oberstlieutenant Nachtigal machte darauf aufmerksam, daß sein plötzlicher Abmarsch große Gefahren nach sich ziehen könne, falls er nicht vorher durch Regiment Nr. 25 abgelöst worden sei.

Infolge dieser Einwendung des als äußerst tüchtig bekannten Regimentskommandeurs ließ sich General v. Werder von ihm über die Stellungen des Regiments Nr. 30 genau berichten, besichtigte persönlich die Art und Weise der Besetzung des Südausganges bei Croix=Marmin und befahl dann, da hier keinerlei Bedrohung durch die Franzosen erkennbar war, daß die beiden Kompagnien im Schlosse bezw. im Parke sofort abmarschiren sollten. Dagegen sollten die Kompagnien am Südrande bei Croix=Marmin ihre Ablösung durch Regiment Nr. 25 abwarten.

Darauf ritt General v. Werder wieder über die Ognon=Brücke zurück, fand am nördlichen Eingang des Städtchens 2 Batterien umher irren, und ließ ihnen durch Oberstlieutenant Hartmann sagen, sie möchten, falls sie keinen anderen Auftrag auszuführen hätten, am Südost=Ausgange des Bois le Grand Fougeret sich aufstellen, also dort, wo sie beim Beginn des Kampfes am Morgen schon einmal gestanden hatten.

Es steht fest, daß General v. Werder einen ernsten Kampf bei Villersexel thunlichst vermeiden, dagegen das Städtchen wenigstens bis zum Einbruch der Dunkelheit festhalten wollte. Hierbei darf man nicht vergessen, daß die Unterredung des Generals mit dem Oberstlieutenant Nachtigal erst kurz vor 4 Uhr geendigt haben kann, wie sich aus unserer Schilderung ergiebt.

Um 4 Uhr 4 Minuten ging aber am 9. Januar die Sonne bereits unter, allerdings ging der Mond schon um 4 Uhr 3 Minuten auf; indessen durfte man nach dem bisherigen, sehr zögernden Verhalten der Bourbakischen Armee wohl annehmen, daß nach Sonnenuntergang ein ernster Angriff der Franzosen auf Villersexel schwerlich mehr erfolgen würde.

Die Ereignisse haben sich freilich anders entwickelt, jedoch ändert dies nichts daran, daß der Gedankengang des Generals v. Werder durchaus gerechtfertigt erscheint.

Es steht fernerhin fest, daß General v. Werder dem General v. Schmeling, dem Höchstkommandirenden in Villersexel, das von ihm befohlene Wegziehen des Regiments Nr. 30 mitgetheilt hat. Man wird schwerlich mehr verlangen können, denn der kommandirende General hat doch schließlich nicht nöthig, dafür zu sorgen, daß jeder Unterführer Kenntniß von seinen Befehlen erhält. Uebrigens hat Oberstlieutenant Nachtigal, dem wohl der stark leidende Zustand des Generals v. Schmeling nicht entgangen sein wird, dem General v. Tresckow II. direkte Meldung von dem höchsten Orts befohlenen Abmarsch des Regiments Nr. 30 erstattet.

General v. Tresckow war also davon unterrichtet, daß General v. Werder selbst diesen Abmarsch befohlen habe, dagegen kannte er die Absicht Werders nicht, Villersexel wenn irgend möglich bis zum Abend festzuhalten.

Nun muß man sich die Gefechtslage um 4 Uhr nachmittags vergegenwärtigen. Oberst v. Loos hatte etwa um 3½ Uhr auf direkten Befehl des Generals v. Werder seine Kompagnien aus dem Gefechte vor Villers la Ville losgelöst, diese Kompagnien befanden sich auf dem Rückmarsche nach Villersexel.

Von Allem, was unterdessen in Villersexel sich zugetragen hatte, wußte Oberst v. Loos begreiflicherweise nicht das Allermindeste, denn er befand sich vorn auf dem Kampfplatze.

Im Besonderen war dem Oberst v. Loos der Abmarsch des Regiments Nr. 30 völlig unbekannt.

Natürlich war unter diesen ausnahmsweise ungünstigen Umständen an eine schnelle Ablösung des Regiments Nr. 30 durch Regiment Nr. 25 nicht zu denken, da ja Oberst v. Loos immer noch glauben mußte, die ganze Westseite von Villersexel sei auch jetzt noch von dem Regiment Nr. 30 besetzt.

General v. Tresckow II. eilte, gleich nachdem er die Meldung des Oberstlieutenants Nachtigal von dem Abmarsch des Regiments Nr. 30 erhalten hatte, persönlich zum Regiment Nr. 25, um die schnelle Ablösung der 30 er herbeizuführen, scheint aber den Oberst v. Loos leider nicht getroffen zu haben, worüber bei der großen Ausdehnung des Gefechtsfeldes vor Villers la Ville sich Niemand wundern wird.

Außerdem wurde ein berittener Offizier abgesendet, um die 30er so lange festzuhalten, bis ihre Ablösung erfolgt sein würde. Dem stand nun aber der direkte Befehl des Generals v. Werder entgegen, nach

7*

welchem gerade die Besatzungen des Schlosses und des Schloßparks so=
fort abmarschiren mußten.

Es erwies sich thatsächlich als unmöglich, die Ablösung des Regi=
ments Nr. 30 rechtzeitig zu bewirken. Nur 11./25 kam zufällig gerade
im rechten Augenblick vom Gefangenentransport zurück und erhielt direkt
den höheren Befehl, die Kompagnien 1., 2./30 abzulösen. Dies wurde
etwa um 4¹/₂ Uhr ausgeführt, gleichzeitig rückten 1., 2./30 ab. Auch
hiervon erfuhr jedoch vorläufig Oberst v. Loos nichts.

Die Zeiten, welche die Geschichte des Regiments Nr. 30 für die
geschilderten Momente angiebt, müssen hier berichtigt werden. Angeblich
soll 4./30 schon gegen 3¹/₂ Uhr das Schloß von Villersexel geräumt
haben (Seite 437). Dies ist nicht zutreffend, denn gegen 3¹/₂ Uhr kam
General v. Werder erst auf dem Gefechtsfelde vor Villers la Ville an,
mußte hier zunächst sich über die Gefechtslage unterrichten, befahl dann
das Abbrechen des Gefechts und ritt nun erst nach Villersexel zurück,
wo er bekanntlich erst nach sehr gründlicher Rücksprache mit Oberst=
lieutenant Nachtigal den sofortigen Abmarsch der Schloßbesatzung befahl.

Die Kompagnien 3., 4./30 sind also nicht gegen 3¹/₂ Uhr, sondern
erst gegen 4 Uhr aus dem Schloß bezw. dem Schloßparke abgezogen;
dagegen sind 1., 2./30 gegen 4¹/₂ Uhr, von Croix Marmin abmarschirt.

Es kommt in diesem Falle sehr viel auf eine möglichst genaue
Zeitbestimmung an, und eine solche ergiebt sich nicht aus dem Gefechts=
berichte eines einzelnen Truppentheils, sondern allein aus einem
gewissenhaften Vergleiche der Gefechtsberichte aller betheiligten Truppen=
theile bezw. Kommandobehörden.

Die eine Kompagnie 11./25 konnte natürlich die ausgedehnte
Stellung von 1., 2./30 nicht völlig besetzen und mußte daher weiter
rückwärts Stellung nehmen, mit dem rechten Flügel am Stadthause.
Ihr Führer, Premierlieutenant Hertel, den wir schon als energischen
und umsichtigen Offizier kennen gelernt haben, erkundete selbst sogleich
gegen das Schloß von Villersexel, fand es aber zu seiner großen Ueber=
raschung von den Franzosen besetzt und entkam nur mit genauer Noth
dem ihm nachgesandten Feuer des Feindes.

Was war hier vorgegangen?

Etwa um 4 Uhr, vielleicht wenige Minuten früher, waren die
Kompagnien 3., 4./30 aus dem Schlosse und dem Schloßpark abgerückt,
zuerst 4./30 aus dem Schloßgebäude, zuletzt 3./30 aus den Park=
anlagen.

Ein dichter Nebelstreifen bedeckte das ganze Flußthal des Ognon derartig, daß man nicht im Stande war, auch nur 100 Schritte weit zu sehen.

Französischerseits hatte die 1. Division des 20. Armeekorps sich mit dem infolge des Abzugs der Preußen aus dem Wäldchen Les Breuleux recht leicht erzielten Erfolge begnügt. Diese Division scheint an den weiteren Kämpfen in keiner Weise theilgenommen zu haben. Die französischen Berichte erwähnen als ernsthaft ins Gefecht gekommen nur ein Bataillon des 55. Mobilgarden-Regiments (das Regiment hatte bekanntlich nur zwei Bataillone), und auch dieses Regiment soll nur etwa 50 Mann verloren haben. Die übrigen Truppen der 1. Division 20. Armeekorps haben wohl im Granatfeuer gestanden, gefochten haben sie aber anscheinend nicht. Von dieser Seite drohte den Preußen daher keine Gefahr.

Auch die 2. Division 20. Armeekorps hat am Kampfe nur sehr dürftigen Antheil genommen. Allerdings war das 3. Marsch-Zuaven-Regiment mit zwei Bataillonen nach Le Petit Fongeret, mit einem Bataillon nach Petit Magny vorgegangen, ohne aber ernsthaft sich in den Kampf zu stürzen. Als dann weiter links am Bois de Chailles und längs der Straße von Rougemont ein Vorgehen der Franzosen bemerkbar wurde, warf der Regimentskommandeur des 3. Marsch-Zuaven-Regiments, Oberstlieutenant Bernard, auch einige Kompagnien seines Regiments gegen den Südrand von Villersexel vor.

Diese Zuaven gelangten bis an die ersten Häuser des Städtchens, also jedenfalls erst gegen 5 Uhr, wurden aber mit solcher Vorsicht geführt, daß sie in kurzer Zeit wieder auf Petit Magny zurückgingen, ohne an dem nächtlichen Straßenkampfe theilzunehmen. Das Regiment soll am 9. Januar einschließlich von 10 Vermißten nur 35 Mann verloren haben.

Auch die 2. Division des 20. Armeekorps bedrohte mithin die Preußen in Villersexel keineswegs ernsthaft.

Ganz anders sah es aber auf dem linken Flügel des 20. Armeekorps aus.

Hier griff vor allen Dingen die 2. Division 18. Armeekorps ein. Admiral Penhoat hatte eine fliegende Kolonne nach Villersexel vorausgeschickt, bestehend aus dem 12. Marsch-Jäger-Bataillon und dem 1. und 3. Bataillon des 52. Marsch-Regiments nebst 2 Batterien. Diese Truppen wurden vom Oberstlieutenant Perrin geführt, marschirten auf der Straße Pont sur l'Ognon—Villersexel vor und hatten den Befehl, die Ognon-Brücke bei Villersexel zu besetzen. Der Rest der 2. Division 18. Armeekorps folgte der Kolonne Perrin.

Auf der Straße von Rougemont führte General Bourbaki per= sönlich das 47. Marsch=Regiment der 3. Division 20. Armeekorps gegen Villersexel vor. Der Rest dieser Division folgte später, soweit sich aus den sehr lückenhaften Berichten der Franzosen ersehen läßt. Dieser Rest bestand aber nur noch aus den 2 Bataillonen Mobilgarden des Pyrénées orientales, dem Mobilgarden=Bataillon der Meurthe und vielleicht aus einem am Vormittage nicht ins Gefecht gekommenen Bataillon der Mobilgarden des Vosges. Wir wissen jedoch mit Bestimmt= heit nur vom 2. Bataillon des Pyrénées orientales, daß es ziemlich scharf ins Gefecht kam. (Verlust: 2 Offiziere verwundet, 10 bis 12 Mann todt, quelques blessés, also wohl zusammen rund 50 Mann außer Gefecht gesetzt.)

Das 3. Bataillon 52. Marsch=Regiments und das 12. Marsch= Jäger=Bataillon nahmen, ebenso wie die beiden Batterien des Oberst= lieutenants Perrin, Stellung auf den Höhen vor Villersexel, vermuthlich auf Höhe 292 bei Rullet Ferme, südlich des Baches Peute=Vue. Das 1. Bataillon 52. Marsch=Regiments griff zur selben Zeit an wie das 47. Marsch=Regiment.

Anscheinend ist nun das 47. Marsch=Regiment zuerst nach dem Bois de Chailles vorgegangen und dann von hier aus in den Schloß= park und in das Schloß eingedrungen, welche beide bekanntlich zur Zeit von den Preußen gänzlich unbesetzt waren. Das Bataillon I./52 wendete sich gegen den Südrand der Stadt und bemächtigte sich der ersten Häuser bis zur Kirche, also bis zu dem Platze am Stadthause.

So hatte sich denn die Gefechtslage für die Preußen ganz un= erwartet und plötzlich äußerst ungünstig gestaltet. General v. Treskow II. gab dem Oberst v. Loos daher den Befehl, zurückzugehen, falls er nicht glaube, das Städtchen ohne große Schwierigkeiten und ernste Verluste behaupten zu können. Er selbst und die Artillerie, die bekanntlich schon vom General v. Werder entsprechend angewiesen worden war, gingen über die Ognon=Brücke zurück.

Jetzt denke man sich in die Lage des Oberst v. Loos!

Am Vormittage hatte er mit seinen 25ern ein außerordentlich glückliches Gefecht geliefert, Villersexel erobert, besetzt und darauf während einer Gefechtspause die wohlverdiente Anerkennung seiner Vorgesetzten genossen. Dann erhielt er plötzlich durch den Generalstabsoffizier seiner

Division die Aufforderung, ein neues Gefecht zu beginnen und Villers la Ville zu nehmen.

Kaum ist Oberst v. Loos bis zu dem ersten Stadium der Entwickelung dieses Gefechts vorgeschritten, da erscheint General v. Werder und befiehlt persönlich das sofortige Abbrechen des Kampfes. Jetzt führt Oberst v. Loos seine gegen Villers la Ville vorgegangenen Kompagnien, nachdem sie wieder in Ordnung gebracht waren, nach Villersexel zurück. Hier angekommen, hört er plötzlich Gewehrfeuer zwischen seinen eigenen Truppen und der Ognon-Brücke und erfährt, daß die Franzosen das Schloß besetzt halten, welches er mit Recht noch von dem Regiment Nr. 30 besetzt wähnen mußte. Darauf erhielt er, vielleicht zwischen $4\frac{1}{2}$ und $4\frac{3}{4}$ Uhr nachmittags, den erwähnten Befehl des Generals v. Tresckow II.

Da nun die Franzosen bereits auf das Ernsteste den Rückzug des Regiments Nr. 25 über die einzige Ognon-Brücke gefährdeten, entschloß sich Oberst v. Loos zum Rückzuge, welcher ordnungsmäßig vor sich ging. Es gab keinen andern Rückzug als über die Ognon-Brücke, man wird also den Entschluß des Oberst v. Loos nur in jeder Hinsicht billigen können.

I. und F./25 erreichten die Ognon-Brücke, ohne Verluste zu erleiden, anscheinend kurz vor 5 Uhr. Aber 6./25 und Theile von 8./25 wurden von den jetzt auch schon aus südlicher Richtung vordringenden Franzosen so belästigt, daß sie den Feind durch Feuer und sogar durch Bajonettangriff zurückweisen mußten. Schließlich langten aber die Kompagnien von II./25 bis auf wenige verspätete Abtheilungen bei der Ognon-Brücke an, wo begreiflicherweise einiges Gedränge entstanden war.

An diesen Rückzugsgefechten scheinen sich französischerseits Theile des 3. Marsch-Zuaven-Regiments ziemlich lau, dagegen I./52 und ebenso das unterdessen gleichfalls ins Gefecht geworfene Bataillon II./52 recht energisch betheiligt zu haben. Inwieweit das 47. Marsch-Regiment in diese Kämpfe verwickelt wurde, läßt sich bei der Oberflächlichkeit der französischen Quellen nicht genau ermitteln. Anscheinend focht aber dieses Regiment hauptsächlich im Schloßparke und im Schlosse von Villersexel, wo wir noch mehr von ihm hören werden.

Rückwärts der fechtenden Truppen, auf der Straße von Grange d'Ancin nach Villersexel, waren unterdessen erhebliche Verstopfungen der Marschstraße eingetreten. Schon der Chef des Generalstabes hatte, als er um $1\frac{1}{2}$ Uhr sich von der Höhe 394 bei Oricourt nach dem

— 104 —

Gefechtsfelde der Brigade v. d. Golß begeben hatte, recht unliebsame Störungen durch Troßkolonnen in Ordnung bringen müssen, da einige Kolonnen irrthümlich oder eigenmächtig statt nach Aillevans in der Richtung auf Villersexel vormarschirt waren. Oberstlieutenant v. Leszczynski war sogar genöthigt gewesen, durch Landwehr-Bataillone, die er auf seinem Ritte im Marsche antraf, derartige Wagenkolonnen einfach von der Straße herunter schaffen zu lassen, damit wenigstens die Haupt- straße für die Truppen frei blieb.

Jetzt waren nun aber infolge der Räumung von Villersexel nicht nur der kleine Troß der 4. Reserve-Division, sondern auch die im Feuer gewesenen Batterien nebst ihren Staffeln auf dem Rückmarsche nach Grange d'Ancin begriffen, während zur selben Zeit eine Fuhrpark- kolonne von nicht weniger als 80 Wagen in umgekehrter Richtung von Grange d'Ancin auf Villersexel vormarschirte, ohne übrigens hierzu irgend welchen Befehl erhalten zu haben.

Beide Strömungen, die also in entgegengesetzter Richtung liefen, kreuzten sich nunmehr und verstopften die Marschstraße, die ohnehin schmal genug war.

Hierzu muß man sich nun noch die neun Kompagnien Regiments Nr. 30 denken, die bekanntlich nach Moimay beordert waren und ferner die Truppen des Gros der 4. Reserve-Division, die gerade jetzt mit 3½ Bataillonen auf Befehl des Generals v. Werder nach Villersexel **vormarschirten.** Es entstand also eine Kreuzung von verschiedenen in entgegengesetzter Richtung marschirenden Kolonnen. Die Lage war kritisch geworden!

Derartige unliebsame Vorkommnisse finden begreiflicherweise in den Gefechtsberichten keine oder doch nur höchstens eine sehr oberflächliche Erwähnung. Sie gehören aber in ein kriegsgeschichtliches Buch hinein, und da wir in der glücklichen Lage waren, von der maßgebendsten Stelle aus über diese Dinge sehr eingehend unterrichtet zu werden, so erwähnen wir die Sache, damit sie ein warnendes Beispiel für die Zu- kunft bilden möge.

Zum Glück war General v. Werder nach seiner Besprechung mit Oberstlieutenant Nachtigal nach dem Ausgange der Straße Grange d'Ancin aus dem Walde de Grand Fougeret geritten, wo er den General v. d. Golß fand. Letzterer General meldete, daß bei Moimay Alles gut stände; es konnten daher die neun Kompagnien Regiments Nr. 30

jetzt wieder dem General v. Schmeling zur Verfügung gestellt werden, welchen Oberstlieutenant Hartmann vom Stabe des Generalkommandos nördlich der Ognon-Brücke antraf.

Wenn jetzt diese neun Kompagnien sogleich wieder Kehrt gemacht hätten, um gegen Villersexel vorzugehen, würde die Unordnung noch gewachsen sein, man ließ sie also am Südrande des Bois de Grand Fougeret in Reserve.

Unterdessen schritt aber General v. Werder für seine Person in höchst energischer Weise gegen die unglücklichen Troßkolonnen ein, wirksamst unterstützt durch die Offiziere seines Stabes. Es war nicht leicht, die Ordnung wieder herzustellen, denn das Umkehren der Fuhr= parkkolonne war begreiflicherweise mit großen Schwierigkeiten verbunden.

Wenn aber der kommandirende General selbst in solcher Lage energisch eingreift, dann erzielt er das unmöglich Scheinende.

So war es denn auch in diesem Falle, und der für den Augenblick recht unbequeme Zwischenfall war schnell genug erledigt.

Als Oberst v. Loos an der Ognon-Brücke sein Regiment vereinigt hatte, noch immer in dem Glauben, durchaus im Sinne der höheren Führung gehandelt zu haben, erhielt er plötzlich den gemessenen Befehl, Villersexel keineswegs zu räumen, sondern vielmehr unter allen Umständen festzuhalten.

Sofort ließ Oberst v. Loos sein Regiment wieder Front machen, und nun begann ein neuer, erbitterter Kampf, der jedoch dem Regiment Nr. 25 unsterblichen Ruhm einbringen sollte.

Wenn man auf Grund aktenmäßiger Quellenstudien nach den Ursachen forscht, welche das kampflose Eindringen der Franzosen in die gerade besonders starke Stellung des Schlosses von Villersexel herbei= geführt haben, so ergeben sich folgende Hauptpunkte:

1. Der Hauptfehler lag darin, daß die Besatzungen des Schlosses und des Schloßparkes auf Befehl von höchster Stelle abziehen mußten, ehe eine Ablösung auch nur eingeleitet werden konnte.

2. Die sehr bedauerlichen Folgen dieses verfrühten Abzuges wären höchst wahrscheinlich dennoch vermieden worden, wenn nicht sehr gegen den Willen des Generals v. Werder das thatsächlich völlig nutzlose Ge= fecht vor Villers la Ville etwa gegen 3 Uhr begonnen worden wäre.

Wir haben gesehen, daß ein weiteres Vorschieben der Avantgarde der 4. Reserve-Division unbedingt nothwendig war, falls man das Gros dieser Division während der Nacht zum 10. Januar in dem Städtchen

Ortsunterkunft beziehen lassen wollte. Es war aber zweifellos geboten, die Genehmigung des Generals v. Werder hierzu einzuholen.

Nun war General v. Werder rechtzeitig, d. h. etwa um 2 Uhr, in Villersexel angekommen und hatte hier alle maßgebenden Persönlichkeiten getroffen. Günstiger konnte es eigentlich nicht gut kommen.

Trotzdem ist ganz offenbar dem General v. Werder die Absicht eines Angriffes auf Villers la Ville völlig fremd geblieben, das ergiebt sich aus dem Zusammenhange der Ereignisse klar und deutlich.

Wenn trotzdem der Angriff auf Villers la Ville, der den Absichten des Generals v. Werder direkt entgegengesetzt war, ausgeführt wurde, so trifft die Schuld dafür jedenfalls lediglich das Kommando der 4. Reserve-Division.

Nur die Verzettelung der Truppen infolge des Vorgehens gegen Villers la Ville hat es aber verschuldet, daß nicht auf der Stelle die Schloßbesatzung abgelöst werden konnte. Dasselbe gilt natürlich erst recht für die Parkbesatzung.

Mithin hat indirekt das verfehlte Vorgehen gegen Villers la Ville den Franzosen ermöglicht, sich in den Besitz des Schlosses und Parkes zu setzen, ohne einen einzigen Schuß zu thun. Es würde den Franzosen recht übel bekommen sein, wenn sie einen Sturm auf die wohl besetzte Stellung des Schloßparkes unternommen hätten, und es ist wohl nicht zweifelhaft, daß derartige Sturmversuche blutig zurückgewiesen worden sein würden.

Die Franzosen gelangten mühelos in den Besitz des Schlosses, ein Fall, der so leicht in der Kriegsgeschichte kein ebenbürtiges Beispiel finden dürfte!

3. In dem Stabe der 4. Reserve-Division ist am 9. Januar nicht Alles musterhaft zugegangen. Bei klaren Befehlen durfte das Verstopfen der rückwärtigen Marschstraße durch Troßkolonnen nicht vorkommen. Man hatte reichlich genug Kavallerie zur Stelle, um selbst eventuelle Mißverständnisse rechtzeitig aufklären zu können.

Der Kommandeur war krank, der Generalstabsoffizier vorn auf dem Gefechtsfelde vor Villers la Ville, die Adjutanten gehörten sämmtlich den verabschiedeten Offizieren bezw. den Offizieren des Beurlaubtenstandes an, ermangelten also zweifellos der sorgfältigen Schulung eines alten, geübten und erfahrenen Generalstabsoffiziers.

Unbedingt gehörte ein erfahrener Offizier vom Stabe der Division an das Nordende der Ognon-Brücke, um von hier aus die nach und nach eintreffenden Landwehr-Bataillone des Gros so schnell als möglich nach den Theilen der Stadt selbst in Marsch zu setzen, wo sie nach der Absicht des Divisionskommandos die Nacht zubringen sollten.

Wäre dies geschehen und auch nur ein einziges Landwehr=Bataillon um 4 Uhr auf dem Platze am Stadthause zur Stelle gewesen, dann konnte eine rechtzeitige Ablösung der 30er nicht die geringsten Schwierig= keiten bereiten.

Das Gros der 4. Reserve=Division war thatsächlich zur Stelle, wir haben das Bataillon Ortelsburg ja schon im Gefecht gefunden. Aber das Gros stand nördlich der Ognon=Brücke, zu beiden Seiten der Straße, wo es gar keinen Nutzen bringen konnte.

Es liegt also hier zweifellos eine mangelhafte Befehlsertheilung seitens der 4. Reserve=Division vor, die denn auch vom Chef des Generalstabs an Ort und Stelle in energischer Weise getadelt wurde.

Wenn wir aber aus diesen Vorkommnissen eine Lehre ziehen wollen, so kann diese Lehre nur in dem Satze gipfeln: „Die Besetzung aller maßgebenden Kommandostellen und ebenso die Besetzung ihrer Stäbe muß im Frieden schon auf das Sorgfältigste für den Krieg vorbereitet werden. Man muß die feste Ueberzeugung haben, daß jeder Offizier den Platz voll und ganz ausfüllen wird, der ihm im Kriegsfalle zu= gedacht worden ist."

Nun brauchen wir im Kriege vielleicht das Vierfache der im Frieden angestellten Generalstabsoffiziere und Adjutanten, vielleicht sogar noch mehr, wenn man die so überaus wichtigen Etappenbehörden genügend berücksichtigt.

Eine Vermehrung des Generalstabs im Frieden ist aus pekuniären Gründen nicht wohl zulässig, jedenfalls nicht in dem erforderlichen Um= fange. Man wird also vielleicht auf das System der Franzosen kommen müssen, die bekanntlich schon im Frieden eine große Masse von Offizieren besitzen, die zwar in der Truppe sich befinden, aber im Besitze eines Patents für den Generalstab sind, auf Grund dessen sie im Mobil= machungsfalle sofort zum Generalstabe einberufen werden.

Auch das genügt jedoch noch nicht. Vielmehr müssen derartige Offiziere immer wieder schon im Frieden in solche Stellungen gebracht werden, in denen sie beweisen können, daß sie die ihnen früher zuerkannten Eigenschaften und Fähigkeiten auch wirklich noch besitzen.

Wer durch widrige Schicksalsumstände dazu gezwungen wird, lange Jahre in kleinen Garnisonen zuzubringen, schwebt immer in der Gefahr, die großen Gesichtspunkte zu verlieren, die ihm ja, besonders wenn er das Unglück hat, kleinlich denkende, pedantische Vorgesetzte zu haben, was ja immerhin denkbar ist, im Frieden wenig Nutzen bringen, ja unter Umständen sogar schaden können.

In dieser Beziehung sollte nur das Staatsinteresse maßgebend sein. Bei jedem Manöver, besonders bei den großen Kaiser=Manövern könnte man solche für den Generalstab geeignet erachtete Offiziere vorübergehend in Stellungen verwenden, die ihrer Bestimmung für den Kriegsfall entsprechen würden.

Wer sich dann nicht bewährt, muß rücksichtslos aus jener Liste gestrichen und durch einen tüchtigeren Offizier ersetzt werden.

Man wird vielleicht einwenden, daß auf diese Weise viele Kom= pagnien, ja viele Bataillone gerade bei den Kaiser=Manövern ihre Führer verlieren würden, daß die Truppe unter den plötzlich als Ersatz kommandirten Offizieren sich vielleicht weniger vortheilhaft zeigen würde, als unter ihren bekannten Führern.

Das ist richtig, aber es kommt doch darauf an, daß im Kriege Alles „klappt", und weit eher kann man im Manöver einen Ausfall von besonders guten Leistungen vertragen.

Mit dem Beginn der Mobilmachung verschiebt sich das mitunter gar zu farbenprächtige Friedensbild doch von Grund aus. Schwerlich wird mehr als die Hälfte aller Bataillonskommandeure und Kompagnie= chefs in den Stellungen verbleiben, die sie im Frieden bekleidet haben. Man denke nur an die gewaltigen Heeresmassen, die heute jede Groß= macht im Kriegsfalle aufstellen muß!

Und dann, wie ist es denn im Kriege? Tod, Verwundung und Krankheit räumen doch im Kriege gerade unter den Offizieren gewaltig auf; wir haben schon 1870/71 Fälle gehabt, wo ein Lieutenant schließlich das Bataillon führen mußte und es ist doch gegangen und wie gut sogar!

Wirklich dem Kriegsbilde auch nur einigermaßen entsprechende Manöverbilder werden wir nur dann erhalten, wenn die Stellenbesetzung der Offizierkorps und der Stäbe einerseits, die Zusammensetzung der Truppe andererseits kriegsgemäß sind.

Wir haben auch hier wieder den uralten Gegensatz zwischen scharfer Taktik und Revuetaktik. Im Kriege siegt nur ganz allein die scharfe Taktik, im Frieden wiederum erzielt die Revuetaktik ungleich bessere Erfolge, zum Mindesten für das eigene Vorwärtskommen!

Wenn aber schöne Paraden und peinliches Friedensexerziren auch im Kriege ausschlaggebend wären, dann würden wir Preußen 1806 nicht so furchtbar geschlagen worden sein, wie es leider der Fall war.

Auf diesem Gebiete können wir also getrost einen Schritt weiter thun. Unsere **Friedensausbildung** ist seit 1888 zweifellos immer mehr und mehr kriegsmäßig geworden. Sollte es nicht möglich sein, auch die **Verwendung der Truppen im Manöver** erheblich mehr kriegsgemäß zu gestalten?

Man verzeihe dem eifrigen Patrioten, wenn er hier einmal von dem Gebiete reiner Kriegsgeschichte abgewichen ist. Ihn leitet nur das Interesse der Armee, und deshalb darf er vielleicht es wagen, einen Gedanken näher zu entwickeln, von dessen eventueller Durchführung er selbst jedenfalls nicht den allergeringsten Vortheil zu erwarten hat.

Wir legen auf die kriegsmäßige Zusammensetzung der Truppen, der Offizierkorps und der Stäbe bei den großen Manövern ungleich mehr Werth, als auf den sogenannten „Normalangriff". Was nutzt uns denn ein solcher „Normalangriff", der im Frieden unter geübten und tüchtigen Offizieren vielleicht glänzende Bilder liefern würde, während im Kriege, besonders nach den schweren Verlusten der ersten großen Schlacht, doch nur eine leider nur allzu geringe Zahl von tüchtigen und geübten Offizieren übrig bleiben wird, die nicht mehr ausreichen, um auch nur annähernd „normal", wenigstens nicht nach den Friedensbegriffen, ihre Truppen zu leiten?

Also durchweg kriegsmäßig und immer mit den Verhältnissen rechnen, die im Ernstfalle ganz allein entscheiden!

Im Kriege macht die **Persönlichkeit Alles**, darum setze man die Persönlichkeiten, mindestens bei den großen Manövern, auch schon im Frieden an die Stellen, wo sie im Kriege hingehören!

Unserer Ansicht nach ist es ungleich werthvoller, wenn z. B. ein Regiment bei dem Manöver wirklich gute Leistungen aufweist, obschon sein Kommandeur, die Hälfte der Bataillonskommandeure und Kompagnie= chefs und eine entsprechende Zahl von Lieutenants ihm entzogen werden, als wenn es unter den in langer Friedenszeit erprobten, den Mann= schaften bekannten Vorgesetzten vielleicht geradezu wunderschöne Leistungen aufweisen kann.

Selbstredend wünschen wir eine derartige „Unordnung", wie die echten Helden des Paradefeldes sagen werden, nur während der großen Manöver, als Probe auf das Exempel.

Wenn jeder Offizier mit alter, guter, preußischer Strammheit das ihm unterstellte Häuflein von Kriegern tagaus, tagein während des ganzen Dienstjahres eingeübt hat, dann stellen wir uns die großen

Manöver als eine Art von Mobilmachung und kriegsmäßigen Opera=
tionen vor.

Also Einziehung von Reservisten und Aufstellung der Reserve=
Divisionen wenigstens annähernd auf Kriegsstärke und genau in derselben
Zusammensetzung, die sie im Kriege haben sollen; ebenso die Besetzung
der höheren Stäbe; kurz völlig kriegsmäßige Verbände! Für die
Kavallerie=Divisionen natürlich der gleiche Grundsatz!

Jeder Einzelne, vom kommandirenden General bis zum letzten
Trainsoldaten, steht auf dem Platze, den er im Ernstfalle ausfüllen soll.

Das würde eine Prüfung „auf Herz und Nieren" sein, und wenn
ein Armeekorps eine solche Prüfung mit Ehren durchgemacht und be=
standen hat, dann wird man auch ermessen können, was es im Kriege
leisten wird.

Freilich der Paradedrill wird unter solchen Umständen keine besonderen
Lorbeeren ernten, wenngleich es eine alte Erfahrung ist, daß gerade die
Landwehr einen besonders schönen Parademarsch leistet, weil sie nämlich,
um mit dem Fürsten Bismarck zu reden, mit dem Gefühle „voller
Wurschtigkeit" an die Sache herantritt.

Die Armee ist doch für den Krieg da und nicht für Paraden!
Und welche reichen Erfahrungen würde man bei solchen Maßregeln
während der 14 Tage der großen Manöver machen! Wie viele kleine
Uebelstände, die erst der Ernstfall ans Tageslicht fördert, würde man
schon im Frieden entdecken und rechtzeitig abstellen können!

Wenn jedes Jahr in zwei verschiedenen Gegenden Deutschlands
je zwei Armeekorps, zwei Kavallerie=Divisionen und zwei Reserve=
Divisionen für die Manöver in der oben geschilderten Weise aufgestellt
und 14 Tage lang geübt würden, so daß immer ein Armeekorps gegen
das andere manövrirt, dann würden wir alle fünf Jahre mit sämmt=
lichen Armeekorps der deutschen Armee die Probe aufs Exempel ab=
gelegt haben.

Der Kostenpunkt würde freilich eine ernste Frage aufwerfen, aber
wenn irgend welche Ausgaben sich im Interesse der Schlagfertigkeit der
Armee bezahlt machen, dann würden es gerade diese sein.

Um die Kosten nach Möglichkeit zu vermindern, könnte man viel=
leicht die Bataillone durchweg auf 800 Mann Ausrückestärke bringen,
so daß also ein Armeekorps 8 Linien=Regimenter zu 4 Bataillonen
und eine Reserve=Division zu 12 Bataillonen, sämmtlich mit 800 Mann
Ausrückestärke, bei den großen Manövern aufstellen müßte.

Die Batterien müßten auf voller Kriegsstärke sein, dagegen würden selbstredend die Munitionskolonnen, Reserve-Munitionskolonnen u. s. w. gänzlich und die der Intendantur unterstellten Kolonnen wenigstens bis auf das erforderliche, unbedingt nicht zu entbehrende Maß in Wegfall kommen.

Der erstrebte Zweck würde auf diese Weise erreicht, die nothwendigen Erfahrungen gesammelt werden, ohne daß allzu große Mehrkosten zu befürchten sein würden.

Auch könnten wohl durch anderweitige Ersparnisse die Mehrausgaben in ziemlich großem Umfange gedeckt werden. Uebrigens würde eine stärkere Einziehung von Reservisten und Landwehrleuten, als sie ohnehin schon jetzt im Frieden eintritt, gar nicht nothwendig werden, nur ihre Vertheilung würde sich ändern.

Die Franzosen leisten auf diesem Gebiete sehr viel und scheuen die sich bei solchen Einrichtungen naturgemäß ergebenden Unbequemlichkeiten durchaus nicht. Weshalb sollten wir nicht dasselbe schon im Frieden leisten können wie unsere Nachbarn westlich der Vogesen?

Doch nun genug davon! Zurück zu den Ereignissen!

D. Die Gefechte von Marat und Moimay von 4 Uhr nachmittags bis zu ihrer Beendigung.

Wir hatten gesehen, daß etwa um 3 Uhr bei dem Regiment Nr. 34 der irrthümliche Befehl zur Räumung von Moimay eintraf, jedoch zum Glück noch rechtzeitig durch einen Gegenbefehl aufgehoben wurde.

Nachdem dieser Zwischenfall erledigt und Klarheit in die Absichten der Führung gebracht worden war, besetzten 1., 4./34 mit starken Schützenschwärmen den hoch gelegenen Theil von Moimay, d. h. die Westseite des Dorfes bis zum Kirchhofe einschließlich. Als Soutien für die Besatzung dieses Dorftheils verblieben 6./34 und ein Zug von 12./34 dicht hinter dem Westrande geschlossen. 4./34 stand am Kirchhofe selbst.

9./34, 7./30 und die bei dieser Kompagnie verbliebene Abtheilung von 6./30 besetzten die niedriger gelegene Thalseite, d. h. die Südfront zu beiden Seiten des Weges nach Autrey le Bay. Zwei Züge von 12./34 und 3., 4./Graudenz bildeten die Hauptreserve.

5./34 diente als Unterstützung für 9./34; 7./34 stand in dem Hohlwege, welcher von Moimay nach der nördlichen Höhe führt; 8./34 befand sich auf dieser Höhe selbst, 11./34 hielt den gegen Marat hin gekehrten Waldrand von les Futaves besetzt; 2./34 war bei der Artillerie verblieben.

10./34 war bekanntlich abkommandirt. Wo 3./34 sich zur Zeit befand, haben wir nicht völlig genau ermitteln können. Wahrscheinlich hatte diese Kompagnie damals noch immer ihre Stellung hinter Höhe 292, halbwegs zwischen Grange d'Ancin und Marat, inne.

Oberstlieutenant v. Leszczynski hatte bei seiner Ankunft in Grange d'Ancin hierselbst die Brigade v. d. Goltz nicht angetroffen, obschon die Festhaltung gerade dieses Punktes bekanntlich der Brigade streng befohlen worden war. Die schwachen Truppen, welche wir gegen Marat hin thätig gesehen haben (2., 3./34, 1./Thorn), konnten natürlich keinen ernsten Widerstand leisten, falls ein energischer Offensivstoß der Franzosen über Marat hinaus gegen Grange d'Ancin erfolgt wäre, was glücklicherweise jedoch nicht geschah.

Begreiflicherweise war der Chef des Generalstabes höchst ungehalten über die Art und Weise, wie der Befehl des kommandirenden Generals zur Ausführung gelangt war. Er sorgte nach Kräften dafür, daß der Fehler wieder gut gemacht würde, und dürfte das uns schon bekannte zweite Vorgehen von 3./34 und 1./Thorn gegen Marat wohl auf das Einschreiten des Generalstabschefs zurückzuführen sein.

Wir wissen bereits, daß demnächst Oberstlieutenant v. Leszczynski um 2³/₄ Uhr an der Ognon-Brücke den General v. Werder auf die gefährdete Lage der 34er bei Moimay aufmerksam machte; auch sorgte er dafür, daß Theile des Gros der 4. Reserve-Division zur Unterstützung des Generals v. d. Goltz herbeieilten.

Die Vertheidigung von Moimay wurde besonders auf der Westseite des Dorfes durch gute Steinmauern am Dorfrande begünstigt, die Straße nach Autrey le Bay war verbarrikadirt worden.

Der ernste Angriff der Franzosen ließ in der That nicht lange auf sich warten. Etwa nach 5 Uhr nachmittags erschienen von Autrey her französische Schützenschwärme, denen starke Soutiens in einiger Entfernung folgten.

Zwei vorgeschobene Halbzüge von 9./34 zogen sich vor den Franzosen in den Dorfrand zurück.

Sehr richtig sparten die Preußen ihr Feuer bis auf 200 m auf, dann aber rollte ein heftiges Schnellfeuer den Franzosen entgegen, wobei den Mannschaften ausdrücklich befohlen wurde, tief zu halten.

Ein dichter Pulverdampf bedeckte das Gelände, bei der zunehmenden Dunkelheit mußte zu wiederholten Malen das Schnellfeuer gestopft werden, damit man sich erst wieder ein wenig über die Gefechtslage aufklären konnte. Jedes Mal genügte hierzu der Befehl mit der Stimme. Aber erst auf 100 Schritt brachte das preußische Schnell=feuer die Franzosen zum Halten und sogar erst nach einer Viertel=stunde zum Wanken.

Das 44. französische Marsch=Regiment, welches den Angriff hier durchführte, hat sich vortrefflich geschlagen und den Beweis geliefert, daß es durch die Schlacht von Beaune la Rolande nicht im Mindesten erschüttert worden war, obschon es allein in dieser Schlacht 20 Offiziere, 1028 Mann und am 24. November bei Ladon 3 Offiziere, 205 Mann verloren hatte, auch am 26. November bei Ladon im Feuer gewesen war.

Als die Preußen das Wanken der französischen Schützenschwärme bemerkten, ging eine kleine preußische Schützenlinie mit schlagenden Tambours zum Gegenangriff vor und nahm 1 Offizier, 5 Mann vom 44. französischen Marsch=Regiment gefangen. Auch auf dem linken Flügel der Preußen wurde ein Franzose ergriffen.

Nun machten die Franzosen Kehrt und gingen etwa um 6 Uhr abends nach les Brosses zurück.

Zwei Bataillone des 44. Marsch=Regiments führten diesen Angriff durch, ihre vordersten Todten und Verwundeten lagen auf 20 bis 25 Schritte vom Dorfrande, ihr Verlust betrug 8 Offiziere, 150 Mann todt und verwundet, 1 Offizier, ? Mann vermißt. Man wird also diesen Truppen das Zeugniß hingebender Tapferkeit nicht versagen können!

Preußischerseits hatte außer den bereits erwähnten Truppen auch ein Zug des Bataillons Graudenz am Gefechte theilgenommen und zwar zur Verstärkung der anscheinend bedrängten Besatzung des Kirchhofs.

7./34 hatte von ihrer Stellung im Hohlwege aus sich gleichfalls am Gefecht betheiligt und mehrere französische Angriffe durch Feuer ab=gewiesen, auch einige Gefangene gemacht.

Seitens der preußischen Artillerie wirkte die 2. leichte Reserve=Batterie, von einer Stellung nördlich von Moimay aus, an der Ab=weisung des französischen Angriffs nach Kräften mit.

Um 6 Uhr abends endete der Kampf bei Moimay.

Das Gros der Badischen Division war unterdessen über Arpenans gegen Marat im Vormarsch geblieben.

Zur Sicherung der Kriegsbrücken bei Aillevans (es waren hier schließlich zwei Kriegsbrücken hergestellt worden) blieb hier das Bataillon II./111 und die 2. schwere badische Batterie zurück. Diese Truppen besetzten St. Sulpice und Notre Dame de la Pitié und nahmen die Verbindung nach Villersexel hin auf.

Dadurch war auch der Rest des Gros der 4. Reserve-Division frei geworden; es fehlten ihm jedoch folgende Truppen:

1., 2./Graudenz transportirten die im Morgengefecht gemachten 500 Gefangenen nach rückwärts, 3., 4./Graudenz standen bei Moimay; 2./Thorn begleitete die Trains der Division nach Lure, 4./Thorn war bis zum Eintreffen der eben genannten badischen Abtheilung bei Aillevans verblieben.

Es waren mithin nur noch die Bataillone Wehlau, Ortelsburg, Osterode und 1., 3./Thorn verfügbar.

Etwa um 4½ Uhr nachmittags fuhren vor Marat die 1. und 4. leichte und die 4. schwere Batterie der Badischen Division auf, die 3. schwere Batterie mußte leider in Reserve bleiben, weil sie keinen Platz mehr zum Auffahren fand.

Was die vor Marat thätig gewesenen Kompagnien 2., 3./34 und 1./Thorn betrifft, so war 1./Thorn schließlich zu ihrem Bataillon ab=gerückt, 2./34 oder wenigstens den größten Theil dieser Kompagnie haben wir schon als Artilleriebedeckung verwendet gefunden. Der Standort von 3./34 um 4½ Uhr nachmittags bleibt zweifelhaft, wie bereits früher erwähnt wurde.

Das badische Regiment Nr. 111 erreichte um 3½ Uhr Aillevans, marschirte dann über Grange d'Ancin gegen Marat vor, aber nur noch mit dem 1. und Füsilier=Bataillon, weil das 2. Bataillon bekanntlich bei den Kriegsbrücken von Aillevans zurückgelassen worden war.

Die Bataillone I. und F./111 entwickelten sich hinter den 3 badischen Batterien, deren Deckung 2 Kompagnien übernahmen.

Die Truppen fanden bis auf die vorderste Kompagnie 11./111 und die Batterien gute Deckung.

Gegen 5 Uhr ertheilte General v. Wlömer den Bataillonen I. und F./111 den Befehl zum Angriff auf Marat.

Unter leichten Verlusten nahmen die Badenser Besitz von den Marat beherrschenden Höhen. Plötzlich verstummte das feindliche Feuer aus dem Dorfe, auch die französische Artillerie stellte ihr Feuer ein.

Von Norden, Westen und Nordosten her stürmten jetzt die Badenser im tiefen Schnee vorwärts, fanden aber das Dorf frei vom Feinde.

Damit endete auch bei Marat der Kampf.

Französischerseits hatte die Reserveartillerie des 18. Armeekorps am Kampfe einen sehr lebhaften Antheil genommen und besonders gegen Moimay gewirkt.

Im Wäldchen les Brosses fochten 2 Kompagnien des 9. Marsch=Jäger=Bataillons und eine Franktireur=Kompagnie, dann erfolgte ein Massenangriff durch 2 Bataillone des 44. Marsch=Regiments und 2 Bataillone 73. Mobilgarden=Regiments, welcher das Wäldchen in den Besitz der Franzosen brachte.

Auch das 2. und 3. Bataillon 19. Mobilgarden=Regiments waren scharf im Feuer, das 1. Bataillon bildete die Bedeckung der Reserve=artillerie.

Den Sturm auf Moimay unternahmen bekanntlich 2 Bataillone 44. Marsch=Regiments.

Wenn Henri Genevois in seinem sonst sehr guten Buche „Les dernières cartouches" davon spricht, daß die Preußen zu drei ver=schiedenen Malen Autrey le Bay angegriffen haben, so kann sich dies lediglich auf das wechselvolle Gefecht um das Wäldchen les Brosses be=ziehen; ein ernster Angriff der Preußen auf Autrey le Bay ist jedoch nicht erfolgt.

Den Badensern standen am Abend in und bei Marat Theile des 42. Marsch=Regiments gegenüber, wobei vier südlich von Marat auf der dortigen Bergterrasse stehende Kompagnien dieses Regiments in Panik geriethen und trotz aller Anstrengungen ihrer Offiziere entflohen.

Die Verluste der Deutschen im Gefecht von Moimay—Marat stellen sich wie folgt:

	Todt und verwundet.		Vermißt.
Regiment Nr. 30	— Offiziere,	21 Mann,	4 Mann
„ Nr. 34	2 „	57 „	4 „
Artillerie der Brigade v. d. Golz	3 „	10 „	— „
Bataillon Graudenz	— „	4 „	1 „
Badisches Regiment Nr. 111 .	— „	5 „	— „
Badische Artillerie	— „	1 „	— „

Zusammen 5 Offiziere, 98 Mann, 9 Mann
= 5 Offiziere, 107 Mann.

8*

Die Verluste der Franzosen stellen sich folgendermaßen:

	Todt,	verwundet,	vermißt
9. Marsch-Jäger-Bataillon	2 Offiziere,	51 Mann	
42. Marsch-Regiment . .	—	= 35 =	
44. = = . .	8	= 150 =	
19. Mobilgarden-Regiment	?	?	
73. = =	?	?	
Franktireurs	?	?	
Kavallerie-Division . . .	?	?	
Artillerie	?	?	

Wir sind mithin, wie fast regelmäßig, bei den Franzosen wiederum auf Schätzungen angewiesen, so mißlich dergleichen Schätzungen auch sind. Bei dem 44. Marsch-Regiment fehlen die Vermißten, obschon be= kanntlich preußischerseits gerade von diesem Regiment eine Anzahl Ge= fangener gemacht wurde.

Die französische Artillerie hat sicherlich nicht unbedeutende Verluste erlitten. Nimmt man an, daß die Mobilgarden nur etwa den fünften Theil der Verluste der Marschtruppen erlitten haben, so kommt man auf eine Minimalziffer der französischen Verluste von rund 400 Köpfen, der die Maximalzahl von 600 Köpfen gegenüber stehen würde.

Man wird daher den Gesammtverlust der Franzosen in dem Ge= fechte von Moimay—Marat auf rund 500 Köpfe beziffern dürfen, d. h. die Franzosen verloren nahezu fünfmal mehr Menschen, als die Deutschen.

Bei den weit besseren Schießleistungen der deutschen Infanterie und der ausgezeichneten Wirkung der deutschen Artillerie, welche hier allein 1361 Granaten und 8 Shrapnels verschoß, wird dieser große Unterschied in den Verlusten keinen Kundigen in Erstaunen setzen.

E. Das Nachtgefecht in Villersexel.

Wir wissen, daß Oberst v. Loos an der Ognon-Brücke etwa um 5 Uhr den positiven Befehl erhielt, Villersexel unter allen Umständen zu halten, und daß der oft bewährte Führer sein Regiment sofort wieder Front machen ließ, um das Städtchen wieder zu erobern, welches man soeben freiwillig geräumt hatte.

Für das Regiment Nr. 25 war die Gefechtslage nichts weniger als angenehm. Man hatte den vom Feinde noch gar nicht angegriffenen Süd= und Ost-Rand des Städtchens freiwillig geräumt, weil der Rück=

zug durch die bereits erfolgte Besetzung des Schlosses von Villersexel ernsthaft bedroht erschien und es auch thatsächlich war. Die Franzosen hatten inzwischen aber lebhaft nachgedrängt; wir wissen ja schon, daß die letzten Abtheilungen des Regiments Nr. 25 sich ihrer mit Kugel und Bajonett erwehren mußten. Jetzt sollten die Preußen nun den bereits in den Häusern und Straßen eingenisteten Feind wieder vertreiben und zwar bei schon hereingebrochener Dunkelheit.

Es war jedenfalls nach 5 Uhr, als das tapfere Regiment Nr. 25 ohne jedes Zögern wieder vordrang.

Zunächst ging 5./25 auf der Hauptstraße vor, dieser Kompagnie schlossen sich einige jetzt erst zurückgehende Abtheilungen von 6., 7./25 an. Vielfach erhielten die Preußen Feuer aus den Häusern, sie gelangten trotzdem bis zum Marktplatz, hier aber wurde das feindliche Feuer so stark, daß man an ein weiteres Vordringen nicht denken konnte. Der Führer des II. Bataillons Regiments Nr. 25, Hauptmann Reisewitz, fiel zum Tode getroffen.

Glücklicherweise senkte sich die Straße nach dem Ognon ziemlich steil herunter, so daß die Preußen, dank einer kleinen gut benutzbaren Mauer, leidliche Deckung fanden; sie machten nunmehr im Schutze dieser Mauer Halt und marschirten in vier Gliedern auf.

Schon aber stürzte sich eine dunkle Masse mit lautem Geschrei in den engen Straßen auf die Kompagnie 5./25. Ein wüthendes Schnellfeuer der etwas unruhig gewordenen Mannschaften brachte jedoch die Franzosen zum Weichen.

Sogleich trat jetzt wieder volle Ruhe und Ordnung bei 5./25 ein, die gesammte Mannschaft wurde vorschriftsmäßig in vier Gliedern formirt, Freiwillige gingen zur Erkundung vor.

Da erfolgte ein neuer Angriff der Franzosen. Man ließ sie auf 20 bis 30 Schritt heran und empfing sie nun mit einer viergliedrigen Salve. Das genügte, der Feind wich zurück.

Noch vier solcher von den Franzosen mit großer Tapferkeit ausgeführter Angriffe wurden abgeschlagen, erst dann wurde 5./25 in vorderster Linie durch 8./25 abgelöst.

Es sind hier einmal wirkliche Salven abgegeben worden, während für gewöhnlich Salven nur in den Gefechtsberichten auftauchen, und in Wirklichkeit Schnellfeuer an ihrer Stelle abgegeben wurde. Hier aber ist kein Zweifel an der Thatsache. Deutlich hörte man auf dem Standorte des Generalkommandos das ruhig abgegebene Kommando: „Legt an — Feuer" und jedesmal folgte eine runde Salve, was bei dem Generalkommando einen vorzüglichen Eindruck machte.

Unterdessen hatten 6., 7./25 einen heftigen Häuserkampf seitwärts und rückwärts vom Marktplatze geführt.

Von Haus zu Haus, von Stube zu Stube, mußten die Preußen vordringen. Hier wurde begreiflicherweise mit vollster Erbitterung ge= fochten. Kolben und Bajonett wetteiferten mit der Kugel in ihrer blutigen Arbeit.

Es mag hier wohl von beiden Seiten recht wenig „Pardon" gegeben worden sein, der Germane focht eben gegen den Gallier.

Möglicherweise hatten sich auch vom Vormittage her französische Mobilgardisten in den Kellern oder im Innern einzelner Häuser ver= steckt, um jetzt unter den gänzlich veränderten Gefechtsverhältnissen den Preußen in sehr unliebsamer Weise entgegenzutreten. Doch ist dies nur eine Vermuthung, sie liegt freilich sehr nahe, indessen fehlen die Beweise für eine auch nur einigermaßen nennenswerthe Betheiligung solcher versteckt gewesener Mobilgardisten am Kampfe.

Viel leichter als das II. Bataillon hatte es das Füsilier=Bataillon. 12./25 gewann den Ausgang nach Villers la Ville, 11./25 den nach Le Grand Magny; die Häuser und Gärten am Stadtrande wurden preußischerseits besetzt, 9., 10./25 verblieben weiter rückwärts als Reserve im Städtchen.

1./25 blieb zunächst südlich der Ognon=Brücke, indessen nahm später 4./25 an dem Kampfe um das Schloß von Villersexel theil, wobei die Kompagnie im Verein mit der Landwehr focht und namhafte Verluste erlitt. 2./25 sollte eine kleine Seitenstraße von den Franzosen säubern, in südwestlicher Richtung von der Ognon=Brücke, um die Verbindung mit den Angreifern des Schloßberges und Schlosses, d. h. mit der Landwehr herzustellen, deren Thätigkeit wir noch kennen lernen werden. Die Kompagnie stieß aber auf hartnäckigen Widerstand.

8./25 schlug am Marktplatz einen nochmaligen Angriff der Franzosen ab. Die von dieser Kompagnie vorgeschickten Patrouillen steckten darauf die vor der Front liegenden Häuser in Brand.

An dem Häuserkampfe von 6., 7./25 betheiligte sich auch 5./25. Sämmtliche Häuser der umstrittenen Straße wurden besetzt, nur eins wollte der Feind nicht übergeben, obschon das Dach bereits in hellen Flammen stand. Später stürzte das Haus ein und begrub seine tapferen Vertheidiger unter den Trümmern.

Eigenthümlicherweise erzählen die Franzosen dieselbe Geschichte von den Preußen.

Zur Charakteristik des Nachtgefechts möge diese Episode hier nach französischer Lesart geschildert werden.

Die 2. Kompagnie des 2. Bataillons 52. Marsch-Regiments erhielt den Befehl, in ein Haus einzudringen, dessen Feuer die Hauptstraße der Länge nach bestrich. Von einem Einwohner Villersexels geführt, ging die Kompagnie gegen den Hof des Gebäudes vor, in welchem ein großer Wagenschuppen und ein Heuschober sich befanden. Das Thor wurde eingestoßen, und die französische Kompagnie betrat den Hof. In diesem Augenblicke soll ein preußischer Offizier aus einem Fenster das Wort „prisonnier" gerufen haben.

Dieses Wort will der französische Kapitän dahin aufgefaßt haben, daß es ein Zeichen der Bereitwilligkeit der Deutschen zur Ergebung gewesen sei. Diese Auffassung können wir getrost als harmlos bezeichnen.

Daraufhin soll nun die französische Kompagnie in den Hof eingedrungen sein, aber sogleich aus allen Fenstern Feuer erhalten haben, welches den Kapitän tödlich verwundete, einen Soldaten tödtete und den führenden Einwohner, sowie drei Soldaten verwundete. (Grenest, L'armée de l'Est. Seite 630.)

Nun ging die französische Kompagnie zurück. Auf Befehl des Kommandeurs des 52. Marsch-Regiments wurde jetzt durch die Sappeurs der Mobilgarde (?) der Heuschober vermittelst mit Theer getränkter Faschinen in Brand gesteckt. Demnächst sollen 10 bis 12 Deutsche aus dem Hause geflohen, etwa 30 Deutsche aber später unter den Trümmern verbrannt als Leichen aufgefunden worden sein.

Vermutblich handelt es sich hier um ein und dieselbe Begebenheit. Das Haus war aber nicht von den Preußen, sondern von den Franzosen besetzt, die im Dunkel der Nacht ihre eigenen Landsleute beschossen und dann von diesen selbst verbrannt wurden.

Nachdem das soeben erwähnte Gebäude in Flammen aufgegangen war, konnte 5./25 in den Kampf von 2./25 eingreifen, da die jetzt von 5./25 besetzten Häuser mit ihrer Hinterfront bis zur Nebenstraße reichten und die Preußen nun aus den Fenstern feuern konnten.

Eine eisige Kälte herrschte auf dem Schlachtfelde, welches von dem bleichen Vollmonde nur matt erleuchtet wurde. Die Stadt brannte an verschiedenen Stellen, das Schloß brannte zu dieser Zeit auch. Das Ganze gewährte ein grausiges Bild des Krieges in seiner schrecklichsten Gestalt.

Unterdessen begann F./25 langsam in westlicher Richtung vor=
zudringen, um II./25 zu entlasten.

Gegen 1 Uhr nachts löste 6./25 die Kompagnie 8./25 in vorderster
Linie ab.

Um 1 Uhr nachts wurde schließlich der Befehl zur Räumung der
Stadt ertheilt; es dauerte natürlich ziemlich lange, ehe dieser Befehl
von ganz hinten, wo er ausgegeben wurde, bis in die vorderste Gefechts=
linie gelangte, so daß die wirkliche Räumung von Villersexel erst etwa
gegen 2 Uhr nachts begann.

Dicht vor der Ognon=Brücke hatte I./25 eine Barrikade errichtet,
welche nach dem Abzuge aller Truppen geschlossen und von 3./25 besetzt
wurde.

Bei dem Verlassen des Städtchens traten keinerlei besondere Zwischen=
fälle ein, ja die Franzosen wagten nicht einmal, das zuletzt abziehende
Bataillon I./25 irgendwie zu stören. Dies ist ein Beweis dafür, daß
das „Siegesgefühl" der Franzosen erst nachträglich im Gehirn einiger
Ultra=Patrioten entstanden ist, während in Wirklichkeit die Franzosen
herzlich froh waren, daß der Kampf nun endlich sein Ende erreichte.

Nur vom Schloßpark her wurde die lange Ognon=Brücke dauernd
unter Feuer gehalten, so daß sogar noch während des Abzuges der Preußen
über diese Brücke Verluste eintraten.

Jenseits des Ognon sammelten sich die Bataillone; sie hatten am
9. Januar geradezu Erstaunliches geleistet.

Uebrigens haben noch vor Mitternacht einige Geschütze französischer
Artillerie am Kampfe theilgenommen und einige 20 Schuß abgegeben.
In dem furchtbaren Getöse des Nachtgefechts merkte man von dieser
Thätigkeit deutscherseits nur wenig, das Einschlagen von Sprengstücken
machte sich aber doch bemerkbar.

Um 2³/₄ Uhr war die Räumung von Villersexel beendet.

F. Die nächtlichen Kämpfe um das Schloß von Villersexel.

Soweit sich ermitteln läßt, hat General v. Werder etwa um 4 Uhr
nachmittags (auf ein paar Minuten früher oder später kommt es hierbei
nicht an) die Ognon=Brücke bei seinem Zurückreiten aus Villersexel
überschritten, um dann nördlich des Städtchens abermals mit dem Chef
des Generalstabes zusammenzutreffen, wie verabredet war.

Oberstlieutenant v. Leszczynski hatte unterdessen seine Zeit auf das
Vortheilhafteste ausgenutzt. Er war bekanntlich gleich nach seinem ersten

Zusammentreffen mit dem General v. Werder an der Ognon=Brücke, um 2³/₄ Uhr nachmittags, aufs Neue nach dem Gefechtsfelde von Moiman—Marat geritten, hatte hier eine zielbewußte, energische Vertheidigung von Moiman und außerdem im Sinne seines kommandirenden Generals die erforderlichen Maßregeln veranlaßt, um der Stellung von Marat gegenüber mit der nothwendigen Entschiedenheit auftreten zu können.

General v. Werder hatte unbedingtes Vertrauen auf die bewährte und hervorragende Tüchtigkeit seines schon so oft erprobten Generalstabschefs und konnte sich darauf verlassen, daß dieser vollkommen in seinem (des Generals v. Werder) Sinne handeln würde.

Dies ist denn auch bekanntlich im vollsten Sinne des Wortes eingetreten, und der Erfolg der Deutschen auf der Linie Moiman—Marat wird stets für den damaligen Oberstlieutenant v. Leszczynski ein besonderer Ruhmestitel bleiben.

Indessen muß hierbei besonders betont werden, daß der Generalstabschef des XIV. Armeekorps durchaus im Sinne seines kommandirenden Generals handelte und diesen durch die Energie seines Auftretens höchst wirksam an den Stellen ersetzte, wo General v. Werder zur Zeit persönlich verhindert war, selbst einzugreifen.

Es trat hier zwischen dem General v. Werder und seinem Generalstabschef ein nahezu ideales Verhältniß ein. Das Verdienst beider hohen Offiziere steht in der Geschichte fest, so fest, daß ein etwaiger Versuch, das Verdienst des Einen auf Kosten des Anderen schmälern zu wollen, als gänzlich verfehlt bezeichnet werden müßte. .

General v. Werder traf mit Oberstlieutenant v. Leszczynski nördlich von Villersexel, vermuthlich am Ausgange der Straße von Grange d'Ancin nach Villersexel aus dem Bois du Grand Jougeret zusammen. Der Befehl zur Wiedereroberung von Villersexel (natürlich nur unter dem Vorbehalte, das Städtchen während der Nacht nicht den Franzosen zu überlassen) ist auf die Initiative des Generalkommandos zurückzuführen, und haben die maßgebenden Persönlichkeiten des Generalkommandos am Abend des 9. Januar sich nicht mehr getrennt.

Die weiteren Anordnungen des Generalkommandos werden wir später kennen lernen. Wir müssen uns jetzt zu den Thaten der Landwehr wenden.

Wir haben gesehen, daß das Regiment Nr. 25 etwa um 5 Uhr wieder Front gegen den Feind machte und sich in einen höchst erbitterten Kampf um die Stadt Villersexel stürzte.

Die Landwehr-Bataillone des Gros der 4. Reserve-Division standen hinter dem Regiment Nr. 25, nördlich der Ognon-Brücke, sie konnten daher den Befehl zum Vorgehen erst später befolgen, als die Ognon-Brücke und der südlich davon gelegene Platz soweit frei waren, um ihnen den Vormarsch zu gestatten. Es mag mithin etwa 5¼ Uhr gewesen sein, als das Vordringen der Landwehr-Bataillone über die Ognon-Brücke begann.

Es waren nur 3½ Landwehr-Bataillone verfügbar, nämlich die Bataillone Wehlau, Osterode, Ortelsburg und 1., 3./Thorn; die vordersten Abtheilungen dieser Truppen stießen bei der Ognon-Brücke auf die vorläufig noch zurückgehenden 25er, weil sie den vom Generalkommando ausgehenden Befehl zum Vorgehen natürlich eher erhalten hatten, als das dicht am Feinde befindliche Regiment Nr. 25.

Sobald aber die Brücke frei war, drangen nun auch die Landwehr-Bataillone über den Ognon herüber vorwärts.

Sie hatten den Befehl, den Schloßberg und das Schloß von Villerseyel wieder in Besitz zu nehmen, eine Aufgabe, die bei der jetzt herrschenden Dunkelheit als äußerst schwierig bezeichnet werden muß, zumal das Moment der Ueberraschung des Feindes vollständig fortfiel.

An der Spitze der Landwehrtruppen befand sich das Bataillon Wehlau. 5., 6./Wehlau wendeten sich rechts gegen den Ostflügel und die Front des Schlosses, 7., 8./Wehlau links, um von hier aus durch den Schloßhof vordringen zu können.

Als nun 5., 6./Wehlau von den im Schlosse befindlichen Franzosen des 47. Marsch-Regiments gesehen wurden, erhielten sie lebhaftes Feuer, so daß ihr Vorgehen einstweilen ins Stocken gerieth.

Der Abhang des Schloßberges, welcher bekanntlich besonders nach dem Ognon hin ziemlich steil abfällt, war glatt gefroren und ein Erklettern desselben von dieser Seite aus dadurch sehr erschwert.

Auch 7., 8./Wehlau erhielten starkes Feuer aus dem Schlosse, ihr Führer beschloß daher, sich einen günstigeren Punkt zum Angriffe auszusuchen und vorläufig den Abhang wieder herunterzugehen. Dies geschah, und mag bei dem heftigen Feuer der Franzosen, dem Glatteise und der Dunkelheit das Herunterklettern nicht gerade in musterhafter Ordnung vor sich gegangen sein.

Unterdessen war Bataillon Osterode dem Bataillon Wehlau gefolgt, an der Spitze die 2. Kompagnie und der Kommandeur Major v. Wussow. Als das Bataillon am Abhange des Schloßberges ankam, sah man 7., 8./Wehlau den Abhang heruntergleiten.

Während nun Bataillon Osterode am Schloßberge entlang in südlicher Richtung vorging, um das Eingangsthor in den Schloßhof zu erreichen, prallten die beiden Kompagnien Wehlau in senkrechter Richtung auf die Marschkolonne und erzeugten natürlich für den Augenblick eine gewaltige Verwirrung.

Alles kam bunt durcheinander und mußte erst wieder auseinander entwirrt werden, was begreiflicherweise nicht ohne erheblichen Zeitverlust gelang.

Die vorderste Abtheilung von 2./Osterode war aber durch dieses Mißgeschick gar nicht betroffen worden und marschirte ruhig weiter, sie war etwas mehr als einen Zug stark.

Das Eingangsthor zum Schloßhofe war offen, Major v. Wussow griff trotz des französischen Feuers sogleich mit dem Bajonett an. Das Hauptportal des Schlosses war ebenfalls offen, und Major v. Wussow stürmte ohne Zögern hinein, obschon die Franzosen aus den Fenstern schossen.

Der Sturm gelang, und die Osteroder besetzten zunächst den Saal im Erdgeschoß des Schlosses, während die Franzosen theils in die Kellerräume, theils in die oberen Stockwerke flüchteten. Erst jetzt bemerkte Major v. Wussow, daß nur ein verschwindend kleiner Theil seines Bataillons ihm gefolgt war. Er sandte sogleich einen Offizier ab, der den Rest des Bataillons heranholen sollte, aber dieser Offizier wurde schon am Eingangsthor des Schloßhofes von den Franzosen gefangen genommen.

Man war also durch die Franzosen von dem Verkehr mit den eigenen Truppen abgeschnitten. Für eine Abtheilung von wenig mehr als einem Zuge, in unserem Falle etwa 80 Gewehre, war diese Gefechtslage nicht eben beneidenswerth.

Kurze Zeit später sahen die abgeschnittenen Landwehrmänner und ihre Offiziere von den Fenstern des Saales aus preußische Landwehrtruppen an dem Abhange des Schloßberges, da wo dieser nach dem Ognon zu abfällt, heranschleichen. Es waren dies Theile von 5., 8./Wehlau, deren ursprüngliches Vorgehen wir bereits kennen. Sogleich öffneten die von den Franzosen eingeschlossenen Osteroder die Fenster des Saales und eine Thür, welche nach dem Park hinunter führte, der aber damals die entsprechende Treppe fehlte.

Die Wehlauer kletterten nun durch die Fenster in das Innere des Schlosses, wobei ihnen die Weinspaliere gute Dienste leisteten.

Jetzt hatte Major v. Wuffow endlich eine genügende Anzahl von Mannschaften unter seinem Befehle vereinigt. Ohne langes Zögern griff er jetzt das erste Stockwerk des Schloffes an, er selbst auf der Haupttreppe, eine andere Abtheilung auf einer Seitentreppe; letztere Ab= theilung wurde von dem Premierlieutenant Förstemann geführt, der von früher her das Schloß und seine Räume ziemlich genau kannte.

Das wackere Vordringen der Landwehr gelang, der große Saal im ersten Stockwerk wurde erobert, wobei etwa 120 Franzosen in preußische Gefangenschaft fielen.

Unterdessen hatten sich 1., 3./Osterode und der Rest von 2./Osterode wieder gesammelt, waren den Wehlauern gefolgt und kletterten nun ebenfalls in das Schloß. 4./Osterode war geradeaus auf den Schloß= berg herauf geklettert, erreichte den Schloßhof in der Nähe des östlichen Schloßflügels und drang hier ebenfalls ein.) Der noch außerhalb des Schloffes gebliebene Theil von 5., 6./Wehlan und 7., 8./Wehlau folgte den Osterodern durch die Saalfenster des Erdgeschosses.

Es waren also jetzt acht preußische Landwehr-Kompagnien im Schloffe, nach der Gefechtsstärke beider Bataillone am 9. Januar rund 1400 Gewehre, eine Macht, die mehr als reichlich bemessen war, um das Schloß recht gründlich zu besetzen.

Oberst v. Krane, der Kommandeur des 2. kombinirten Ost= preußischen Landwehr-Regiments, war ebenfalls durch die Saalfenster ins Schloß gelangt.) Er befahl, daß 1./Osterode den westlichen, 4./Osterode den östlichen Schloßflügel besetzen sollten, während 2., 3./Osterode und Bataillon Wehlau den Mittelbau des Schloffes besetzt hielten und theilweise im Schloßhofe verblieben.

Die Franzosen befanden sich zu dieser Zeit in den Kellern oder in den oberen Stockwerken, es sind aber starke Abtheilungen auch im Schloßparke verblieben.

1./Osterode machte im westlichen Schloßflügel 1 Offizier, 24 Mann Franzosen gefangen, konnte aber wegen des zu heftigen feindlichen Feuers nicht in die oberen Stockwerke eindringen. Leider verließ die Kom= pagnie nun diesen Schloßflügel und brachte ihre Gefangenen zurück. Hierbei stieß sie aber im Schloßparke auf französische Abtheilungen, gerieth scharf ins Gedränge, da die Franzosen energisch angriffen, und mußte sich im Handgemenge mit Kolben und Bajonett ihrer Angreifer erwehren, wobei acht gefangene Franzosen glücklich entwischten.

Mit dem Abzuge von 1./Osterode, der jedenfalls sehr unzweckmäßig war und keineswegs in der Absicht des Obersten v. Krane gelegen hat, war gerade der dem Schloßparke zunächst gelegene Flügel des Schlosses von den Preußen wieder verlassen, und hätten nun die Franzosen hier aufs Neue mühelos und kampflos eindringen können.

Inzwischen machte das Bataillon Wehlau vergebliche Versuche, in die Keller des Schlosses einzudringen. Das heftige französische Feuer, welches die Kellertreppen aus nächster Nähe bestrich, ließ alle Versuche der Preußen scheitern. Mehrere Vorstöße der Wehlauer gegen den von den Franzosen besetzten Schloßpark lieferten kein entscheidendes Ergebniß.

Oberst v. Krane und Major v. Wussow untersuchten mittlerweile unter Führung des ortskundigen Premierlieutenants Förstemann die oberen Räume des Schlosses. Hierbei wurde letzterer Offizier erschossen.

Wir folgen bei der Beschreibung des Kampfes um das Schloß im Wesentlichen dem Werke Friedrich v. d. Wengens, welches im Jahre 1875 bei Brockhaus in Leipzig erschien. Dieser von vielen Seiten scharf angegriffene Schriftsteller hat trotz aller Anfeindungen, die ja keinem tüchtigen Manne erspart bleiben, die bei Weitem beste Darstellung aller Einzelheiten des Kampfes um das Schloß von Villersexel geliefert. Selbst die uns von höchster Stelle in hochherziger Weise gewährte Erlaubniß zur Benutzung des Kriegsarchivs in Berlin ergiebt nicht die Möglichkeit, eine klarere und richtigere Darstellung jenes denkwürdigen Nachtkampfes zu verfassen.

Offenbar hat Herr v. d. Wengen unmittelbar nach dem Kriege, als der Eindruck der Ereignisse Allen noch frisch im Gedächtnisse war, vortreffliche Quellen benutzen können, besonders aber anscheinend sehr zahlreiche Berichte von Mitkämpfern.

Es unterliegt keinem Zweifel, daß in dem Werke des Herrn v. d. Wengen, welches leider seiner Zeit als ein tendenziöser und ungerechtfertigter Angriff gegen den General v. Werder bezeichnet wurde, sich vielfache Irrthümer eingeschlichen haben.

Der Verfasser durfte eben die Kriegsakten nicht benutzen, und wer hierzu nicht die Erlaubniß hat, wird selbst bei der größten Wahrheitsliebe stets im Dunkeln tappen.

Es giebt eben keine zuverlässigeren Quellen für Kriegsgeschichte als die offiziellen Gefechtsberichte, Tagebücher und Stärkerapporte. Wir wollen keineswegs behaupten, daß jeder offizielle Gefechtsbericht eine Art von Bibel für den Geschichtsschreiber sei. Im Gegentheil, wir finden neben geradezu herrlichen, unbedingt klaren und überzeugend wahrhaft geschriebenen Berichten auch sehr lückenhafte, ja mitunter für den Geschichtsschreiber geradezu unbrauchbare Berichte; aber der Vergleich aller einschlägigen offiziellen Aktenstücke giebt denn doch ein bei Weitem zutreffenderes Bild der Ereignisse, als selbst die nachträglichen Aussagen von ungezählten Mitkämpfern höchsten, hohen und niederen Ranges ein solches zu erzeugen im Stande sind.

Dies gilt umsomehr als richtig, je längere Zeit zwischen den Kriegs= ereignissen und den nachträglichen Aussagen von Mitkämpfern ver= strichen ist.

So dankbar wir für die höchst wirksame Unterstützung sind, die unseren kriegsgeschichtlichen Studien von den verschiedensten, zum Theil von sehr maßgebenden Seiten her, bereitwilligst gewährt wurde, so wenig können wir doch verkennen, daß neben ganz hervorragend wichtigen Eröffnungen doch auch mitunter im höchsten Grade minderwerthige Mittheilungen unterlaufen.

Wir sprechen selbstredend hier nur aus eigener Erfahrung, diese ist aber recht reichhaltig.

Als Kuriosum erwähnen wir nur, daß uns vor wenigen Wochen ein Brief eines Herrn aus Amerika zuging, welcher darin gipfelt, daß eine von uns beschriebene Schlacht nicht durch einen hohen und mit Recht allgemein verehrten General, wie wir behauptet hatten, sondern vielmehr durch einen namentlich genannten Unteroffizier entschieden worden sei. Dieser Brief war von einem damaligen Bataillonsführer unterzeichnet. Was soll man dazu sagen?

Herr v. d. Wengen hat natürlich viele Versehen nicht vermeiden können, denn alle Aussagen von Mitkämpfern müssen mit großer Sorgfalt gesichtet werden. Es gehört ein angeborener, historischer Spürsinn dazu, um Wahres von Erdichtetem zu unterscheiden. In= dessen hatte unmittelbar nach dem Kriege die Dichtkunst nach dem Muster eines Münchhausen denn doch noch nicht solche Fortschritte gemacht, wie bis heute.

Wir bedauern, daß die Schrift des Herrn v. d. Wengen, welche mit zweifelloser Wahrheitsliebe verfaßt worden ist, ihr Pulver für eine Sache verschossen hat, die eigentlich sich ganz von selbst verstand.

Er wollte nämlich den Nachweis führen, daß General Bourbaki einen Einfall in deutsches Gebiet überhaupt nicht geplant hat. Wir glauben dasselbe. Indessen läßt sich doch nicht leugnen, daß bei einem vollständigen Siege Bourbakis über die Truppen des Generals v. Werder nicht nur Belfort entsetzt, die gesammte Belagerungsartillerie der Deutschen vor Belfort verloren gegangen sein würde, sondern daß nach mensch=

lichem Ermessen auch die Franzosen recht energisch den geschlagenen Deutschen in das südliche Elsaß nachgedrungen sein würden.

Wir setzen selbstredend dabei voraus, daß durch verständige Maß= regeln der französischen Heeresleitung, die doch immerhin im Bereiche der Möglichkeit lagen, die Gefahr des Flankenstoßes der Armee des Generals v. Manteuffel (II. und VII. Armeecorps) unwirksam gemacht oder doch wenigstens auf ein Minimum herabgemindert werden konnte.

Jedenfalls konnte man in Süddeutschland im Januar 1871 nicht ahnen, bis zu welchem Grade die französische Heeresleitung ihre völlige Unfähigkeit öffentlich klarlegen würde.

Nun würden ganz sicher, im Falle eines großen Sieges und ver= ständiger Maßregeln der französischen Heeresleitung, Streifkorps der Franzosen den Rhein überschritten und im Süden des Großherzogthums Baden Plünderungs= und Verwüstungszüge versucht haben, wobei immer die Gefahr bestehen blieb, daß die massenhaft auch in Süddeutschland internirten französischen Kriegsgefangenen energische Befreiungsversuche unternommen haben würden.

Kann man es den Süddeutschen daher gar so übel nehmen, daß sie den Sieg des Generals v. Werder an der Lisaine als die Befreiung von einem auf ihnen lastenden Alpdrucke auffaßten?

Wenn im Gefühle größter Dankbarkeit für die glänzenden Erfolge des Generals v. Werder und seiner Truppen vielleicht die Süddeutschland drohende Gefahr hin und wieder ein wenig überschätzt worden ist, kann man das als ein Unrecht ansehen?

Wir glauben im Gegentheil, daß die damals so herrlich auf= flammende Dankbarkeit ein geradezu unschätzbares Gut war. Wollte Gott, daß wir Deutschen unseren Herrschern und ihren Generalen stets so dankbar sein möchten, wie wir es 1871 waren.

In dieser Beziehung bekennen wir uns also offen und ehrlich als Gegner des Herrn v. d. Wengen. Das kann uns aber nicht davon abhalten, die unleugbaren, großen Vorzüge seines Werkes ebenso offen und ehrlich anzuerkennen und zu bedauern, daß man seiner Zeit einen deutschen Patrioten ziemlich scharf verunglimpft hat, weil er in einer, auch unserer Ansicht nach falschen Richtung zu weit gegangen ist.

Man hätte dieses über das Ziel Hinausschießen sachlich und ruhig widerlegen sollen, aber es war Unrecht, einen fleißigen Geschichtsforscher ohne Weiteres als Pamphletisten hinzustellen.

Wir wissen nicht, ob Herr v. d. Wengen noch lebt; sollte dies der Fall sein, so würden wir uns freuen, wenn dieses Buch in seine Hände gelangte und er daraus ersehen möchte, wie wir eifrig bestrebt sind, ihm Gerechtigkeit widerfahren zu lassen, die er vollauf verdient hat.

Jedenfalls haben wir sein Werk in Bezug auf den Kampf um das Schloß von Villersexel mit großem Nutzen verwenden können, wenn wir auch im Uebrigen, dank der uns gewordenen hohen Vergünstigung, bessere Quellen haben benutzen dürfen, als Herr v. d. Wengen im Jahre 1875 sie zur Verfügung hatte.

Doch nun zurück zu den Ereignissen!

— Als die Versuche des Bataillons Wehlau gegen den Schloßpark und gegen die Kellerräume des Schlosses dauernd fruchtlos blieben, wurde ein Offizier dieses Bataillons zu dem General v. Schmeling gesandt, um diesem folgende Meldung zu überbringen: „Die Franzosen leisten im Schlosse hartnäckigen Widerstand." Bekanntlich war dies zur Zeit eigentlich nur noch in Bezug auf die Kellerräume wirklich zutreffend, in sehr beschränktem Grade bezüglich der Dachbodenräume, während das eigentliche Schloß sich durchaus im Besitze der Preußen befand.

Auf diese Meldung hin, die sicherlich erst nach langem Umherirren des betreffenden Offiziers an den bekanntlich am 9. Januar körperlich recht leidenden General v. Schmeling gelangt ist, soll nun dieser General wörtlich geantwortet haben: „Nun so räuchert sie hinaus."

Selbstredend meinte der General damit nur, man solle die Franzosen gewaltsam aus dem Schloß hinauswerfen und hat dies auch später in sehr bestimmter Weise ausgesprochen, als er von den Folgen dieses mißverstandenen Befehls Kenntniß erhielt.

Jedenfalls faßte aber der betreffende Offizier des Bataillons Wehlau den Befehl des Generals wörtlich auf und gewann bei seiner Rückkehr nach dem Schlosse, verleitet durch das allerdings sehr heftige Getöse des Nachtgefechts der 25er in der Stadt Villersexel, den gleichfalls falschen Eindruck, daß die steinerne Ognon-Brücke demnächst im Besitze der Franzosen und daß damit den Landwehr-Bataillonen im Schlosse der Rückzug abgeschnitten sein würde.

Er überbrachte daher seinem Bataillon den angeblichen Befehl des Generals v. Schmeling, das Schloß anzuzünden, und fügte hinzu, es sei die höchste Zeit, das Schloß zu räumen, weil der Rückzug über die steinerne Ognon-Brücke schon jetzt nicht mehr möglich sei.

Sofort trugen nunmehr die Landwehrleute Betten, Stroh und sonstige leicht Feuer fangende Gegenstände nach dem westlichen Schloß-flügel, in welchem also die Franzosen damals noch nicht wieder eingedrungen waren, obschon er bekanntlich recht voreilig durch die Kompagnie 1./Osterode geräumt worden war, und steckten diese Gegenstände in Brand.

Es ist nicht ausgeschlossen, daß schwache französische Abtheilungen dennoch schon damals vom Schloßparke her in den westlichen Schloß= flügel eingedrungen gewesen sein können, da sie jedoch die Brandlegung des Schlosses offenbar in keiner Weise ernstlich störten, so kommt dies gar nicht in Betracht.

Demnächst trat Bataillon Wehlau den Rückzug an, welchem ein Theil von 2., 3./Osterode sich gleichfalls anschlossen. Die Landwehr= Kompagnien kletterten hierbei den steilen Abhang des Schloßberges nach dem Ognon hin herunter und durchwateten den Fluß. Meist reichte das Wasser den Mannschaften nur bis zur Hüfte, an einzelnen Stellen mußten aber die Landwehrleute sogar schwimmen.

Bei der eisigen Kälte des 9. Januar ist auch diese Leistung, ob= schon sie unnütz und für den Ausgang des Kampfes sogar schädlich war, gewiß recht achtungswerth.

Es blieben jetzt nur ein Theil von 4./Osterode im östlichen Schloßflügel, ebenso Oberst v. Krane und Major v. Bussow mit ihren Mannschaften in den oberen Schloßräumen zurück. Soweit sich dies nachträglich noch feststellen läßt, traten alle übrigen Theile der Bataillone Osterode und Wehlau den Rückzug an, welcher etwa um 8½ Uhr abends zur Ausführung gelangt sein mag.

Der Rückzug der Preußen wurde von den Franzosen nicht be= lästigt, und geht daraus wohl klar hervor, daß zu dieser Zeit die in das Gefecht um das Schloß eingreifenden Theile des französischen 92. Linien=Regiments noch nicht in der Nähe des Schlosses ein= getroffen gewesen sein können (8½ Uhr abends).

Von der Räumung des Schlosses durch die Preußen erfuhr nun aber weder der General v. Schmeling, noch der General v. Werder irgend etwas. Erst als die Bataillone Osterode und Wehlau jenseits des Ognon sich wieder gesammelt hatten und nun bei dem Bataillon Graudenz am nördlichen Brückenausgange eintrafen, klärte sich die Sachlage auf.

Unterdessen hatte der Brand im Schlosse von Villersexel riesen= hafte Ausdehnung gewonnen.

Oberst v. Krane war inzwischen, nachdem er die oberen Räume des Schlosses durchstöbert hatte, in das Erdgeschoß zurückgekehrt, erhielt hier aber plötzlich Feuer durch die Fenster.

Die Franzosen schossen nämlich nach dem Lichte, welches man zur Erhellung des eben wieder betretenen Raumes mitgebracht hatte. Schleunigst wurde das Licht ausgelöscht und die überraschende Thatsache festgestellt, daß das Gros der beiden Landwehr-Bataillone abgezogen war, ohne dem Regimentskommandeur darüber Meldung zu machen oder seine Erlaubniß zum Abzuge erbeten zu haben. Die Franzosen waren sogleich in den verlassenen Schloßhof eingedrungen und feuerten nun von dort aus.

Jetzt war nicht mehr daran zu denken, daß die Handvoll Mannschaften, welche Oberst v. Krane und Major v. Wuffow noch bei sich versammelt hatten, den ganzen Mittelbau des Schlosses erfolgreich vertheidigen könnte. Man mußte vielmehr an die eigene Rettung denken.

Die beiden genannten Stabsoffiziere begaben sich daher mit ihren Mannschaften nach dem östlichen Schloßflügel, woselbst sie den zurückgebliebenen Theil von 4./Osterode antrafen.

Erst jetzt besetzten die Franzosen das Schloß, soweit es noch nicht in Flammen stand, bis auf den östlichen, noch in preußischen Händen befindlichen Seitenflügel. Dabei wurden die Gefangenen befreit, welche die Landwehr im Schloß gemacht hatte und welche, soweit sich ermitteln läßt, im Saale des oberen Stockwerks eingesperrt waren. Nach Greneft, Seite 632, sollen es etwa 250 Mann verschiedener Regimenter gewesen sein, wohl hauptsächlich dem Marsch-Regiment Nr. 47 angehörend, vielleicht aber auch zum Theil dem Marsch-Regiment Nr. 52.

Die Franzosen griffen übrigens den Oberst v. Krane nicht ernsthaft an.

Offenbar haben Theile des 92. Linien-Regiments das Schloß besetzt, wie wir später noch sehen werden. Es kann übrigens für diesen Akt des Gefechts nur von einer Besetzung des Schlosses die Rede sein, keineswegs von einer Eroberung.

Mittlerweile waren 1., 3./Thorn zur Unterstützung der Vertheidiger des Schlosses vorgeschickt worden, das man noch von den Preußen besetzt glaubte. Die Thorner Kompagnien gingen zunächst von der Ognon-Brücke aus in südwestlicher Richtung durch Seitenstraßen des Städtchens Villersexel vor, erhielten hier aber ein derartiges Feuer, daß sie wieder zurückgehen mußten.

Nun wandten sie sich längs des Ognon, an dem nördlichen Abhange des Schloßberges entlang. Dieser Vormarsch glückte, die Landwehrleute erhielten jedoch zu ihrem Erstaunen heftiges Feuer aus den Fenstern des Schlosses, welches sie erwiderten.

Jetzt ertönten aber aus dem östlichen Schloßflügel auch Rufe: „Schießt nicht, wir sind ja Eure Kameraden!" Man kann sich denken, welches Erstaunen diese Rufe hervorbrachten. Endlich erkannte man aber die Stimme des braven Oberst v. Krane und nun verständigte man sich dahin, daß 1., 3./Thorn den Feind beschäftigen sollten, während die noch im östlichen Schloßflügel befindlichen Preußen einen Ausfall zur eigenen Rettung machen wollten.

Dies geschah. Oberst v. Krane, Major v. Wussow mit ihren Leuten brachen nach Abgabe einer Salve aus dem östlichen Schloßflügel hervor in den Hof, sie erreichten die östliche Schloßmauer, stießen hier auf 3./Thorn, welche Kompagnie schon feuern wollte, weil sie die Heranstürmenden für Franzosen hielt.

Es gelang aber den Preußen, sich mit ihren Landsleuten zu verständigen. Die zum Glück nicht sehr hohe Hofmauer wurde überklettert, und die Thorner sandten den nachdrängenden Franzosen ein kräftiges Gewehrfeuer entgegen, welches seine Wirkung nicht verfehlte.

Die heldenmüthigen Vertheidiger des östlichen Schloßflügels wurden gerettet. Demnächst zog Oberst v. Krane mit allen noch vor dem Schlosse befindlichen Landwehrmannschaften nach der Ognon-Brücke ab.

Nach einiger Zeit wurden nun aber auf Befehl des Kommandeurs der kombinirten Infanterie-Brigade, des Obersten Knappe v. Knappstädt, die Bataillone Osterode, Wehlau und 1., 3./Thorn nochmals gegen Schloß und Park von Villersexel vorgeschickt, um den Feind hier mindestens im Schach zu halten.

Aufs Neue begann ein äußerst heftiges Feuergefecht, besondere Erfolge wurden aber nicht mehr erzielt. Indessen wiesen 1., 3./Thorn einen Vorstoß, den die Franzosen längs des Ognon versuchten, zurück. Schließlich traten aber auch die erwähnten 2½ Landwehr-Bataillone den Rückzug über die Ognon-Brücke an, gedeckt durch 1./25.

· Bataillon Ortelsburg wurde für kurze Zeit als Reserve vorgezogen, aber sehr bald wieder zurückgeholt.

Zur näheren Erklärung der Verwendung der fünf Landwehr-Bataillone des Gros der 4. Reserve-Division führen wir hier nochmals Folgendes an: 1., 2./Graudenz hatten bekanntlich den Rücktransport der 500 im Vormittagsgefecht gemachten Gefangenen nach rückwärts übernommen; 3., 4./Graudenz gingen dagegen nach Moimay, woselbst sie bekanntlich in Reserve verblieben. Das Bataillon verlor nur 5 Mann, davon 1 Mann vermißt.

Bataillon Ortelsburg machte bekanntlich den Vorstoß gegen Villers la Ville mit, kam aber später nicht mehr in nennenswerther Weise ins Gefecht. Das Bataillon verlor 18 Mann, davon 6 Mann vermißt.

Bataillon Osterode büßte 6 Offiziere, 106 Mann ein, davon 1 Offizier, 31 Mann vermißt. Dieser Verlust stellt sich bei einer Gefechtsstärke von 750 Gewehren auf 14,13 Prozent, erreichte also eine beträchtliche Höhe.

Bataillon Wehlau erlitt einen Verlust von 4 Offizieren, 51 Mann, davon 12 Mann vermißt.

Von dem Bataillon Thorn war bekanntlich die 2. Kompagnie zur Bedeckung der Trains der 4. Reserve-Division abkommandirt, während die 4. Kompagnie die Kriegsbrücken bei Aillevans zu sichern hatte, bis sie von den Badensern abgelöst wurde. Es kamen also nur 2 Kompagnien in das Gefecht und erlitten einen Verlust von 1 Offizier, 32 Mann, davon 3 Mann vermißt.

Regiment Nr. 25 verlor 9 Offiziere, 217 Mann, davon 69 Mann vermißt.

Hierzu treten nun noch folgende Verluste:

Stab des 2. kombinirten Ostpreußischen
Landwehr-Regiments . . . . . 1 Offizier,
1. Reserve-Ulanen-Regiment . . . .   2 Mann, 2 Pferde,
3.   ⸗   ⸗   ⸗   . . . .   2 ⸗   3 ⸗
Artillerie der 4. Reserve-Division . .   8 ⸗ 10 ⸗
Sanitäts-Detachement . . . . . . 10 ⸗

Zusammen 1 Offizier, 22 Mann, 15 Pferde.

Hierunter befanden sich 8 Vermißte des Sanitäts-Detachements.

Der Gesammtverlust der Preußen im Gefechte von Villerserel am Morgen des 9. Januar, im Gefechte von Villers la Ville, in den Nachtgefechten um den Besitz des Städtchens Villerserel und des Schlosses gleichen Namens erreichte mithin die Höhe von 21 Offizieren, 446 Mann, darunter befanden sich an Vermißten 1 Offizier, 129 Mann.

Französischerseits hatte sich bekanntlich die 1. Division des 20. Armeekorps damit begnügt, ruhig stehen zu bleiben, nachdem die Preußen das Gefecht von Villers la Ville abgebrochen hatten. Es scheint festzustehen, daß diese Division an dem späteren Kampfe um den Besitz von Villerserel so gut wie gar keinen Antheil genommen hat.

Ziemlich genau dasselbe kann man von der 2. Division des 20. Armee=
korps sagen, denn die vorübergehende und recht laue Betheiligung
von Theilen des 3. Marsch=Zuaven=Regiments verdient kaum eine
Erwähnung.

Sehr viel energischer handelte jedoch die 3. Division des 20. Armee=
korps, von welcher allerdings Theile bereits das für die Franzosen sehr
ungünstig verlaufene Vormittagsgefecht mitgemacht hatten und an=
scheinend in einer ganz anderen Richtung (nämlich nach Osten) abge=
drängt worden waren, soweit sie nicht in Gefangenschaft fielen. Das
Werk von Genevois, „Les dernières cartouches", beziffert auf
Seite 56 die Stärke der 3. Division 20. Armeekorps, soweit sie am
Kampfe theilnahm, auf 5 Bataillone, nämlich das Marsch=Regiment
Nr. 47, 1 Bataillon Mobilgarden des Pyrénées Orientales und
1 Bataillon Mobilgarden des Vosges. In welcher Weise die noch
verbleibenden Truppen (1 Bataillon des Pyrénées Orientales und
1 Bataillon Mobilgarden der Meurthe) am 9. Januar verwendet
worden sind, bleibt bei der großen Lückenhaftigkeit der französischen
Berichte vorläufig unbekannt.

Was die 2. Division des 18. Armeekorps betrifft, so kennen wir
bereits das Auftreten der Brigade Perrin, welches der Zeit nach
wohl mit dem Vorgehen der 3. Division 20. Armeekorps so ziemlich
zusammengefallen sein mag.

Auch hier gilt leider dasselbe, was in Bezug auf die französische
Berichterstattung weitaus auf den größten Theil des Krieges von 1870/71
volle Gültigkeit hat, d. h. wir tappen wie gewöhnlich im Dunkeln.
Soweit wir durch dieses Dunkel einigermaßen hindurchblicken können,
scheint das erste Vorgehen der Franzosen in den Schloßpark von Theilen
des 47. Marsch=Regiments ausgeführt worden zu sein.

Etwa um 4 Uhr wurden der Schloßpark und das Schloß von
Villersexel von 3., 4./30 geräumt. Diese Räumung erfolgte erwiesener=
maßen ohne jede Spur eines Kampfes.

Etwa gegen 4½ Uhr rückten 1., 2./30 vom Südwestrande des
Städtchens Villersexel bei Croix=Marmin ab, auch dieser Abzug vollzog
sich ohne jeden Kampf. Unmittelbar darauf fand aber Premierlieutenant
Hertel, welcher mit seiner Kompagnie 11./25 die Kompagnien 1., 2./30
abgelöst hatte, das Schloß Villersexel bereits von den Franzosen besetzt.

Es ist also erwiesen, daß die Besetzung dieses Schlosses durch die
Franzosen stattfand, ohne daß dabei auch nur ein paar Gewehrschüsse
gewechselt wurden, und ebenso erwiesen, daß die weiter südöstlich vom

Schloßpark stehenden Kompagnien 1., 2./30 von dem Auftreten der Franzosen im Schloßparke nicht das Mindeste gemerkt haben können.

Das Werk „Les dernières cartouches" von Genevois giebt auf S. 56 an, der Oberst Perrin habe um 4½ Uhr nachmittags die Schützenschwärme des 20. Armeekorps (also der 3. Division dieses Korps) durch I./52 verstärken lassen. Dies kann zutreffen, und wir haben dann hier einmal den außerordentlich seltenen Fall, daß die Zeitangaben von deutscher und französischer Seite so ziemlich übereinstimmend lauten. Es mag dann das Eindringen des 47. Marsch-Regiments in den Schloßpark etwa um 4¾ Uhr erfolgt sein, unmittelbar darauf die Be= setzung des Schlosses. Wir kommen also auch nach der Darstellung der Franzosen auf den Zeitpunkt von etwa 5 Uhr für die thatsächliche Be= setzung des Schlosses durch die Franzosen.

Das französische Bataillon I./52 hat dann den südwestlichen Theil des Städtchens Villersexel in Besitz genommen und ist dabei, demnächst unterstützt von II./52, in einen harten Kampf mit dem preußischen Regiment Nr. 25 gerathen, zuerst den abziehenden Preußen nachdrängend, dann den wieder vordringenden 25ern sich entgegenwerfend.

Theile des 52. Marsch-Regiments mögen aber auch in den Kampf um das Schloß Villersexel verwickelt worden sein. Wenigstens berichtet das „Historique" des 92. französischen Linien-Regiments ausdrücklich, daß die drei rechten Flügelkompagnien von I./92 später im Schlosse von Villersexel etwa 250 französische Gefangene verschiedener Regimenter befreit haben. Es dürften daher wohl auch Theile von I./52 in den Schloßpark und das Schloß eingedrungen sein, vielleicht auch Abtheilungen der vorhin erwähnten Mobilgarden=Bataillone der 3. Division 20. Armee= korps. Wer jemals ein Nachtgefecht im Kriege mitgemacht hat (die Nachtgefechte im Manöver sprechen hierbei gar nicht mit, obschon selbst hier mitunter ein recht erhebliches Durcheinander eintritt), der wird sich über diese Dinge keineswegs verwundern.

Uebrigens behauptet das „Historique" des 52. Marsch-Regiments, I./52 habe gegen 7 Uhr abends den Eingang zum Schlosse von Viller= sexel erzwungen.

Französischerseits haben folgende Truppen an dem nächtlichen Kampfe um Stadt und Schloß von Villersexel theilgenommen: I. und II./52. Marsch-Regiments, I./77. Mobilgarden=Regiments, II./Mobil= garden des Pyrénées Orientales, das ganze 47. Marsch=Regiment, I./92 und vermuthlich auch noch weitere Theile des 77. Mobilgarden= Regiments bezw. Theile der 3. Division 20. Armeekorps (Mobilgarden).

Auch hier läßt sich die Thätigkeit der einzelnen französischen Regimenter weder der Zeit, noch dem Raume nach mit aktenmäßiger Genauigkeit feststellen. Es ist sogar sehr fraglich, ob eine in Zukunft vielleicht zu erhoffende, offizielle französische Geschichtsschreibung im Stande sein wird, diese Lücke wirklich ganz auszufüllen.

Zweifellos hat aber das 47. Marsch=Regiment den bei Weitem schwersten Kampf durchgefochten und die größten Verluste erlitten.

Das Eindringen der drei rechten Flügelkompagnien von 1./92 in den Schloßpark muß stattgefunden haben, nachdem die Hauptmasse der Bataillone Wehlau und Osterode das Schloß von Villersexel schon geräumt hatten, vermuthlich unmittelbar nach dieser Räumung, denn die frisch angekommenen Franzosen beschossen, wie wir schon wissen, bereits den aus den oberen Stockwerken des Schlosses ins Erdgeschoß zurückkehrenden Oberst v. Krane.

Wenn die Franzosen behaupten, daß die Befreiung jener 250 Gefangenen im Schlosse schon um 7 Uhr stattgefunden habe, so liegt hier wohl ein Irrthum vor, denn der Rückzug der Hauptmasse der Bataillone Wehlau und Osterode hat ja erst etwa um 8½ Uhr abends stattgefunden.

Allerdings wird es niemals möglich werden, den genauen Zeitpunkt des Abzuges der Hauptmassen der Bataillone Wehlau und Osterode aus dem Schlosse aktenmäßig festzustellen. Im Drange der Verhältnisse hat wohl schwerlich Jemand in diesem Augenblicke nach der Uhr gesehen, jedenfalls ist der betreffende Zeitpunkt bis heute nicht festgestellt worden.

Wir müssen also durch anderweitige Betrachtungen diese Lücke auszufüllen suchen.

Nach 5 Uhr nachmittags begann erst wieder das erneute Vordringen des Regiments Nr. 25 in das Städtchen Villersexel, noch später erfolgte selbstredend das Vorgehen der weiter rückwärts befindlichen Landwehr=Bataillone Wehlau und Osterode. Wir werden daher der Wahrheit sehr nahe kommen, wenn wir annehmen, daß das Vorgehen der Landwehr auf dem südlichen Ufer des Ognon erst kurze Zeit vor 5½ Uhr begonnen haben kann.

Nun trat der uns bekannte Wirrwarr am Abhange des Schloßberges ein, und erst nach geraumer Zeit erfolgte das allmähliche Eintreffen aller Theile der beiden Landwehr=Bataillone im Schlosse. Major v. Wussow, welcher bekanntlich, ohne durch den Wirrwarr der ineinander hinein rennenden Wehlauer und Osteroder betroffen zu werden, mit etwa 80 Gewehren zuerst in das Schloß gelangte, mag wohl bald nach

6 Uhr hier eingetroffen sein. Sehr viel später aber kamen die übrigen Truppen an.

Man wird nicht fehlgehen, wenn man annimmt, daß die Ent= wirrung des Bataillons Osterode und der Kompagnien 7., 8./Wehlau etwa ½ Stunde mindestens beansprucht hat.

Es werden also alle acht Kompagnien der Bataillone Wehlau und Osterode schwerlich viel vor 7 Uhr im Schlosse eingetroffen sein.

Nun erst begannen die Versuche der Preußen, in die Kellerräume einzudringen, die bekanntlich erfolglos blieben. Erst als man das Zweck= lose dieser Unternehmungen einsah, wurde ein Offizier zum Stabe des Generals v. Schmeling abgesendet, um Meldung über die Gefechtslage zu erstatten. Der Divisionsstab befand sich zweifellos nördlich der Ognon=Brücke, wohin er auch gehörte. In der Dunkelheit wird der betreffende Offizier den General v. Schmeling auch nicht gleich gefunden haben, denn in Betracht der bereits seit langer Zeit hereingebrochenen Abenddämmerung und Nacht wird das Auffinden des Generals nicht ganz leicht gewesen sein.

Jetzt mußte erst die Meldung erstattet, die Antwort des Generals abgewartet werden, darauf ging der betreffende Offizier zu seinem Bataillon zurück, und erst jetzt wurde das Schloß in Brand gesetzt, was auch wieder eine gewisse Zeit gedauert haben muß.

Wenn man auf das Hin= und Zurückgehen des Offiziers mindestens ³⁄₄ Stunden rechnet und alle eben geschilderten Verhältnisse sorgfältig erwägt, so kommt man zu dem Ergebniß, daß der Abzug der Haupt= masse der Bataillone Wehlau und Osterode aus dem Schlosse schwerlich vor 8½ Uhr stattgefunden haben kann, wahrscheinlich aber ziemlich genau zu dieser Zeit.

Mithin dürfte die Behauptung der Franzosen, daß die Befreiung jener 250 Gefangenen schon um 7 Uhr erfolgt sei, wohl als irrthümlich bezeichnet werden können.

In dem nächtlichen Kampfe sind die Franzosen zweifellos ebenso und sogar noch mehr durcheinander gekommen, als die deutschen Truppen. Ein der Wahrheit voll und ganz entsprechendes Bild dieses erbitterten Nachtkampfes wird daher niemals entworfen werden können, auch dann nicht, wenn die Franzosen sich dazu entschließen sollten, eine wahrheits= liebende, unparteiische Geschichte des Krieges von 1870/71, auf akten= mäßiger Grundlage beruhend, herauszugeben.

Wer jemals ein Nachtgefecht mitgemacht hat, weiß genau, daß eine wahrheitsgetreue Schilderung desselben über menschliche Kräfte hinaus

geht. Die Phantasie spielt bekanntlich schon am hellen Tage eine bedeutende
Rolle, namentlich wenn erst eine gewisse Zeit seit den Ereignissen ver=
strichen ist; alle Gefechtsberichte sind naturgemäß bestrebt, im Wesent=
lichen nur die rühmenswerthen Seiten des Verhaltens der Truppen zu
schildern, vorgekommene Schwächen (défaillances, wie die Franzosen
sehr bezeichnend sie nennen) aber thunlichst mit dem Mantel christlicher
Liebe zuzudecken.

Dieses Verfahren ist unserer Ansicht nach nicht nur sehr erklärlich,
sondern auch richtig. Nur müßten wenigstens den höchsten Truppen=
behörden unmittelbar nach einem siegreichen Kriege, d. h. also wenn
alle Orden und Ehrenzeichen bereits vertheilt sind, in geheim zu haltenden
Berichten auch alle vorgekommenen Schwächeanwandlungen einzelner
Truppentheile wahrheitsgetreu berichtet werden, damit die höchsten und
maßgebenden Kreise ein wirklich zutreffendes Bild der Wahrheit gewinnen.

Bei Tage sieht Jeder wenigstens das, was in seiner unmittelbaren
Nachbarschaft vor sich geht, die höheren Stäbe erhalten, dank ihrer
Aufstellung auf geeigneten Uebersichtspunkten, schon ganz von selbst ein
zutreffendes Bild der Ereignisse. Bei Nacht aber ist das Alles un=
möglich. Jeder sieht nur gerade das, was dicht vor oder neben ihm
sich ereignet, jeden Augenblick kommt ein Mißverständniß, eine Täuschung
vor. Diese Irrungen lassen sich vielfach nicht einmal während des
Kampfes selbst rechtzeitig aufklären, vielmehr schießen im Dunkel der
Nacht nur zu oft Landsleute auf Landsleute; nachträglich kann man oder
derartige Irrthümer überhaupt nicht mehr ganz vollkommen aufklären.

Wir geben daher auch auf die nachträgliche Berichterstattung von
Mitkämpfern in Bezug auf Nachtgefechte im Allgemeinen recht wenig
(Ausnahmen rühmlichster Art sollen keineswegs in Abrede gestellt werden).
Will man aber der Geschichtschreibung eines Krieges ihr recht sehr
schwieriges Amt wirklich erleichtern, dann fordere man auf amtlichem
Wege, gleich nach Beendigung eines Krieges, auf Pflicht und Gewissen
geschriebene und mit dem Namen des Verfassers verantwortlich unter=
zeichnete Gefechtsberichte von allen bei einer bestimmten und unklar ge=
bliebenen Gefechtshandlung betheiligten Offizieren ein, wobei z. B. die
Gefechtsberichte der Kompagnien mit Vortheil sogar auf die Aussagen
der Unteroffiziere zurückgreifen können.

Dann übergebe man die ganze Summe von Gefechtsberichten einer
besonders auszuwählenden Abordnung kriegs= und diensterfahrener älterer
Offiziere und überlasse deren Urtheil getrost das Entwirren der unter
sich selbst vielleicht mitunter diametral widersprechenden Berichte.

Auf diesem Wege wird man wenigstens annähernd der Wahrheit nahekommen, besonders wenn es der genannten Abordnung ermöglicht wird, gar zu widersprechende Angaben durch persönliches Gegenüberstellen der betreffenden Verfasser und eingehendes Befragen im Sinne einer gerichtlichen Verhandlung aufzuklären.

In unserem Falle, in welchem ein erbittertes Nachtgefecht in einem einzigen Schlosse und in den engen Gassen eines kleinen Provinzstädtchens sich abspielte, werden sich selbst bei dem eben vorgeschlagenen Verfahren noch immer Widersprüche ergeben, die schwerlich ganz zufriedenstellend gelöst werden dürften. Hier wachsen eben die Widersprüche ins Un= gemessene, ins Abenteuerliche!

Jedenfalls haben die Franzosen von ihrem Standpunkte aus Recht, wenn sie behaupten, Villersexel und das Schloß erobert zu haben.

Die preußischen Truppen gingen auf Befehl zurück, aber im Kampfe und wenigstens vielfach lebhaft vom Feinde gedrängt.

Die Reste der Schloßbesatzung mußten sich bekanntlich sogar durch die Franzosen hindurch den Rückzug erzwingen. Dies wurde in helden= müthigster und sehr geschickter Weise durchgeführt, aber die Franzosen drängten doch eben heftig nach und haben daher ein Recht, von einer Eroberung des östlichen Schloßflügels zu sprechen. Das übrige Schloß aber haben sie nur besetzt, als es bereits verlassen war.

Weniger Recht haben die Franzosen, von einer Eroberung des ganzen Städtchens Villersexel zu reden. Einen nicht unerheblichen Theil des Städtchens haben sie allerdings, in scharfem Gefechte den abziehenden 25ern nachdringend, mit stürmender Hand genommen; auch haben sie wohl zweifellos in dem überaus hitzigen Nachtgefechte an einzelnen Stellen vorübergehend Erfolge errungen.

Der schließliche Abzug des Regiments Nr. 25 erfolgte aber auf Befehl und ging durchaus ordnungsmäßig vor sich. Aus allen Be= richten geht hervor, daß die durch den langen Kampf selbst äußerst er= matteten Franzosen den abziehenden Preußen nur mit großer Vorsicht gefolgt sind.

Immerhin aber wurde der Rückzug der 25er über die Ognon= Brücke durch französisches Gewehrfeuer belästigt, anscheinend freilich nur vom Schloßberge aus.

Der taktische Erfolg war zweifellos endgültig auf Seiten der Franzosen, und auch wir Deutschen haben mit vollem Rechte mitunter von der Eroberung eines Dorfes gesprochen, welches die Franzosen auf Befehl aber im Kampfe geräumt haben.

G. Ende des Kampfes.

Nachdem um 2³/₄ Uhr nachts die Räumung von Villersexel glücklich beendet war und die preußischen Truppen den Ognon überschritten hatten, trat die 4. Reserve-Division ihren Marsch auf Aillevans an und überschritt hier den Ognon abermals auf den hergestellten Kriegs-brücken.

Es waren im Laufe des Tages bei Aillevans zwei Kriegsbrücken geschlagen worden. Zu ihrer Sicherung hatten bekanntlich II./111 und die 2. schwere Badische Batterie Verwendung gefunden und St. Sulpice sowie Notre Dame de la Pitié besetzt, wobei die Verbindung mit Villersexel aufgenommen wurde. Es befanden sich also die vordersten Spitzen der Sicherungstruppen hier sogar auf dem südlichen Ufer des Scey-Baches und zwar ohne von den Franzosen ernsthaft belästigt zu werden.

Die Avantgarde der 4. Reserve-Division erreichte schon in der Morgenfrühe des 10. Januar St. Sulpice.

Regiment Nr. 30 war bekanntlich nach seinem Abmarsch aus Villersexel zur Unterstützung der Gefechtsgruppe von Moimay herbei-geeilt, hier aber nicht mehr gebraucht worden. Das Regiment verblieb bis auf die geringen in das Gefecht von Moimay verwickelten Theile (7./30 und ein kleiner Theil von 6./30) nördlich des Ognon in Reserve, ohne jedoch noch irgendwo ins Gefecht zu kommen.

Die 1. Badische Infanterie-Brigade sollte, wie wir wissen, am 9. Januar über Lure Couthenans erreichen, wurde aber am Abend bei Lure angehalten und übernachtete daselbst.

Oberst Bayer hatte mit II. und F./112, Bataillon Eupen, der 1. Schwadron 4. Reserve-Husaren, der schweren Reserve-Batterie VII. Armeekorps und der 2. leichten Sächsischen Reserve-Batterie Vesoul besetzt gehalten, ebenso Major v. Paczinski-Tenczin mit zwei Reserve-Jäger-Kompagnien und der 1. Schwadron der Badischen Leib-Dragoner Port sur Saône.

Den Rest der Badischen Division haben wir am Abend des 9. Januar mit seinen vordersten Truppen sehr wirksam in das Gefecht von Marat eingreifen und hier sogar eine günstige Entscheidung herbei-führen sehen.

Regiment Nr. 34 räumte in der Nacht zum 10. Januar in aller Stille Moimay, und in den Morgenstunden des 10. Januar versammelte General v. Werder seine Truppen in der Gegend von Aillevans—Longe-velle, die Avantgarde der 4. Reserve-Division in St. Sulpice.

Wir müssen uns jetzt zur Thätigkeit des Generalkommandos zu-
rückwenden.

Bekanntlich hatte General v. Werder seinen Generalstabschef nach
der ersten Begegnung beider hohen Offiziere um 2³/₄ Uhr nachmittags
wieder nach dem Gefechtsfelde von Moimay geschickt, um daselbst die
Gefechtslage zum Guten zu wenden, während er selbst wieder nach Billersexel ritt, um hier ein Gleiches zu thun.

Das weitere Verhalten des Generals v. Werder kennen wir bereits
und wissen auch, daß er etwa um 4 Uhr über die Ognon-Brücke zurückritt,
um nördlich derselben den Oberstlieutenant v. Leszczynski wieder zu treffen.

Letzterer kam nun aber an der Ognon-Brücke an, als General
v. Werder sie bereits überschritten hatte. Oberstlieutenant v. Leszczynski
schaffte zunächst und zwar in äußerst energischer Weise volle Klarheit
bei den betreffenden Persönlichkeiten über die jetzt unbedingt nothwendigen
Maßregeln, wozu z. B. die Entwirrung der gegen die Absichten des
Generalkommandos vorgedrungenen Troßkolonnen gehörte.

Nachdem der Generalstabschef in dieser Weise die Maßregeln und
Absichten des Generals v. Werder ganz in dem Sinne des kom-
mandirenden Generals vervollständigt hatte, ritt er zurück und traf den
General v. Werder auf der Straße nach Grange d'Ancin, etwa am
Ausgange des Waldes le Grand Fongeret.

Hier blieb das Generalkommando, welches nunmehr versammelt
war, lange Zeit halten, um den weiteren Verlauf der Dinge abzuwarten.
Man war dem Gefechtsfelde noch immer so nahe, daß man deutlich
die Kommandos zu den Salven der 25er hören konnte. Hauptmann
Ziegler wurde nach Villersexel geschickt, damit sich auch bei den fechtenden
Truppen ein Generalstabsoffizier des Generalkommandos dauernd befände.

Etwa 1 bis 2 Stunden blieb das Generalkommando am Ausgange
des Waldes le Grand Fongeret, dann ritt es nach Grange d'Ancin und
hier versammelte General v. Werder die Adjutanten.

Man glaubte, daß die Angriffe der Franzosen überall ebenso
glücklich abgeschlagen seien, wie auf der Linie Marat—Moimay
und war der Meinung, daß Villersexel jetzt wieder im Besitze der
Deutschen sei.

Um 7¹/₄ Uhr wurde folgender Befehl ausgegeben:

„Die Truppen halten die heute gewonnenen und siegreich behaupteten Orte im Besitz. Die erste Badische Brigade wird mit
dem Frühesten am 10. Januar in Arpenans stehen.

Eine zweite Badische Brigade besetzt Oricourt und Oppenans. Eine dritte Badische Brigade steht in Reserve, da, wo der Weg Lure—Aillevans vom Wege nach Arpenans gekreuzt wird.

Brigade Goltz besetzt Aillevans, die Division Schmeling geht auf zwei Pontonbrücken über den Ognon bei Longevelle und besetzt Longevelle und Villafans; die Brücke über den Scey-Bach als Vertheidigungsobjekt.

Die Pionier-Kompagnie stellt in der Gegend von Gouhenans Stege über den Ognon her.

Die Bewegungen werden folgendermaßen ausgeführt:

Die Badische Division behält Marat mit allen drei Waffen besetzt und tritt die Bewegung sogleich an, ihr folgt das Detachement Goltz, welches Moimay besetzt hält und sich über den Abmarsch mit General v. Glümer in Verbindung setzt. Die Division Schmeling marschirt die neue Straße auf Longevelle, behält Villersexel mit 2 Bataillonen und Kavallerie besetzt, nach Ermessen auch mit Artillerie, wenn die Division es für zweckmäßig erachtet."

General v. Werder beabsichtigte, am 10. Januar möglichst frühzeitig in der gewählten Stellung bereit zu stehen, um einen eventuellen Angriff des Feindes abzuschlagen oder aber, wenn dieser Angriff nicht erfolgen sollte, auf Belfort abzumarschiren.

Dieser Absicht entsprechend erhielt Oberst Bayer in Vesoul den Befehl, sofort den Major v. Paczinski aus Port sur Saône heranzuziehen und am 10. Januar mit allen seinen Truppen (2 Badischen Bataillonen, 6 Landwehr-Kompagnien, 2 Reserve-Jäger-Kompagnien, 2 Schwadronen und 2 Batterien) so früh als möglich nach les Belles Baraques abzumarschiren, um von hier aus gegen Esprels zu erkunden und im Falle eines ernsten Kampfes in denselben einzugreifen.

Major v. Paczinski sollte versuchen, über Borey mit dem General v. Werder Verbindung aufzunehmen.

Demnächst ritt General v. Werder mit seinem Stabe nach Aillevans.

Die befohlenen Truppenbewegungen begannen auf der Linie Marat—Moimay sogleich nach Ausgabe des Befehls.

Um 9½ Uhr abends traf in Aillevans eine Meldung des Hauptmanns Ziegler ein, welche deutlich erkennen ließ, daß das Nachtgefecht in Villersexel keineswegs zu einem vollen Erfolge geführt, dagegen ungeahnte Ausdehnung gewonnen habe.

Infolgedessen ritt Major v. Grolman nach Villersexel und brachte den Befehl des Generals v. Werder an den General v. Schmeling, das Nachtgefecht abzubrechen, wenn es ohne zu großen Nachtheil möglich wäre.

Dies war nun vorerst nicht möglich, und wir haben gesehen, daß der Befehl zur Räumung von Villersexel erst um 1 Uhr nachts erlassen wurde, was wohl auch der thatsächlichen Gefechtslage am besten entsprach.

Während der Nacht zum 10. Januar litten die Truppen sehr, sie waren den ganzen 9. Januar im Marsche oder im Gefechte gewesen, ein großer Theil hatte bis tief in die Nacht hinein auf das Heftigste gefochten. Begreiflicherweise sah es mit der Verpflegung unter solchen Umständen nicht eben glänzend aus.

Die vielfach nothwendig gewordenen Hin- und Hermärsche bedeutender Truppenabtheilungen trugen zur Ermüdung der Truppen natürlich lebhaft bei, waren aber bei der Lage der Dinge eben unvermeidlich.

Auf die Truppen selbst machen solche Kreuz- und Quermärsche erfahrungsmäßig einen schlechten Eindruck, weil die Truppen und auch die Truppenoffiziere infolge ihrer naturgemäßen Unkenntniß der Gesammtkriegslage und auch der Gesammtgefechtslage die Nothwendigkeit solcher anscheinend widerspruchsvollen und planlosen Märsche nicht recht begreifen und geneigt sind, sie der höheren Führung zur Last zu legen.

Wir wissen, daß am 9. Januar Kreuz- und Quermärsche in großem Maßstabe einfach unvermeidlich waren. Uebrigens überwanden die Truppen des Generals v. Werder alle Schwierigkeiten in vortrefflicher Weise. Selbst die Verstopfung der rückwärtigen Wege durch Fuhrparkkolonnen u. s. w., welche unter unglücklichen Umständen in hohem Grade verhängnißvoll werden konnte, wurde bekanntlich mit Energie und Umsicht in möglichst kurzer Zeit wieder beseitigt.

Führung und Truppen benahmen sich in ganz ungewöhnlich schwieriger Lage vorzüglich, und wenn hier und da Mißverständnisse vorkamen, so hoffen wir dieselben gründlich genug aufgeklärt und zugleich erklärlich gemacht zu haben.

Jedenfalls strahlt der Name Villersexel in hellem Lichte und wird für alle Zeiten und nach den verschiedensten Richtungen hin einen hohen Ehrentag der deutschen Waffen bezeichnen.

Unwillkürlich muß man sich aber fragen: Wie würde es geworden sein, wenn eine geniale und verständige französische Heeresleitung mit

Umsicht und rücksichtsloser Energie die ungeheure numerische Ueberlegen=
heit der französischen Ost=Armee auch wirklich voll und ganz ausgenutzt
hätte und wenn an Stelle der Generale v. Werder, v. d. Golz,
v. Tresckow II., der Obersten v. Kraue und v. Loos, der Oberst=
lieutenants v. Leszczynski und Nachtigal und vieler anderer äußerst
tüchtiger Männer, weniger energische, umsichtige, kaltblütige und dabei
doch verwegene Führer an der Spitze der Truppen gestanden hätten?

Die geradezu entscheidende Wichtigkeit des persönlichen Elements
im Kriege tritt hier recht deutlich in die Erscheinung.

Wenn in einem großen Staatswesen immer die richtigen Männer
an die richtige Stelle gesetzt werden und Jeder rücksichtslos entfernt
wird, der es trotzdem verstanden hat, durch Gunst oder Zufall ohne
eigenes Verdienst in eine wichtige Stellung zu gelangen, hier aber seine
Unfähigkeit sogleich zu erkennen giebt, dann muß Alles vorzüglich gehen.

Läßt man aber Durchschnittsmenschen oder gar minderwerthige
Günstlinge aus „höheren Rücksichten" in maßgebende Stellungen ge=
langen, dann steht man im Kriege regelmäßig vor der Gefahr einer
Katastrophe. Gott gebe, daß der Adlerblick Kaiser Wilhelms des Sieg=
reichen im Erkennen der richtigen Männer ein Erbtheil des deutschen
Volkes und seines Heeres geworden sein und auch in Zukunft uns
dauernd erhalten bleiben möge!

Niemals nach Gunst, stets nur nach Verdienst! Und dabei ein
scharfes Auge für wahres Verdienst, was im Frieden oft recht schwierig
ist. Im Kriege rächt sich jedes Versehen, ganz besonders aber Versehen
in der Stellenbesetzung. Dies gilt vom höchsten General bis zum
jüngsten Sekondlieutenant.

Scharfe Taktik im Frieden und scharfe Stellenbesetzung auch im
Frieden! Nicht Jeder, der im Frieden regelmäßig „gut abschneidet",
ist ein Truppenführer; nicht Jeder, der sich einbildet, ein verkanntes
Genie zu sein, besitzt das Zeug zum Truppenführer auch wirklich;
endlich lähmt Krankheit, besonders dauernde Krankheit, auch den
Tüchtigsten; ganz dasselbe gilt von unglücklichen Familienverhältnissen.

Daher immer das Staatsinteresse in erster Linie!

Männer, die tüchtig waren, aber durch irgendwelche unglücklichen
Verhältnisse nicht mehr auf der Höhe ihrer Leistungsfähigkeit stehen,
gehören nicht in maßgebende Stellungen. Man mag für sie sorgen,
denn sie haben das verdient, aber man darf den Staat nicht Gefahren
aussetzen, indem man kranke Männer länger, als es nützlich ist, in
hohen Stellungen läßt.

Prüfung, immer wieder Prüfung, und zwar auf Herz und Nieren, unter den verschiedensten Verhältnissen und den wechselndsten Bedingungen wird uns am besten gegen Irrthümer sichern, in die auch der wohlgesinnteste Vorgesetzte verfallen kann, dieser vielleicht sogar noch eher, als ein weniger Wohlgesinnter!

Der Unterschied zwischen den deutschen und französischen Führern springt am 9. Januar so klar in die Augen, daß weitere Kommentare überflüssig erscheinen.

Den Franzosen fehlte der Adlerblick für das Erkennen der richtigen Männer so gut wie gänzlich. Wir führen dies besonders an, weil es trotz aller Lehren der Geschichte auch heute noch bei uns in Deutschland Männer giebt, die das Günstlingswesen oder vielmehr Unwesen in einen gewissen inneren Zusammenhang mit der Monarchie bringen. Nichts ist falscher und thörichter, als ein solcher Glaube!

Eine einsichtsvolle Monarchie leistet auf allen Gebieten unvergleichlich mehr, als eine Republik, selbst wenn sie von so begabten und stürmischen Patrioten geleitet wird, wie Gambetta es zweifellos war.

Darum seien wir dankbar dafür, daß uns eine gütige Vorsehung die Hohenzollern gab und neben ihnen noch recht viele andere einsichtsvolle und vortreffliche Könige und Fürsten Deutschlands.

Dies gehört zwar, streng genommen, nicht in ein kriegsgeschichtliches Werk, erscheint aber heutzutage durchaus nicht überflüssig.

Der Geschichtsschreiber hat eine doppelte Aufgabe. Er soll die Ereignisse schlicht, wahr und leicht verständlich schildern, ohne jede Spur von Gehässigkeit, erst recht ohne jede Spur von Selbstüberhebung. Er soll aber auch die Vaterlandsliebe und die Liebe zum Allerhöchsten Kriegsherrn wach erhalten und neu beleben, und das ist nicht der letzte Theil seiner Aufgabe.

Es ist nicht wahr, daß ein Geschichtsschreiber an dem Nimbus unserer Siege rüttelt, wenn er die Ereignisse objektiv und schonungsvoll darstellt. Die Lobreden um jeden Preis schaden thatsächlich weit mehr, als eine sachgemäße, kriegsgeschichtliche Darstellung dies jemals thun wird, selbst wenn dabei Schwächen zu Tage treten, die doch nun einmal in der menschlichen Natur liegen und niemals aufhören werden, solange Menschen eben Menschen bleiben.

Ich selbst bin fest davon überzeugt, daß ich keineswegs an dem Nimbus unserer Siege rüttele, daß ich vielmehr immer aufs Neue diesen Nimbus erhöhe, indem ich die lügnerischen Truggebilde unserer Feinde zerstöre, welche behaupten, daß wir fast immer nur durch unsere numerische Uebermacht gesiegt haben und daß, wenn dies selbst einmal unsere Feinde nicht mehr behaupten können, unsere Heere wenigstens aus lauter kriegsgewohnten Veteranen bestanden haben, die dann an= geblich mit den jungen französischen Truppen leichtes Spiel gehabt hätten.

Gerade deshalb lege ich so großes Gewicht auf die Klarstellung der Stärkeverhältnisse, auf die Zusammensetzung der Truppen, auf den zerstörenden Einfluß der Krankheiten, auf den inneren moralischen Werth der Kämpfer. Vielleicht ermüdet das manchen Leser, vergeblich ist aber meine darauf verwendete Arbeit denn doch nicht.

Wenn Jeder in seinem kleinen oder auch größeren Kreise immer durch Wort und Beispiel die Liebe zu Kaiser und Reich offen und rückhaltlos bethätigen und ihr stets neue Anhänger werben wollte, dann würde die unglückselige Parteizerrissenheit in Deutschland, unser altes Erbübel, nicht annähernd so üppig gedeihen, wie es leider der Fall ist.

Darum weg mit der falschen Vornehmheit, weg mit der kühlen Reservirtheit! Der Soldat soll sich mit Politik nicht befassen, aber zur Verbreitung der Vaterlandsliebe, der Treue gegen Kaiser und Reich kann Jeder gar mächtig beitragen. Thue nur Jeder nach seiner be= scheidenen Stellung sein Theil dazu, dann wird mit der Zeit ein anderer Hauch durch Deutschlands gesegnete Auen wehen, als man ihn in den letzten Jahren verspüren konnte.

Niemand beschönige seine eigene Indolenz damit, daß es ja doch nicht darauf ankäme, ob er im Laufe der Jahre ein Dutzend oder ein paar Dutzende guter deutscher Vaterlandsfreunde heranbilde! Mancher wird in der Lage sein, Hunderte von begeisterten Vaterlandsfreunden heranzubilden! Das Weltmeer besteht doch auch nur aus lauter einzelnen Wassertropfen!

Darum halten wir fest zu Kaiser und Reich! Werben wir un= ermüdet neue Vaterlandsfreunde, beschämen wir die Lässigen! Dann wird es gut stehen um Deutschland.

II. Die Verhältnisse bei den Franzosen.

Die Franzosen hatten die ihnen vom General Bourbaki für den 9. Januar zugewiesenen Marschziele erreicht, theilweise sogar sie den Deutschen in schwerem Kampfe abgerungen. Sie hatten also ihre Tagesaufgabe vollständig erfüllt und zwar in ruhmvoller Weise.

Das Treffen von Villersexel gehört zu den ziemlich zahlreichen Kämpfen des Krieges von 1870/71, in denen beide Gegner mit einer

gewiffen Berechtigung fich den taktifchen Erfolg zufchreiben können, in=
fofern je ein Theil beider feindlichen Heere das Schlachtfeld behauptete.
Richtiger gefagt gehört aber Villerferel zu den taktifch nicht voll=
ftändig entfchiedenen Kämpfen jenes großen Krieges. Derfelben Kategorie
von Kämpfen gehört z. B. die Schlacht vom 14. Auguft an, in welcher
es den Deutfchen zwar gelang, die vorderften Stellungen der Franzofen
zu erobern und fiegreich zu behaupten, während andererfeits die
Franzofen ihre Hauptftellungen durchaus fefthielten und beide Gegner
fchließlich theils auf dem Schlachtfelde die Nacht zubrachten, theils
aber zurückmarfchirten.

Auch die Schlacht vom 16. Auguft war bekanntlich kein voller
Sieg für die Deutfchen. Das 4. französifche Armeekorps hatte viel=
mehr zweifellos bedeutende taktifche Erfolge errungen, ohne fie allerdings
auszunutzen, und gegenüber dem III. preußifchen Armeekorps lagerten
die Franzofen noch immer ungebrochen, wenn auch ftark erfchüttert, in
unmittelbarfter Nähe.

Am 17. Auguft hätte die französifche Rhein=Armee den Kampf mit
Ausficht auf Erfolg wieder aufnehmen können, wenn nur ihre Armee=
leitung zu energifchen Entfchlüffen und zu deren kraftvoller Durch=
führung fähig gewefen wäre.

Die Deutfchen konnten dagegen am 17. Auguft früh, nach den
furchtbaren Verluften des vergangenen Schlachttages, gar nicht daran
denken, ihre fo ruhmvoll unternommene Offenfive fogleich weiter fort=
zufetzen; fie mußten vielmehr erft das Eintreffen ihrer Verftärkungen
abwarten, die bekanntlich erft im Laufe des 17. Auguft nach und nach
anlangten.   .

Aehnlich liegen die Dinge in der Schlacht von Bapaume am
3. Januar 1871 und in den großen Schlachten von Villiers—Coeuilly—
Champigny vor Paris am 30. November und 2. Dezember 1870. Ganz
befonders gelten aber die gleichen Betrachtungen für die Schlacht an der
Hallue am 23. Dezember 1870.

Ein voller taktifcher Erfolg hat in allen diefen Schlachten weder
die Deutfchen, noch die Franzofen belohnt, wohl aber verblieb der
ftrategifche Erfolg in allen genannten Schlachten ausnahmslos den
Deutfchen, was felbft von französifcher Seite nicht beftritten wird.

· Nun wird aber eine Schlacht nicht gefchlagen, um ein paar Dörfer,
Wälder oder einen Höhenzug u. f. w. zu erobern; felten wird der
Zweck einer Schlacht darin beruhen, den Feind aus einem beftimmten
Geländeabfchnitt zu vertreiben; dagegen verlangt der Kriegszweck regel=

mäßig, daß man die Vernichtung des Gegners anstrebt, und wenn dies infolge zu geringer verfügbarer eigener Streitkräfte taktisch an einem Tage nicht durchführbar erscheint, dann muß man wenigstens erstreben, die Ziele und Absichten des Feindes zu durchkreuzen und hierdurch die Vollendung des nur halb errungenen taktischen Erfolges in der Zukunft anzubahnen.

Faßt man aber die Dinge von diesem Gesichtspunkte auf, dann war das Treffen von Villersexel unstreitig ein Erfolg der deutschen Waffen, ganz ebenso wie alle vorher genannten Schlachten, vom gleichen Gesichtspunkte aus betrachtet, deutsche Erfolge waren.

Die Franzosen wollten Belfort entsetzen, und da sich ihnen am 9. Januar die Gelegenheit bot, die Truppen des Generals v. Werder mit erdrückender Uebermacht zu schlagen und von Belfort abzudrängen, so mußte der Gefechtszweck der Franzosen unstreitig dahin zielen.

Dieses Ziel wurde nun aber nicht im Mindesten erreicht. Die Deutschen wurden keineswegs geschlagen, sie erfochten vielmehr am Morgen des 9. Januar bei Villersexel einen glänzenden Erfolg; sie erzielten auf der Linie Marat—Moimay bis zur Nacht taktische Siege; allerdings mußten sie in der Nacht Villersexel infolge der uns bekannten Zwischenfälle räumen, allein dies geschah auf Befehl, in voller Ordnung, und außerdem drängten die Franzosen gar nicht oder doch nur sehr behutsam nach, als schließlich die Räumung ausgeführt wurde.

Die Franzosen besetzten sogar die Ognon-Brücke erst am 10. Januar um 5 Uhr früh, also reichlich zwei Stunden später, als der letzte Preuße diese Brücke überschritten hatte.

Am 10. Januar stand das 18. französische Armeekorps bei Villersexel und Umgegend; das 20. Armeekorps bei Villers la Ville und Villargent, das 24. Armeekorps bei Grange la Ville, Secenans, Crevans, Gémonval; die Armeereserve bei Courchaton; die 3. Division des 15. Armeekorps bei Onans; die Brigade Questel der 1. Division des 15. Armeekorps bei Montbozon (Genevois, „Les dernières cartouches", S. 69); der Rest des 15. Armeekorps setzte seine Ausschiffung aus der Eisenbahn in Clerval fort. Die Division Crémer war noch in Gray.

Wir werden sehen, daß General Bourbaki gar nicht daran dachte, durch schnelles Handeln den angeblichen „Sieg" von Villersexel auszunutzen, daß er vielmehr drei Tage lang so gut wie ganz unthätig blieb und dadurch dem General v. Werder vollauf Zeit ließ, alle erforderlichen Maßnahmen zur Abwehr des Entsatzversuches von Belfort in umfassender Weise zu treffen.

Von einem strategischen Erfolge der Franzosen kann also gar keine Rede sein. Wenn sie aber wirklich die Absicht gehabt haben sollten, den General v. Werder von Belfort abzudrängen, was wir mindestens für den 9. Januar nicht glauben, dann mißlang diese Absicht vollständig. Es bleibt also für die Franzosen nichts übrig, als ein halber taktischer Erfolg und auch dieser würde nicht einmal eingetreten sein, wenn nicht die uns bekannten Mißverständnisse auf deutscher Seite den Franzosen das Eindringen in den Schloßpark ohne jeden Kampf ermöglicht hätten.

Die höhere Führung erscheint bei den Franzosen in wenig günstigem Lichte. General Bourbaki traf erst gegen 4 Uhr nachmittags auf dem Schlachtfelde ein, bis dahin fehlte also jede gemeinsame Oberleitung auf französischer Seite.

Als am Abend die französischen Truppen gegenüber dem Regiment Nr. 25 anfingen, in ihren Anstrengungen zu erlahmen, soll Bourbaki selbst die Truppen vorwärts geführt und sie durch sein persönliches Auftreten begeistert haben.

Das ist ein neuer Beweis für die glänzende Tapferkeit des französischen Armeekommandeurs, aber der Oberfeldherr einer großen Armee gehört unter keinen Umständen in die Schützenlinie, es sei denn, daß er, in eine furchtbare Katastrophe verwickelt, sein Unglück nicht überleben will. Davon war jedoch am 9. Januar in keiner Weise die Rede.

Die französischen Berichte vermelden nichts davon, daß General Bourbaki irgendwelche, der Gefechtslage entsprechende Befehle an seine kommandirenden Generale gegeben hat. Und doch lag die Sache sonnenklar!

Wollte man wenigstens der deutschen Besatzung von Villersexel eine Katastrophe bereiten, und man konnte dies sehr wohl erreichen, dann mußte ein umfassender Angriff angeordnet werden.

Ein solcher Angriff konnte längs der südlichen Uferhöhen des Scey-Baches von Villers la Ville und dem Bois du Petit Fougeret her, von Les Magny aus, längs der Straße von Rougemont und schließlich vom Bois de Chailles her durchgeführt werden. Die hierzu nothwendigen Truppenmassen waren zur Stelle, nämlich das ganze 20. Armeekorps, schwache Theile des 24. Armeekorps und die 2. Division des 18. Armeekorps.

Die deutschen Sicherungstruppen bei Notre Dame de la Pitié und St. Sulpice waren bekanntlich sehr schwach, sie mußten zurückgeworfen und dann beschäftigt werden, wozu wenige Bataillone und ein paar Batterien genügt hätten.

Die Hauptsache war aber ein energischer Angriff gegen die Höhe 313 und nach deren Eroberung ein kräftiger Angriff direkt gegen die Ognon-Brücke und den Platz südlich derselben.

Gelang dieser Angriff und er mußte gelingen, da man nahezu zwei volle Divisionen des 20. Armeekorps hierzu verwenden konnte, selbst wenn man ein paar Bataillone zur Beschäftigung der Südfront von Villersexel davon in Abzug bringt, dann war den Deutschen der Rückzug abgeschnitten, und es wäre ihnen nur übrig geblieben, entweder mit stürmender Hand sich diesen Rückzug zu erzwingen, oder aber durch den Ognon watend ihre Rettung zu versuchen.

Bei geschickten Maßregeln der Franzosen konnten den Deutschen beide Rettungsmittel unmöglich gemacht werden, und dann saßen die Deutschen in einer richtigen Mausefalle und hatten keine andere Wahl, als Tod oder Gefangenschaft.

Die Franzosen waren jedoch von derartigen, weit ausgreifenden Operationen sehr weit entfernt, sie drangen nur von Südwesten her in Villersexel ein und ließen den Deutschen ihre einzige Rückzugsstraße über die Ognon-Brücke fein säuberlich offen.

Wirklich ernsthaft ins Feuer kamen nur die 3. Division des 20. Armeekorps, die 1. Division des 18. Armeekorps und Theile der 2. Division desselben Korps. Wir kennen bereits das äußerst vorsichtige Verhalten der 1. und 2. Division des 20. Armeekorps; wir wissen, daß erstere Division nur geringe Kräfte vorübergehend bei Villers la Ville ins Feuer brachte, letztere Division nur mit dem 3. Marsch-Zuaven-Regiment einen überaus dürftigen Antheil am Kampfe nahm.

Warum griff General Clinchant nicht energischer in den Gang der Ereignisse ein? Die Möglichkeit dazu war doch gegeben. Schon zur Zeit, als Regiment Nr. 30 aus Villersexel abzog, waren alle drei Divisionen des 20. Armeekorps zur Stelle.

Wenn also die Franzosen wirklich jenen unwiderstehlichen Drang nach vorwärts besessen haben, den schönfärbende französische Schriftsteller der Armee Bourbakis andichten wollen, warum bezähmten sie denn diesen herrlichen Drang zur frischen Offensive so gänzlich?

Die Antwort ist einfach. Die Truppen waren keineswegs so thatendurstig, wie die Chauvinisten es nachträglich behauptet haben, sie waren vielmehr durch die vorhergegangenen Strapazen ermüdet, hatten wenig Vertrauen zu ihrer Führung, wenig Hoffnung auf einen glänzenden Erfolg; ihre Verpflegung war mangelhaft, und außerdem litten sie empfindlich durch die große Kälte.

Ein energischer Führer konnte sie trotzdem vorübergehend zu heldenmüthigen Thaten fortreißen, denn der Gallier ist ein leicht entzündbarer,
von Natur tapferer Mann, aber das war im Januar 1871 nur noch
ein Strohfeuer, welches im Augenblick hohe Flammen gen Himmel empor
sendet, um dann sehr bald kläglich in sich selbst zusammen zu sinken.

Man stampft eben siegreiche Armeen nicht aus der Erde! Den
Schwärmern für Milizheere empfehlen wir ein recht gründliches Studium
gerade dieses Feldzuges im Osten Frankreichs. Wer aber selbst nach
einem gründlichen Studium jener denkwürdigen Ereignisse sich noch für
Milizheere begeistern kann, dem ist eben nicht mehr zu helfen.

Vortheilhaft fällt die Thätigkeit des 18. französischen Armeecorps
auf; hier war General Billot das treibende Element, aber auch die
beiden Divisionskommandeure General Feillet-Pilatrie und Kontreadmiral du Penhoat bewiesen Energie und richtigen militärischen Blick.
Außerdem waren aber auch ihre Truppen bei Weitem besser, als die
des 20. und 24. Armeecorps.

Die 3. Division des 18. Armeecorps kam viel zu spät, um noch
am Kampfe theilnehmen zu können, dagegen wirkte die Reserve-Artillerie
des 18. Armeecorps wacker mit.

Unbegreiflich bleibt das Verhalten des 24. Armeecorps. Es setzte
einfach seinen Marsch fort, obschon in seinem Rücken der heftigste
Kampf entbrannt war. Die wenigen Truppen, welche bei Villers la Ville
in das Gefecht eingriffen oder hier wenigstens in Reserve standen, thaten
das nicht etwa freiwillig oder auf Befehl ihres kommandirenden
Generals, sie wurden vielmehr durch den General de Polignac, den
Kommandeur der 1. Division des 20. Armeecorps, festgehalten.

Es unterliegt aber keinem Zweifel, daß ein entschlossenes Vorgehen
des 24. Armeecorps über den Scey-Bach hinaus auf St. Sulpice und
weiter nördlich die Entschlüsse des Generals v. Werder in hohem Grade
beeinflußt und den übrigen französischen Truppen den Kampf wesentlich
erleichtert haben würde.

Wenn nun das 24. Armeecorps die Gunst der Verhältnisse wenigstens
zu einem energischen Vordringen gegen Belfort ausgenutzt hätte, dann
könnte man sein Verhalten verstehen und vielleicht sogar rechtfertigen.
Aber daran war kein Gedanke! Das Armeecorps blieb ruhiger Zu-
schauer der in seinem Rücken sich abspielenden Kämpfe und begnügte
sich damit, die befohlenen Marschziele zu erreichen.

So handelten die französischen Generale von 1870/71! Wie
anders würden hier deutsche Generale gehandelt haben!

Ein schwerer Fehler war es, daß man zur Besetzung von Villersexel am 8. Januar bezw. am Morgen des 9. Januar gänzlich ungenügende Streitkräfte so weit vorschob, daß sie auf keine rechtzeitige Unterstützung rechnen durften. Nur dadurch wurde es dem Regiment Nr. 25 möglich, in so überaus glücklicher Weise den Flußübergang zu erzwingen und dabei auch noch 500 Gefangene zu machen.

Welchen Zweck es hatte, auf dem nördlichen Ufer des Ognon nur die 1. Infanterie-Division, die Kavallerie-Division und die Reserve-Artillerie des 18. Armeekorps zu belassen, ohne diesen Truppen irgend welche Unterstützung zu senden, vermögen wir nicht zu entdecken.

Wollte man den General v. Werder von Belfort abdrängen, dann mußte man doch das Schwergewicht der Kräfte auf den eigenen rechten Flügel verlegen und auf dem eigenen linken Flügel recht wenig energisch auftreten!

Wollte man aber den Deutschen bei Villersexel eine Niederlage bereiten, dann gehörte das ganze 18. Armeekorps auf das nördliche Ufer des Ognon, wo ein Druck von drei offensiv vorgehenden Infanterie-Divisionen den Deutschen in der That äußerst unangenehm werden konnte.

Die Armee-Reserve, also die besten Truppen, weit rückwärts zu belassen, hatte erst recht keinen Zweck.

Wohin wir auch blicken mögen, überall zeigt sich die Minderwerthigkeit der französischen Führung. Die thatsächlich ins Gefecht gebrachten französischen Truppen haben sich gut geschlagen, in Villersexel und bei Moimay sogar theilweise mit glänzender Tapferkeit, ihre Führung aber kann man mit der Führung der deutschen Truppen gar nicht vergleichen, selbst dann nicht, wenn man alle bedauerlichen Mißverständnisse, die auf deutscher Seite mehrfach vorkamen, sorgfältig in Rechnung stellt.

Von den Verlusten der am Nachtgefechte betheiligten französischen Truppen wissen wir nur Weniges.

Das 3. Marsch-Zuaven-Regiment verlor angeblich 1 Offizier, 24 Mann todt, verwundet, 10 Mann vermißt.

Die Verluste des 47. Marsch-Regiments sollen 8 Offiziere, 117 Mann todt, verwundet, 83 Mann vermißt betragen haben, die des 2. Bataillons der Mobilgarden des Pyrénées-Orientales 2 Offiziere verwundet, 10 bis 12 Mann todt, quelques blessés.

Bei der 2. Division des 18. Armeekorps büßte das 52. Marsch-Regiment angeblich 2 Offiziere, 66 Mann todt, verwundet ein, die Vermißten fehlen, sind aber sicherlich gerade besonders zahlreich gewesen.

Der Verlust des 92. Linien-Regiments soll nur 2 Offiziere, 39 Mann einschließlich der Vermißten betragen haben. Da nur I./92 scharf ins Gefecht kam, mit seinen drei rechten Flügelkompagnien im Schlosse, mit den drei linken Flügelkompagnien im Städtchen Villersexel, so ist bei dem späten Auftreten dieser Truppen (siehe frühere Darstellung) der geringe Verlust des französischen Bataillons vielleicht einigermaßen zu erklären, wenngleich er noch immer auffallend gering erscheint.

Ueber die Verluste der übrigen Truppentheile, die erwiesenermaßen am Kampfe um Villersexel theilgenommen haben, wissen wir gar nichts.

Auch in diesem Falle müssen wir daher zu dem sehr unliebsamen Aushülfsmittel der Schätzungen unsere Zuflucht nehmen.

Bei der 2. Division des 18. Armeekorps fehlen die Verlustangaben des 12. Marsch-Jäger-Bataillons und des 77. Mobilgarden-Regiments, obschon Letzteres ganz bestimmt wenigstens mit seinem ersten Bataillon gerade an dem heftigen Nachtgefechte in Villersexel theilgenommen hat. Die Verluste der gesammten französischen Artillerie sind mit Ausnahme von ein paar vereinzelten Batterien gänzlich unbekannt, sicherlich aber nicht unbedeutend gewesen.

Berücksichtigen wir alle einschlägigen Verhältnisse, so kommen wir auf eine Minimalziffer von 300 Mann für den Verlust der 2. Division 18. Armeekorps, der einer Maximalziffer von 400 Mann gegenüberstehen würde.

Der Verlust der 2. Division 20. Armeekorps hat höchstens 50 Mann betragen.

Der Verlust der 3. Division 20. Armeekorps im Abend- und Nacht-Gefecht muß auf 350 Mann als Minimum, auf 450 Mann als Maximum veranschlagt werden.

Der Gesammtverlust der Franzosen im Nachtgefechte um Schloß und Stadt Villersexel schwankt mithin zwischen 700 und 900 Mann.

J. Verluste, Munitionsverbrauch, Ergebnisse des Treffens von Villersexel.

Der Gesammtverlust der Deutschen im Treffen von Villersexel betrug:

Todt	10	Offiziere,	96 Mann
Verwundet . . .	15	=	319 =
Vermißt	1	=	138 =
Zusammen .	26	Offiziere,	553 Mann.

Das Nähere über den Verlust der einzelnen Truppentheile haben wir bereits an geeigneter Stelle angegeben.

Unter den Vermißten befindet sich zweifellos eine nicht unbedeutende Anzahl verwundeter Mannschaften, die bei dem Brande des Schlosses von Villersexel, vielleicht auch bei dem Brande einzelner Häuser des Städtchens, ums Leben gekommen sind.

Nach verbürgten Angaben von Bürgern und Todtengräbern des Städtchens Villersexel sind mehr als 200 verkohlte Leichname aus den Trümmern des Schlosses hervorgeholt worden, dessen innere Mauern etwa um Mitternacht eingestürzt waren. Die Mehrzahl dieser Unglück= lichen gehörte ganz bestimmt den Franzosen an, allein vom 47. Marsch= Regiment sind 83 Mann bei dem Brande des Schlosses verschwunden. Aber auch die Deutschen haben eine leider nur zu große Zahl von Unglücklichen bei dieser entsetzlichen Katastrophe verloren.

Ziffernmäßig festzustellen, wie viele Deutsche oder Franzosen den furchtbaren Flammentod gefunden haben, ist ein Ding der Unmöglichkeit. Man darf aber hoffen, daß unter den verkohlten Leichnamen sich auch zahl= reiche Todte befunden haben werden, die bereits vorher in dem erbitterten Kampfe ihr Leben verloren hatten. Wer innerhalb des Schlosses von feindlicher Kugel, vom Bajonett oder vom Kolben des Gegners den Tod fand, verbrannte selbstredend noch als Leiche zusammen mit den unglücklichen Schwerverwundeten, deren Rettung aus diesem Elend einfach unmöglich war.

Wir haben hier ein grausiges Bild des Krieges, das sich den Schreckensscenen von Bazeilles vollkommen ebenbürtig zur Seite stellt, ja sie vielleicht sogar noch übertrifft.

Ueber die Einzelheiten nähere Angaben zu machen oder gar wahrheits= gemäße Zahlen beizubringen, wird keinem Sterblichen gelingen.

Verlassen wir also dieses schaurige Bild!

Auf die verschiedenen Phasen des Kampfes vertheilen sich die Verluste beider Gegner etwa wie folgt:

	Deutsche:	Franzosen:
Vormittagsgefecht von Villersexel . . .	10 Mann,	600 bis 700 Mann,
Gefecht von Villers la Ville	etwa 60 =	100 = 150 =
Gefecht von Moimay und Marat . . .	5 Offiziere, 107 =	400 = 600 =
Nachtgefecht von Viller= sexel	21 = 376 =	700 = 900 =
Zusammen . .	26 Offiziere, 553 Mann,	1800 bis 2350 Mann.

Ein großer Theil der Vermißten der Deutschen ist wohl unver=
wundet in französische Gefangenschaft gefallen, wie dies in dem Wirrwarr
des Nachtgefechts um das Schloß nicht sonderlich wunderbar erscheint,
der Rest ist entweder den Todten zuzurechnen oder aber verwundet in
Gefangenschaft gefallen.

Der Verlust der Franzosen betrug im Ganzen etwa rund 2100 Mann
einschließlich der Offiziere (das Mittel der oben angegebenen Zahlen);
davon waren mehr als 700 Mann unverwundet in Gefangenschaft
gerathen. Der Rest gehört den Todten und Verwundeten an.

Mehr als 500 Mann Franzosen wurden am Vormittage in
Villersexel, etwa 200 Mann im Nachtgefechte verwundet gefangen
genommen.

Dagegen fiel bei der ersten Räumung des Städtchens am Nach=
mittage eine Anzahl Preußen unverwundet in französische Gefangenschaft.

Der Munitionsverbrauch der deutschen Artillerie im Treffen von
Villersexel stellt sich wie folgt:

Batterie I./G. 393 Granaten,

    ⸗   1./G. 562   ⸗

    ⸗   2./G. 165   ⸗   und 8 Schrapnels,

    ⸗   I./4. R. D. 381 Granaten,

    ⸗   II./4. R. D. ?   ⸗

    ⸗   3./4. R. D. 18   ⸗

    ⸗   1./B. 25   ⸗

    ⸗   4./B. 152   ⸗

    ⸗   IV./B. 64   ⸗

Der Munitionsverbrauch der 2. schweren Batterie der 4. Reserve=
Division ist nicht zu ermitteln, er wird aber eher größer als kleiner
gewesen sein, als derjenige der Batterie I./4. R. D., da die Thätigkeit
der Batterie II./4. R. D. eine besonders energische war. Man kann
also den Munitionsverbrauch der deutschen Artillerie im Treffen von
Villersexel auf rund 2200 Granaten und Schrapnels beziffern, wobei
wir 432 Granaten als Verbrauch der Batterie II./4. R. D. annehmen.

Die Ergebnisse des Treffens von Villersexel waren für die Deutschen
durchaus positiv, für die Franzosen aber negativ.

Die Deutschen hatten ihre Absicht vollkommen erreicht. General
v. Werder hatte bekanntlich zunächst eine Flankenstellung bei Vesoul be=
zogen. Es schien am 5. Januar, als ob die Franzosen ihn hier an=

greifen wollten, was, wie wir wissen, vom Generalkommando mit großen Hoffnungen erwartet wurde.

Diese Hoffnungen erfüllten sich nicht. Als man nun mit Sicherheit erkannte, daß die Franzosen ruhig an jener Flankenstellung vorbeimarschirten, stieß General v. Werder am 9. Januar gegen die Flanke der französischen Marschkolonnen vor.

Wie wir wissen, war dieser Fall in dem obenerwähnten Promemoria des Oberstlieutenants v. Leszczynski vorgesehen, kam also den Deutschen keineswegs überraschend.

Allerdings traf die deutscherseits gemachte Voraussetzung nicht ganz zu, wie sich aus einer Betrachtung der den Franzosen für den 9. Januar vorgeschriebenen Marschziele ergiebt. Nur das 24. Armeekorps wurde thatsächlich im Flankenmarsche betroffen, während die Armeekorps Nr. 18 und 20 frontal gegen Villersexel und Umgegend vormarschirten.

Das änderte aber an der deutscherseits erhofften Wirkung nichts, denn die Armeekorps Nr. 18 und 20 wurden thatsächlich durch den Offensivstoß der Deutschen festgehalten und hatten am 10. Januar ihre Front nach Norden, während ihre Marschrichtung doch nach Belfort, also gegen Osten, wies.

Am 10. Januar stand die ganze französische Ost-Armee mit Ausnahme des 15. Armeekorps und der noch nicht eingetroffenen Division Crémer kampfbereit mit der Front nach Norden da und erwartete eine Schlacht, welche man französischerseits für unbedingt bevorstehend hielt, weil man glaubte, daß General v. Werder nur durch einen Sieg sich den Weg nach Belfort bahnen könnte.

Gerade dies wünschte aber General v. Werder. Er war sehr froh, als er erkannte daß die französische Armee ihr Augenmerk lediglich nach Norden richtete und in einer Defensivstellung den Angriff der Deutschen erwartete. Noch günstiger war es natürlich, daß die Franzosen, wie wir sehen werden, auch die nächsten Tage in dieser Täuschung verharrten und fast gänzlich unthätig blieben.

Infolgedessen konnte General v. Werder seinen recht schwierigen Flankenmarsch, an der Front der Franzosen vorbei, unternehmen und gänzlich unbelästigt die erstrebte Stellung an der Lisaine gewinnen.

Hätte man deutscherseits die Mißverständnisse vermieden, welche den Franzosen die kampflose Besetzung des Schloßparkes und des Schlosses von Villersexel ermöglichten, dann würde am Abend des 9. Januar auch noch ein voller taktischer Erfolg erzielt worden sein.

Wären alle Punkte der den Franzosen zugekehrten Front von Villersexel rechtzeitig durch die 4. Reserve-Division besetzt gewesen, wie dies sehr wohl möglich war, dann würde selbst ein recht ernsthafter Angriff der 3. Division des 20. und der 2. Division des 18. Armee-korps gegen die Südwestfront von Villersexel zweifellos erfolgreich ab-gewiesen worden sein. Die mit blutigen Köpfen zurückgeworfenen Franzosen hätten dann am selben Abend schwerlich einen zweiten Angriff gewagt, der übrigens dasselbe Schicksal gehabt haben würde. Dann wäre es den Deutschen leicht geworden, in der Nacht ganz un-belästigt vom Feinde das Städtchen zu räumen und über den Ognon zurückzugehen.

Dadurch hätte man die Verluste des blutigen Nachtgefechts ver-mieden und dennoch dasselbe strategische Ergebniß erzielt, außerdem würde es aber mit dem Siegesbewußtsein der Franzosen unter diesen Umständen doch wohl recht trübe ausgesehen haben.

Der einzige Fehler lag also deutscherseits darin, daß zu viele Unterführer sich in den Gang der Ereignisse mischten und dabei keines-wegs immer im Sinne des Generals v. Werder handelten. Das alte etwas derbe Sprichwort: „Viele Köche verderben den Brei" ist am Tage von Villersexel in die militärische Praxis übersetzt worden. Man kann aber auch ebenso gut das vornehmere französische Sprichwort geltend machen: „Ordre, contreordre, désordre."

Wir haben großen Werth darauf gelegt, die vorgekommenen Miß-verständnisse durch eingehende und unbefangene Darstellung der That-sachen zu erklären, und hoffen den Leser davon überzeugt zu haben, daß durchaus kein Grund vorliegt, wegen eines Mißverständnisses immer gleich über den Offizier den Stab zu brechen, durch dessen Schuld ein solches Mißverständniß herbeigeführt wurde.

Wir haben auch gesehen, daß meistens das Zusammenwirken ver-schiedener unliebsamer Zufälligkeiten ein Mißverständniß hervorrief. Menschen sind eben Menschen, und selbst ein Napoleon und Friedrich der Große haben Fehler gemacht.

Jedenfalls war die Anlage des Flankenstoßes der Deutschen gegen Villersexel genial erdacht, die Ausführung entsprach nicht immer den Wünschen des Generalkommandos, sie erzielte jedoch trotzdem einen vollen strategischen Erfolg. Darauf aber kommt es doch schließlich an!

K. Sonstige Ereignisse am 9. Januar 1871.

Das 24. französische Armeekorps war bekanntlich am 9. Januar auf der Straße Villersexel—Arcey bis Secenans, Crevans, Gémonval vormarschirt, seine Vortruppen waren über Corcelles hinaus vorgedrungen, hatten aber bald den weiteren Vormarsch eingestellt und später sogar den Rückmarsch angetreten, vermuthlich wohl wegen des schweren, bei Villersexel entbrannten Kampfes.

Wir wissen, daß Oberst v. Bredow am 6. Januar bei Arcey 5 Bataillone, 2¹/₄ Schwadronen und 12 Geschütze des Belagerungskorps von Belfort vereinigt hatte. Später traten noch 2 Bataillone des Detachements v. Debschütz hinzu, wurden indessen im Laufe des 9. Januar nach Allanjoie entsendet, um für eine eventuelle Unterstützung des Generals v. Debschütz bereit zu stehen.

Um 2¹/₂ Uhr nachmittags fragte General v. Werder bei dem General v. Trescow I. telegraphisch an, ob sich das Vorrücken der Franzosen auf Belfort bestätige; Villersexel sei nur schwach besetzt gefunden worden. Auf Grund der bis dahin bei dem General v. Trescow I. eingelaufenen Meldungen des Oberst v. Bredow konnte eine beruhigende Antwort zurückerstattet werden.

Indessen mußte Oberst v. Bredow im Laufe des Vormittags seine Truppen bis Arcey zurücknehmen (seine Vortruppen waren über diesen Ort hinaus vorgeschoben gewesen), weil in seiner rechten Flanke stärkere Abtheilungen des 24. Armeekorps in der Gegend von Secenans bedrohlich auftraten.

Etwa um 4 Uhr nachmittags nahm Oberst v. Bredow Stellung auf der Linie Arcey—Chavanne mit dem Regiment Nr. 67, den Bataillonen Insterburg und Gnesen, der erwähnten Kavallerie und Artillerie.

Man bemerkte schon um diese Zeit größere Brände in der Gegend von Villersexel, hörte auch von dort her Geschützdonner herüberschallen.

Die Franzosen gingen nicht zum Angriff über, machten vielmehr um 4¹/₂ Uhr nachmittags Kehrt und behielten Corcelles nur mit schwachen Kräften besetzt.

11./67 ging daher mit zwei Geschützen gegen dieses Dorf vor. Wenige Granaten bewirkten schon den Abzug der Franzosen. Jetzt wurden Corcelles und Saulnot mit je einem Bataillon besetzt.

Als man abends erfuhr, daß ein großes französisches Lager bei Secenans sich befände, wurde Corcelles wieder aufgegeben, Saulnot aber blieb preußischerseits besetzt.

Es gelang jedoch nicht, mit dem General v. Werder Verbindung aufzunehmen. Die Verluste des Oberst v. Bredow waren äußerst geringfügig (drei Mann verwundet).

Vor der Front der Truppenabtheilung des Generals v. Debschitz fanden leichte Beunruhigungen statt, indem französische Abtheilungen von Seloncourt aus das Bataillon Jauer belästigten. Zu einem ernsten Kampfe kam es nicht, indessen mußte Oberst v. Bredow, wie wir schon wissen, dennoch zwei Bataillone, die ihm vom General v. Debschitz überwiesen worden waren (Lauban und Hirschberg) nach Allanjoie absenden, damit sie hier zur Unterstützung des Generals v. Debschitz bereit ständen. Vier Geschütze der Batterie 1./1. R. D. wurden gleichfalls dorthin gesendet. Es trat also eine bedauerliche und noch dazu unnöthige Schwächung der ohnehin geringen Streitkräfte des Oberst v. Bredow ein. Indessen bemerken wir ausdrücklich, daß man am 9. Januar 1871 die wahre Kriegslage keineswegs übersehen konnte, während dies im Jahre 1895 freilich sehr leicht ist. Daran wollen wir den Leser immer wieder erinnern!

L. Zeittabelle für das Treffen von Villersexel.

Etwa 8½ Uhr früh. Die Avantgarde der 4. Reserve-Division erhält bei ihrem Heraustreten aus dem Walde Le Grand Fougeret Feuer aus Villersexel.

Etwa 11 Uhr. 11./25 erobert das Schloß Villersexel.
     Die Artillerie der Brigade v. d. Golz eröffnet ihr Feuer.

12 Uhr mittags. Regiment Nr. 34 besetzt Moimay.

Etwa 12½ Uhr. Alle drei Batterien des Generals v. d. Golz fahren westlich von Moimay auf.

Gegen 1 Uhr mittags. Das Städtchen Villersexel ist im Besitze des Regiments Nr. 25. Kurze Verfolgungsgefechte schließen sich an.

Etwa 1 Uhr. Das Gefecht bei Moimay beginnt lebhafter zu werden.

1½ Uhr. General v. Werder und sein Generalstabschef reiten von der Höhe 394 bei Oricourt fort.

Etwa 1½ Uhr. Neun Kompagnien Regiments Nr. 30 treffen in Villersexel ein.

2 Uhr. General v. Werder trifft in Villerserel ein.

2¹/₂ Uhr. Das Wäldchen Les Brosses befindet sich im Besitze der Franzosen.

2³/₄ Uhr. General v. Werder trifft mit Oberstlieutenant v. Leszczynski an der Ognon=Brücke zusammen, reitet dann aber nach Viller= serel zurück.

Gegen 3 Uhr. Es entbrennt ein ziemlich heftiges Gefecht vor Villers la Ville.

Etwa 3¹/₂ Uhr. General v. Werder befiehlt das Abbrechen des Gefechts vor Villers la Ville.

Gegen 4 Uhr. 3., 4./30 räumen auf Befehl das Schloß von Villerserel.

4¹/₂ Uhr. Drei badische Batterien eröffnen ihr Feuer vor Marat.

Etwa 4¹/₂ Uhr. 1., 2./30 verlassen den Südwest=Ausgang von Viller= serel bei Croix=Marmin.

Etwa zwischen 4¹/₂ und 4³/₄ Uhr. Oberst v. Loos erhält den Befehl des Generals v. Treskow II., Villerserel eventuell zu räumen.

4³/₄ Uhr. Das 47. Marsch=Regiment besetzt ohne Kampf den Schloß= park von Villerserel.

Etwa 5 Uhr. Das 47. Marsch=Regiment besetzt das Schloß von Villerserel.

Etwa 5 Uhr. Angriff von 1. und F./111 auf Marat. Demnächst Besitznahme des Dorfes durch die Badenser.

Nach 5 Uhr. Angriff der Franzosen gegen Moimay.

Nach 5 Uhr. Regiment Nr. 25 macht auf höheren Befehl wieder Front und dringt aufs Neue in Villerserel ein.

6 Uhr. Ende des Gefechts bei Moimay.

Etwa 6 Uhr. Die Landwehr versucht das Schloß von Villerserel zu erobern.

Bald nach 6 Uhr. Major v. Russow dringt mit 80 Gewehren in das Schloß ein.

Gegen 7 Uhr abends. Das Schloß ist bis auf die Keller und die Bodenräume im Besitze der Bataillone Wehlau und Osterode.

8¹/₂ Uhr abends. Rückzug der Hauptmasse der Bataillone Wehlau und Osterode aus dem Schlosse.

Nach 9 Uhr abends. Glücklicher Durchbruch des Oberst v. Krane und des Majors v. Wussow mit dem Reste der Schloßbesatzung.

Gegen 2 Uhr nachts. Beginn der Räumung von Villersexel durch das Regiment Nr. 25.

2³/₄ Uhr nachts. Die Räumung von Villersexel ist beendigt.

M. Schlußworte zum 9. Januar 1871.

Das Treffen von Villersexel begann um 8¹/₂ Uhr früh und endete um 2³/₄ Uhr nachts; es dauerte mithin 18¹/₄ Stunden, gehört demnach zu den längsten und erbittertsten Kämpfen des ganzen Krieges von 1870/71.

Das Wetter war gut. Am frühen Morgen herrschte allerdings noch ziemlich starker Schneefall, aber schon im Laufe des Vormittags heiterte sich das Wetter auf und blieb den ganzen Tag über gut und klar, freilich aber sehr kalt.

Die Leistungen der deutschen Truppen gehen aus unserer Schilderung des Kampfes klar und deutlich hervor. Für das Regiment Nr. 25 war Villersexel einfach eine Glanzleistung. Dieses Regiment eröffnete den Kampf und verließ zuletzt das Gefechtsfeld, es war also mit Ausnahme der kurzen Gefechtspause nach der Mittagsstunde eigentlich ununterbrochen im Gefecht. Unter seinem vortrefflichen Kommandeur hat es Großartiges geleistet.

Auch die Landwehr hat sich recht gut geschlagen. Ihre Vorgesetzten rühmten ganz besonders den Heldenmuth ihrer Offiziere, machten ihnen aber den Vorwurf, daß sie ihre Mannschaften zu wenig in der Hand gehabt und vielmehr selbst als brave Soldaten gefochten hätten. Die Mannschaften schlugen sich ebenfalls recht brav, wobei das gute Beispiel der Offiziere sicherlich sehr erhebend eingewirkt hat. Die taktische Gewandtheit der Landwehrleute ließ aber sehr viel zu wünschen übrig, sie hielten sich zu sehr in Massen zusammen und erlitten gerade deshalb besonders große Verluste durch das feindliche Feuer.

Die ungeheuer großen körperlichen Anstrengungen, die den deutschen Truppen am 9. und 10. Januar zugemuthet werden mußten, scheinen auf den Gesundheitszustand der Truppen keinen besonders nachtheiligen Einfluß gehabt zu haben. Wenn wir uns erinnern, daß mehrfach ein Durchwaten des Ognon stattgefunden hat, so tritt die kräftige Natur der Deutschen, die im Stande war, theilweise ganz ungewöhnliche Anstrengungen trotz mangelhafter Verpflegung so glücklich zu überwinden, recht vortheilhaft in die Erscheinung.

Für unsere jüngeren Leser fügen wir noch eine kurze Uebersicht der bemerkenswerthesten taktischen Erscheinungen hinzu, obwohl wir uns dadurch vielleicht den Vorwurf einer Wiederholung manches bereits früher Gesagten zuziehen werden. Wir sind der Ansicht, daß gewisse kriegsgeschichtliche Erfahrungen gar nicht eindringlich und übersichtlich genug dargestellt werden können. Demgemäß handeln wir.

N. Taktische Bemerkungen.

1. Der sehr schwierige Flußübergang über den Ognon wurde durch eine überaus geschickte Umgehung über den Weg vom Eisenhammer, ganz nach dem Muster von Kissingen, erzwungen.

2. Nach der Eroberung des Schlosses von Villersexel erfolgte ein schnelles Vordringen der Preußen gegen den Rücken der Vertheidiger. Dies führte zu einem glänzenden Erfolge, der mit äußerst geringen eigenen Verlusten erkauft wurde und massenhaft Gefangene einbrachte.

3. Die frontalen Angriffe gegen die Brücke über den Ognon führten anfangs zu keinem ernsten Erfolge, gelangen vielmehr erst, als der Vertheidiger sich in seinem Rücken bedroht sah.

4. Die Avantgarden-Kavallerie wurde sofort über die eroberte Brücke vorgezogen. Es gelang daher der vordersten Schwadron noch, eine recht glückliche Attake zu reiten.

5. Der Vorstoß gegen Villers la Ville war falsch, aber nur deshalb, weil General v. Werder ein weiteres Vordringen über Villersexel hinaus unter keinen Umständen wünschte.

Der Gegensatz zwischen der obersten Führung und der Führung der 4. Reserve-Division trat hier scharf in die Erscheinung und führte zu sehr unglücklichen Mißverständnissen.

Im Uebrigen haben wir dies so gründlich besprochen, daß wir ohne Weiteres den Leser auf unsere früheren Bemerkungen verweisen dürfen.

Wir betonen nur Folgendes nochmals: Die Franzosen wurden durch das auf höchsten Befehl erfolgte Abbrechen des Gefechts von Villers la Ville kühner gemacht. Man erzielte also genau das Gegentheil von dem, was man erstrebt hatte.

Auch nach dem Abmarsch der neun Kompagnien Regiments Nr. 30 aus Villersexel waren reichlich genug Truppen vorhanden, um die Stellung von Villersexel gegen jeden Angriff der Franzosen erfolgreich behaupten zu können. Aber alle verfügbaren Truppen der 4. Reserve-Division, soweit solche sich in vorderster Linie befanden, wurden durch das Gefecht von Villers la Ville nach Südosten hin gezogen, während die einzige ernste Gefahr von Südwesten her drohte.

Wären 11./25 und Bataillon Ortelsburg auf ihren alten Plätzen verblieben, so mußte eine rechtzeitige Ablösung der 30er ohne jede Schwierigkeit gelingen, und damit war jede Gefahr beseitigt. Jeder französische Angriff auf den Schloßpark oder auf den Südwestsaum der Stadt Villersexel würde blutig abgewiesen worden sein, wie es bei Moimay thatsächlich geschah.

6. Es läßt sich nicht leugnen, daß General v. Werder am 9. Januar den Offensivgeist der Franzosen unterschätzt hat. Hierzu war er aber durch den ganzen Verlauf des langen Krieges vollauf berechtigt. Ueberall auf die geringen eigenen Kräfte angewiesen, hatte General v. Werder während des ganzen Feldzuges stets selbst die Initiative ergriffen.

Nur ein einziges Mal hatte der Feind energischen Offensivdrang gezeigt, nämlich bei dem Angriff Garibaldis auf Dijon in der Nacht zum 27. November 1870, und das war den Franzosen herzlich schlecht bekommen.

Vielleicht könnte man auch noch bei dem Gefechte des Generals Keller am 3. Dezember 1870 bei Châteauneuf den Franzosen offensiven Geist nachrühmen. Indessen handelte es sich hier mehr um einen französischerseits gelegten Hinterhalt.

Im Besonderen hatte aber das zögernde Vorgehen der Franzosen am 5. Januar 1871 den Deutschen unmöglich die Vorstellung beibringen können, daß jetzt mit einem Male ein anderer Geist bei den Franzosen herrschen könnte.

Daß daher General v. Werder nach Sonnenuntergang nicht mehr an einen ernsten Angriff der Franzosen auf Villersexel glaubte, wird ihm schwerlich zum Vorwurfe gereichen können.

Thatsächlich kam es anders, als man gedacht hatte. Das ist aber im Kriege sehr häufig der Fall, und Irren ist eben menschlich).

7. Die Leitung des Gefechts von Moimay—Marat erscheint in keinem besonders günstigen Lichte.

Wollte man von Grange d'Ancin her gegen Esprels ernsthaft vorstoßen, dann waren drei Kompagnien ohne jede Artillerie hierzu zweifellos viel zu schwach, wie ja auch der Erfolg deutlich genug bewiesen hat.

General v. d. Goltz erwartete wohl einen energischen Angriff der Franzosen auf dem rechten Ufer des Ognon nicht. Aber sehr bald zeigten sich doch die Absichten der Franzosen. Zu einer starken Be=

ſetzung der Stellung: Höhe 292 ſüdlich von Grange d'Ancin, Wald
Les Futayes, Höhe weſtlich von Moimay und Dorf Moimay, einſchl.
des Wäldchens Les Broſſes reichten die Kräfte der Brigade v. d. Goltz
aus. Allerdings mußte man dann die ganze Brigade verſammelt halten
und nicht ſie zerſplittern, wie es leider geſchah.

Damit würde das Hin- und Hermarſchiren des Regiments Nr. 30
vermieden worden ſein und infolgedeſſen auch das ſpätere Mißverſtändniß
bei dem zu frühen Wegziehen des Regiments aus Billerſexel.

Freilich würde es ſich dann wohl als geboten herausgeſtellt haben,
eine Badiſche Brigade bei Aillevans als Reſerve für die 4. Reſerve-
Diviſion zu verſammeln, ebenſo eine zweite Badiſche Brigade bei Grange
d'Ancin bereit zu ſtellen. Da man aber in Wirklichkeit ſogar das Gros
der Badiſchen Diviſion noch am Nachmittage in der Richtung auf Marat
verwenden mußte, ſo können wir Schwierigkeiten für die höhere Führung
in unſerem Vorſchlage nicht erblicken.

Das Generalkommando hat übrigens die von Eſprels her drohende
Gefahr durchaus nicht unterſchätzt. General v. d. Goltz ſollte vielmehr
bei Grange d'Ancin unter allen Umſtänden die rechte Flanke des
XIV. Armeekorps ſichern.

Wie es kam, daß nach und nach die Truppen des Generals
v. d. Goltz in drei verſchiedenen Gefechtsgruppen (bei Marat, bei Moimay
und neun Kompagnien Regiments Nr. 30 in Billerſexel) zerſplittert
wurden, die untereinander nicht einmal Verbindung hielten, haben wir
geſehen.

Erſt das energiſche Auftreten des Oberſtlieutenants v. Leszczynski
brachte Einheitlichkeit in den Gang der Ereigniſſe auf der Linie Marat—
Moimay.

Nunmehr wurde das Gefecht bei Moimay ſelbſt preußiſcherſeits
muſtergültig durchgeführt. Das wiederholte Stopfen des Schnellfeuers,
welches lediglich durch die Stimme der Offiziere herbeigeführt wurde,
redet eine deutliche Sprache.

Der Erfolg begünſtigte denn auch in herrlicher Weiſe die Tüchtigkeit
und Tapferkeit der Preußen, obſchon die Franzoſen, wie wir geſehen
haben, diesmal mit wirklich großem Elan angriffen.

8. Die 1. leichte Reſerve-Batterie der Brigade v. d. Goltz hätte
beinahe eine Kataſtrophe erlitten, die nur durch die hingebendſte Auf-
opferungsfreudigkeit aller betheiligten Truppentheile vermieden werden
konnte.

Schuld daran war ausschließlich die ungenügende Besetzung des Wäldchens Les Brosses. Es wäre Sache der Führung gewesen, für eine genügende Besetzung dieses immerhin einschließlich der Ausbuchtungen etwa 1500 m langen Wäldchens zu sorgen. Hierzu mangelte es aber an Kräften, dank der Zersplitterung der Brigade v. d. Goltz.

Das Benehmen der Batterie sowohl wie das Verhalten der zunächst stehenden preußischen Infanterie ist über jedes Lob erhaben.

Im Wäldchen Les Brosses besanden sich damals fünf Halbzüge von 6./30, 7./30 ganz, 2./34, jedoch ist es fraglich, ob alle Theile dieser Kompagnie hier versammelt waren. Knapp 600 Gewehre reichen aber nicht aus, um einen Waldsaum von 1500 m Länge gegen jedes feindliche Eindringen zu sichern.

Wenn man aber hier von einem Versehen der Führung sprechen darf, so machten es die Unterführer sofort wieder gut. Auch darf man nicht vergessen, daß Theile zweier verschiedener Regimenter hier in Betracht kommen, eine einheitliche Führung im Wäldchen also naturgemäß ausgeschlossen war.

Jedenfalls war das Endergebniß der Gesechte von Marat und Moiman für die Deutschen glänzend, und das ist doch schließlich die Hauptsache.

9. Ueber das Nachtgesecht in Billerfexel läßt sich wenig sagen, außer daß Regiment Nr. 25 sich in einer außerordentlich schwierigen Lage ebenso tapfer wie geschickt benahm. Für dieses Regiment prangt der Name Billerfexel in goldenen Lettern!

Wir sind bekanntlich kein Freund nächtlicher Kämpfe und haben dies bei jeder Gelegenheit nicht bloß ausgesprochen, sondern unsere Abneigung gegen derartige Gesechte auch durch Beispiele, die aus dem wirklichen Kriegsleben herausgegriffen wurden, mehr als genügend begründet.

Wer von unseren Lesern etwa noch in einem verborgenen Winkel seines militärischen Gemüths einen Rest von Vorliebe für Nachtgesechte haben sollte, den dürfte das Studium des Nachtgesechts von Billerfexel von diesem unnützen und sogar schädlichen Ballast endgültig befreien.

Selbst das glänzende Verhalten des Regiments Nr. 25 vermochte dauernde und volle Erfolge nicht zu erzielen. Es gelang nicht, den von den Franzosen besetzten Theil des Städchens ganz wieder zu erobern, nur ein Theil der von den Franzosen besetzten Straßen fiel in die Hände der Preußen.

Die gänzliche Unthätigkeit der 1. und 2. Division des 20. Armeekorps erleichterte dabei den Füsilieren des Regiments Nr. 25 ihre Arbeit
außerordentlich.

Eine weniger gut ausgebildete und minder vortrefflich geführte
Truppe, wie das Regiment Nr. 25 es zum Glück war, würde noch weit
größere Schwierigkeiten zu überwinden gehabt haben.

Der Name dieses braven Regiments leuchtet denn auch aus dem
Dunkel jener blutigen Nacht hell und strahlend hervor, aber schwerlich
wird ein erfahrener Offizier aus den Ereignissen des 9. Januar die
Folgerung ziehen, daß man eine tüchtige Truppe freiwillig und in der
Hoffnung auf große Erfolge in einen erbitterten Nachtkampf schicken dürfe.

10. Noch weit belehrender spricht das nächtliche Gefecht um das
Schloß von Villersexel gegen die Nützlichkeit der Nachtgefechte.

Hier sehen wir gleich von Anfang an alle Gefahren eines solchen
Kampfes, welcher allerdings durch das Glatteis der fest gefrorenen Abhänge des Schloßberges noch besonders erschwert wurde.

Die Truppen gingen brav vor, erhielten heftiges Feuer und suchten
sich nun einen für den Angriff günstiger gelegenen Punkt aus. Dabei
rannten sie sich aber selbst gegenseitig über den Haufen.

Der Energie eines wackeren Bataillonskommandeurs gelang es
trotzdem, mit einer Handvoll Tapferer in das Schloß einzudringen.
Dieser verwegene Angriff imponirte den Franzosen und gelang, indessen
dauerte es sehr lange, bis schließlich die Bataillone Osterode und Wehlau
im Schlosse vereinigt waren.

Infolge der Dunkelheit war es nicht möglich, sich über die Aufstellung der Franzosen zu unterrichten, man wußte nur, daß sie dicht
vor dem Schlosse im Park mit starken Kräften standen.

Jetzt spielten sich die uns bekannten Gefechtsepisoden ab. Mißverständnisse, Mangel an einheitlicher Leitung, Unklarheit über die
wahre Gefechtslage traten deutlich in die Erscheinung. Das Ergebniß
war schließlich der Rückzug der Hauptmasse beider Landwehr-Bataillone,
das Anzünden des Schlosses und das Eindringen der Franzosen in die
verlassenen Räume.

Von alledem erhielt der im Schlosse anwesende Regimentskommandeur
aber keinerlei Meldung und blieb ruhig im Schlosse, ahnungslos darüber,
was inzwischen vorgegangen war.

Erst als er mit seiner geringen Mannschaft aus den oberen
Räumen des Schlosses in das Erdgeschoß zurückkehrte und hier sogleich

Feuer erhielt, erkannte er die Lage der Dinge und handelte nun ebenso sachgemäß wie entschlossen und tapfer.

Aus seiner äußerst bedrängten Lage vermochte er zunächst sich nicht zu befreien. Dann kam preußische Landwehr vor dem Schlosse an und beschoß die eigenen Truppen. Mühsam gelang es, sich gegenseitig zu verständigen.

Ein mit hervorragender Tapferkeit unternommener Ausfall rettete die Bedrängten, nicht ohne daß sie noch im letzten Augenblicke in Gefahr geriethen, abermals von den eigenen Truppen beschossen zu werden, weil diese sie für Franzosen hielten.

Vermuthlich haben die Thorner Landwehrleute aber schon auf die Mannschaften des Obersten v. Krane gefeuert, sonst würden diese im Drange des Augenblicks schwerlich von der „Absicht" der Thorner, auf sie zu feuern, etwas gemerkt haben.

So würde wohl das Urtheil kriegserfahrener Männer lauten. Jedenfalls gelang es aber, das Mißverständniß schon im Entstehen zu beseitigen und damit die glückliche Rettung des Restes der wackeren Schloßbesatzung zu bewerkstelligen.

Die ferneren Ereignisse sind nebensächlich. Daß nach den soeben erst am eigenen Leibe gemachten Erfahrungen ein nochmaliges Vorgehen der preußischen Landwehr gegen den jetzt vollständig von den Franzosen besetzten Schloßberg keinerlei Erfolg hatte, wird keinen kriegserfahrenen Offizier überraschen.

Für die Nützlichkeit der Nachtgefechte spricht all dieses aber gewiß nicht.

Der Mangel an taktischer Gewandtheit der Landwehrmannschaften brachte sie dazu, sich immer in Massen zusammen zu halten, und dies erzeugte naturgemäß wieder unnöthig große Verluste.

Die Befehlsverhältnisse im Schlosse von Villersexel erscheinen in ungünstigem Lichte. Jener vom Bataillon Wehlau zum General v. Schmeling abgesandte Offizier durfte nicht ohne Erlaubniß des Oberst v. Krane seinen Weg antreten; noch viel weniger aber durfte die Landwehr abziehen, ohne vorher die Erlaubniß dieses Regimentskommandeurs hierzu eingeholt zu haben.

Hier wirkte es wieder ungünstig, daß Bataillon Wehlau gar nicht zu dem Regiment des Oberst v. Krane gehörte. Indessen ist dies keine Entschuldigung. Der rangälteste Offizier führte selbstredend den Befehl über alle im Schlosse versammelten Truppen.

Jedenfalls war hier nicht Alles in Ordnung, und das Gefecht
hätte sich weit glücklicher abspielen können, wenn klare Befehlsertheilung
von oben und strenge Unterordnung von unten sich überall gezeigt
hätten.

11. Wir haben gesehen, daß gerade in letzterer Beziehung bei der
4. Reserve-Division sich am 9. Januar Manches ereignete, was vor
einer gerechten Kritik nicht bestehen kann.

Die Unordnung der Trains auf den rückwärtigen Straßen konnte
recht wohl vermieden werden und ist, wie wir wissen, mitten im Gefechts-
lärm von dem General v. Werder und dem Oberstlieutenant v. Leszczynski
denn auch auf das Strengste getadelt worden.

Infolge der am 9. Januar gemachten Erfahrungen griff das
Generalkommando schon am nächsten Tage schärfer in die Einzelheiten
der Befehlsertheilung ein, was eine ganz vorzügliche Wirkung hatte, wie
wir sehen werden.

12. Wir erinnern ausdrücklich daran, daß es kein Kunststück ist,
25 Jahre nach den Ereignissen, gestützt auf alle offiziellen Gefechtsberichte, Tagebücher u. s. w., wirksamst gefördert durch ausführliche
Mittheilungen von maßgebendster Stelle her, an den kriegerischen Vorgängen Kritik zu üben.

Die Kritik ist leicht, die Kunst ist schwer. Wer vom Rathhause
kommt ist noch immer klüger gewesen, als er beim Betreten desselben war.

Wenn aber der Historiker nützen soll, dann muß er auch die reine
Wahrheit vermelden, insoweit seine Quellen und seine eigenen Kräfte
hierzu ausreichen.

Es versteht sich ganz von selbst, daß es unbedingt zu verurtheilen
sein müßte, wenn etwa der Geschichtsschreiber durchblicken lassen wollte,
er selbst würde es an Stelle irgend eines Befehlshabers besser gemacht haben.

Wissen ist noch nicht Können, und ein tüchtiger militärischer
Geschichtsschreiber liefert selbst durch allgemein anerkannte Leistungen
auf historischem Gebiete noch keineswegs den Beweis, daß er persönlich
die für einen höheren Truppenführer nothwendigen Eigenschaften besitze.
Wir bitten daher den gütigen Leser, alle unsere taktischen Bemerkungen
in diesem Sinne aufzufassen.

Es ist durchaus falsch, irgend eine bestimmte Persönlichkeit wegen
der nachweislich von ihr begangenen Fehler angreifen zu wollen. Wer
macht denn keine Fehler? Friedrich der Große und Napoleon I. haben
jedenfalls viele Fehler gemacht und dieselben auch eingestanden, wenigstens
hat dies Friedrich der Große gethan.

Vor solchen Kriegshelden ersten Ranges wird aber wohl jede miß=
günstige Kritik verstummen.

Wenn also Fehler aufgedeckt werden, so darf dies nur um der
guten Sache willen geschehen, in majorem gloriam Germaniae für die
Zukunft und in keinem anderen Sinne.

VII. Der 10. Januar 1871.

Die erste Nachricht von dem angeblichen Siege von Villersexel er=
hielt die französische Regierung durch Herrn de Serres, datirt aus
Rougemont, 9. Januar 1871, 7 Uhr 40 Minuten abends. Sie lautete:

„La bataille finit à sept heures. La nuit seule nous
empêche d'estimer l'importance de notre victoire. Le général
en chef couche au centre du champ de bataille et toutes les
positions assignées à l'armée pour ce soir par l'ordre général
de marche d'hier sont occupés par elle.

Villersexel, clef de la position, a été enlevé aux cris de:
›Vive la France! Vive la République!‹"

Die Regierung antwortete sofort aus Bordeaux dem General
Bourbaki:

„M. de Serres vient de nous annoncer la brillante victoire,
que vous avez remportée en avant de Villersexel. C'est le
couronnement mérité de la savante manoeuvre que vous
exécutiez depuis quatre jours, avec autant de hardiesse que
de prudence, entre les deux groupes des forces ennemies.
Je vous en félicite de tout mon coeur ainsi que votre excellent
chef d'état-major Borel, dont j'ai reconnu la main dans
plusieurs dispositions. Il nous tardera de récompenser les
braves qui se sont distingués dans cette journée et auxquels
le gouvernement sera heureux de témoigner sa reconnaissance.
Je crois que les conséquences de votre succès seront con-
sidérables à bref délai."

Wir führen diese Depeschen wörtlich an, weil sie wie ein Hohn
gegen die Wirklichkeit erscheinen. Man möge aber daraus ersehen, wie
viel Prozente man immer von den Gefühlsäußerungen unserer Nach=
barn westlich der Vogesen abziehen muß, um der Wahrheit wenigstens
einigermaßen nahe zu kommen.

Sehr viel bescheidener als die Fanfaronnaden des Herrn de Serres klingt die Depesche Bourbakis, datirt aus Schloß Bournel, 12½ Uhr nachts. Sie lautete wörtlich:

„L'armée a exécuté hier, 9, le mouvement ordonné. Le général Clinchant a enlevé avec un entrain remarquable Villersexel. Le général Billot a occupé Esprels et s'y est maintenu. Nous sommes maitres de nos positions. Tous les ordres sont donnés pour répondre convenablement à une attaque de l'ennemi si elle venait à se produire ou pour prendre telle autre disposition que les circonstances pourraient rendre nécessaires."

Anfangs scheint General Bourbaki die Absicht gehabt zu haben, seine Erfolge bei Villersexel auszunutzen; wenigstens geht dies aus einer Depesche des Herrn de Serres hervor, welche vom 10. Januar, nachmittags 1 Uhr 40 Minuten aus Schloß Bournel datirt ist und folgendermaßen lautet:

„J'ai étudié cette nuit avec le général Bourbaki toutes les mesures nécessaires pour préparer la bataille d'aujourd'hui, **bataille que l'ennemi doit absolument livrer,** qu'elles qu'en soient les conditions, s'il a conscience de sa situation par rapport à la nôtre. Toutes les dispositions sont arrêtées entre nous, et notre situation comme force et positions est beaucoup plus belle qu'hier où l'ennemi avait tout avantage. Nous prendrons, s'il y a lieu, l'offensive."

Aus dieser Depesche geht übrigens klar hervor, daß sowohl das Oberkommando der französischen Ost-Armee, wie Herr de Serres sich noch am 10. Januar nachmittags in einer gewaltigen Täuschung über die wahre Kriegslage befanden. Der Verlauf der Ereignisse hat zur Genüge gelehrt, daß General v. Werder durchaus nicht nöthig hatte, eine Schlacht zu schlagen, um rechtzeitig nach der Lisaine-Stellung zu gelangen.

Allerdings sagt das Generalstabswerk, Theil II, Seite 1076 und 1077: „Thatsächlich standen am Morgen des 10. Januar drei französische Korps ebenso nahe an Belfort, wie die drei deutschen Divisionen, welche die Belagerung des völlig in ihrer Flanke liegenden Platzes zu schützen hatten. General v. Werder, der in der Frühe dieses Tages die Badische Division und die Brigade des Generals v. d. Goltz nach den Höhen von Aillevans berufen hatte, so daß nunmehr das ganze XIV. Armeekorps hier und bei Longevelle vereinigt stand, war entschlossen, Widerstand zu leisten, wenn er angegriffen werde, indeß abzumarschiren, wenn dies nicht geschehe. Der Feind schritt nicht zum Angriff; es wurde deshalb noch in den Morgenstunden der Abmarsch in nordöstlicher Richtung angetreten.

Zur Sicherung desselben nahm die 4. Reserve-Division eine Aufstellung bei Athesans, hinter welcher die Brigade des Generals v. d. Golz nach Béverne, die Badische Division in Quartiere zwischen Lure und Ronchamp marschirten. Unter Belassung einer Arrieregarde in Leval und La Vergenne ging sodann die 4. Reserve-Division zurück und suchte Unterkommen in der Gegend von Moffans. Auch die am 9. in Vesoul und an der Saône stehen gebliebenen Abtheilungen des Obersten Bayer und des Majors v. Paczinski waren nach By les Lure herangezogen worden.

General v. Werder formirte nun zur ferneren Beobachtung des Feindes gegen Westen sowie nördlich in der Richtung auf Epinal aus 8 Kompagnien, 13 Schwadronen und 2 Batterien eine besondere Abtheilung, welche unter Befehl des Obersten v. Willisen zunächst bei Lure stehen bleiben sollte:

Bataillon Lupen zu 6 Kompagnien,
2 Kompagnien Reserve-Jäger,
Badisches Leib-Dragoner-Regiment,
1. Reserve-Ulanen-Regiment,
2. Reserve-Dragoner-Regiment,
1. Schwadron 4. Reserve-Husaren-Regiments,
Schwere Reserve-Batterie VII. Armeekorps,
2. leichte Reserve-Batterie sächsischen Armeekorps.

Oberst v. Bredow wurde an diesem Tage nicht ernsthaft belästigt, obschon sich vor seinen Stellungen beträchtliche Streitkräfte des Feindes zeigten. Dieselben begnügten sich damit, die Verbindung mit General v. Werder unterbrochen zu haben, und ließen ihre Artillerie auf große Entfernung wirkungslos gegen Arcey feuern."

Wir haben hier in großen Zügen die Thätigkeit der Truppen des Generals v. Werder am 10. Januar in der bekannten klassischen Kürze des Generalstabswerks vor Augen liegen, und es ist nur noch nothwendig, zur Erläuterung einiges besonders Wichtiges hinzuzufügen.

General v. Werder dachte gar nicht daran, die Franzosen am 10. Januar anzugreifen, wie diese es mit voller Bestimmtheit erwarteten,

er marschirte vielmehr in überaus geschickter Weise an der Front der
französischen Ost-Armee vorbei.

Zu diesem Zwecke waren übrigens schon in der Nacht zum 10. Ja=
nuar zwei Schwabronen der 2. Badischen Dragoner auf allen Wegen
vorausgeschickt worden, welche den Auftrag hatten, mit unbedingter
Rücksichtslosigkeit für die Freihaltung aller Straßen zu sorgen, damit
der Marsch der Truppen unter keinen Umständen durch Troßkolonnen
oder Fahrzeuge irgend welcher Art etwa aufgehalten werden könnte.
Eine ganz ausgezeichnete Maßregel, die wieder einmal zeigt, wie nützlich
die Reiterei auch fern vom Gefechtsfelde verwendet werden kann. Man
sieht aber hier auch, wie gute Früchte die unliebsame Verstopfung der
rückwärtigen Straßen durch Troßkolonnen getragen hatte, welche be=
kanntlich am 9. Januar unter den Augen des Generalkommandos vor=
gekommen war und nur durch die rücksichtslose Energie desselben hatte
beseitigt werden können.

Als am 10. Januar früh morgens deutlich zu erkennen war, daß
die Franzosen gar nicht daran dachten, zur Offensive vorzugehen, gab
General v. Werder schon zwischen 7 und 8 Uhr früh den Marschbefehl
aus, der sofort ausgeführt wurde.

Die Franzosen sahen ruhig zu und drängten in keiner Weise nach.
Der Abmarsch der deutschen Truppen wurde mit musterhafter Ordnung
und mit großer Schnelligkeit ausgeführt. Die Infanterie marschirte mit
Halbzügen, die Kavallerie zu Sechsen, die Artillerie und die Fahrzeuge
zu Zweien. An den engen Stellen der Straße hielten vorausgesandte
Offiziere des Generalkommandos und ließen die Marschkolonnen an
diesen Stellen traben.

Infolge dieser außerordentlich vorsorglichen Maßregeln und dank
der vorzüglichen Marschdisziplin der Deutschen kamen die Truppen
schon gegen Mittag dazu, in voller Ruhe abkochen zu können. Die
Proviantkolonnen waren überall richtig auf den befohlenen Plätzen ein=
getroffen, kurz, es „klappte" diesmal Alles vorzüglich. Am Abend
erreichten alle Truppen ihre Marschziele, ohne die geringste Belästigung
durch die Franzosen erlitten zu haben.

Offenbar hatte diesmal das Generalkommando um ein Beträcht=
liches energischer in alle Einzelheiten eingegriffen, die theoretisch und im
Allgemeinen auch mit Recht für gewöhnlich den Unterbefehlshabern über=
lassen bleiben sollen.

Während des Marsches hörte man von der Abtheilung des Oberst
Bayer Kanonendonner herüberschallen. Dieser höhere Offizier hatte

nämlich von Vesoul aus gegen Esprels eine demonstrative Erkundung unternommen. Wohlweislich hatte er aber kein ernstes Gefecht begonnen und war am Nachmittage, ohne vom Feinde belästigt zu werden, nach By les Lure marschirt.

General v. Werder traf für seine Person um die Mittagszeit in Lure ein, begleitet von seinem Stabe, erholte sich hier einige Stunden in dem gastlichen Hause des Maire von Lure und fuhr dann mit seinem Generalstabschef zusammen in einem Wagen nach Frahier, um am 11. Januar früh mit General v. Tresckow I. in Argiésans zu weiterer Besprechung zusammenzutreffen.

Auf dieser Fahrt erhielt General v. Werder durch einen Feldjäger in Ronchamp die uns bereits bekannten Direktiven des großen Hauptquartiers vom 7. Januar.

Das einzige lebhaftere Gefecht, welches am 10. Januar stattfand, wurde vor der Front des Generals v. Debschitz durchgeführt. Hier ging nämlich Hauptmann Graf v. d. Schulenburg gegen Mittag mit 3 Kompagnien Apenrade, einem Zuge der 6. Reserve-Ulanen und 2 Geschützen von St. Dizier aus, zum Zweck einer offensiven Erkundung, gegen die Franzosen vor. Er marschirte zunächst nach Croix, welches vom Bataillon Striegau besetzt war.

In Croix melbeten die Ulanenpatrouillen, daß Abévillers vom Feinde besetzt sei. Diese Meldung war richtig, es befanden sich nämlich dort Theile des vom Oberst Bourras befehligten Freikorps der Vogesen und zwar insbesondere die Kompagnien Nr. 2, 4, 7.

Hauptmann Graf Schulenburg setzte daher seinen Vormarsch auf Abévillers fort. Seine beiden Geschütze nahmen den Ort unter Feuer, die drei Kompagnien Apenrade entwickelten sich zum Gefecht und griffen an.

Ardouin Dumazet betont in seinem Buche „Le colonel Bourras", Seite 49, daß die im Kirchhofe von Abévillers eingenistete 4. Kompagnie des Freikorps der Vogesen keine genügende Energie bewiesen habe. Die beiden anderen Kompagnien hielten sich besser, mußten aber schließlich auch weichen, besonders wegen des wirksamen Feuers der beiden preußischen Geschütze.

Die Franzosen gaben daher den Widerstand auf und zogen auf Glay ab.

Bataillon Apenrade nahm jetzt das Dorf in Besitz und kehrte demnächst über Croix nach St. Dizier zurück. Die Preußen verloren

1 Offizier, 44 Mann der Infanterie todt und verwundet, außerdem hatten die Ulanen 3 verwundete Pferde.

Wie gewöhnlich, kennen wir den Verlust der Franzosen nicht; die 2. und 7. Kompagnie sollen zusammen nur 1 Todten und 6 Schwerverwundete verloren haben. Man wird mindestens die dreifache Zahl von Leichtverwundeten hinzu rechnen müssen. Die Verluste der 4. Kompagnie sind überhaupt nicht angegeben, obschon sie offenbar am meisten litt; wir wissen nur, daß 1 Unteroffizier schwer verwundet wurde.

Man wird der Wahrheit nahe kommen, wenn man annimmt, daß der Verlust der Franzosen etwa dieselbe Höhe erreicht hat, wie derjenige der Deutschen.

Dieses kleine Gefecht war also eigentlich völlig ergebnißlos geblieben und spricht wieder einmal energisch gegen die sogenannten gewaltsamen Erkundungen. Daß Abévillers von den Franzosen besetzt sei, hatten schon die Ulanenpatrouillen gemeldet. Welchen Zweck hatte es also, ein verlustreiches Gefecht zu eröffnen, die Franzosen aus einem Dorfe zu verdrängen, um dann schleunigst das eben genommene Dorf wieder aufzugeben? Man war nach dem Gefechte nicht klüger, als vor demselben, man hatte nur unnöthig 1 Offizier und 44 Mann verloren!

Während nun General v. Werder den 10. Januar so zweckmäßig benutzte, thaten die Franzosen an diesem Tage so gut wie gar nichts. General Bourbaki blieb einfach stehen.

Es fehlt nicht an Entschuldigungen für diese Unthätigkeit. Clerval war der äußerste Punkt, bis zu welchem die Eisenbahn Lebensmittel und Munition für die französische Ost-Armee heranbringen konnte; von hier ab mußte der Transport durch Troßkolonnen erfolgen. Wir wissen nun schon, wie jämmerlich schlecht die Franzosen mit Troßkolonnen ausgerüstet waren, und welche Schwierigkeiten die höchst primitiven Fahrzeuge unter der Leitung ihrer äußerst fragwürdigen Fuhrleute überwinden mußten.

Es war in der That ein Kunststück, mit den gewaltsam beigetriebenen zweirädrigen Bauernkarren und sonstigen Privatfuhrwerken verschiedenster Art und von oft recht zweifelhafter Brauchbarkeit die ungeheuren Massen von Proviant und Schießbedarf der Armee nachzuführen. Dabei fehlte bekanntlich ein militärisch geschultes Personal des Trains. Man nahm als chefs de section et de convoi alle halbwegs brauchbaren Civilpersonen, wenn sie nur energisch und intelligent waren.

Wenn unter diesen ausnahmsweise ungünstigen Umständen, bei dem Schnee, dem Glatteise, dem üblen Zustande mancher Straßen, die mitunter nur schlechte, glatte Wege waren, bei der geringen Brauchbarkeit des improvisirten französischen Generalstabs u. s. w. dieses Kunststück nur sehr unvollkommen gelang, so wird ein kundiger Kriegsmann diese Dinge mit der gebührenden Milde beurtheilen.

Ohne Lebensmittel und Schießbedarf kann aber selbst die beste Armee nichts leisten, wie sollte wohl eine recht minderwerthige Armee solcher ungeheueren Schwierigkeiten leicht Herr werden?

Gerade in dieser Beziehung sind daher die Ereignisse während des Feldzuges der französischen Ost-Armee dem Studium unserer heutigen Generalstabsoffiziere ganz besonders warm zu empfehlen. Die Mundverpflegung unserer heutigen Massenheere, ihre dauernde Versorgung mit reichlichem Schießbedarf, werden in einem zukünftigen Kriege Schwierigkeiten bereiten, deren Umfang wohl nur eine verhältnißmäßig geringe Zahl von „Eingeweihten" voll und ganz ermessen kann.

Man darf diese dem General Bourbaki äußerst hinderlichen Umstände niemals außer Acht lassen, wenn man seine Unthätigkeit gerecht beurtheilen will. Die Franzosen machen sich freilich in solchen Fällen ihr Urtheil sehr bequem; entweder ist der unglückliche General einfach ein Verräther oder aber er ist gänzlich unfähig.

Damit ist aber die Sache nicht abgethan. Das Unmögliche kann man eben nicht ungestraft verlangen. Man stampft tüchtige Armeen nicht aus der Erde und noch viel weniger kann man bei der Improvisirung massenhafter Troßkolonnen aus mangelhaftem Personal und sehr mangelhaftem Material Wunder thun.

Uebrigens war General Bourbaki vor Unternehmungen gegen seine rückwärtigen Verbindungen durchaus nicht sicher. Die aus 13 Schwadronen, 8 Kompagnien und 2 Batterien bestehende Abtheilung des Oberst v. Willisen in Lure war vielmehr eine direkte Bedrohung für die linke Flanke der Franzosen.

Oberst v. Willisen sollte Vesoul und die ganze Ognon-Linie beobachten und beunruhigen, Nachrichten über den Feind einziehen und im Nothfalle seinen Rückzug auf Giromagny nehmen, also nördlich von Belfort.

Das Generalkommando hatte sich die Thätigkeit des Oberst v. Willisen im Sinne einer kleinen, selbständigen Kavallerie-Division gedacht. Allerdings blieb der erhoffte Erfolg aus, wie wir sehen werden. Indessen konnte das General Bourbaki nicht im Voraus wissen.

Weit schwerer aber als alle anderen Sorgen lastete auf dem Gemüthe Bourbakis der sogenannte cauchemar prussien, d. h. die klare Erkenntniß der Ueberlegenheit der deutschen Kriegführung und der deutschen Armeen.

Wir haben in unseren Schriften oft genug über den „Nimbus" uns ausgesprochen und die von mancher Seite her übertriebenen Erwartungen auf diesen „Nimbus" als durchaus falsch bezeichnet. Auch heute noch sind wir derselben Ansicht.

Aber es ist ein großer Unterschied zwischen verjährtem Nimbus einerseits und frisch erworbenem Nimbus andererseits. Wer etwa glauben sollte, daß die Franzosen oder Russen sich heute noch wegen des Nimbus unserer Siege von 1870/71 vor uns fürchten könnten, würde schwere und bittere Enttäuschungen erleben, sobald ein neuer Krieg entbrennen würde. Unsere großen Heerführer von 1870/71 sind fast sämmtlich todt, und die wenigen noch lebenden großen Männer von damals sind heute viel zu alt, als daß sie noch einen Krieg mitmachen könnten, mit einziger Ausnahme des Königs von Sachsen, der sein erprobtes Feldherrntalent wohl auch heute noch in vollem Umfange aufs Neue bewähren würde.

Außerdem haben heute alle Großmächte des europäischen Kontinents ziemlich gleiche Bewaffnung und Ausbildung ihrer Heere, von einer Ueberlegenheit der einen über die anderen in irgend welcher Beziehung der Bewaffnung, Ausrüstung oder Ausbildung ist heute keine Rede mehr.

Ganz anders aber lagen diese Dinge im Jahre 1870.

Ueberall hatten die preußischen Waffen im Jahre 1864 und 1866 gesiegt, die wenigen Ausnahmen (Missunde 1864, Trautenau, Langensalza, Oswięcim 1866) bestätigten nur die Regel.

Allerdings hatte selbst der immerhin noch frische Nimbus der stattlichen Reihe glänzender preußischer Siege die Franzosen keineswegs davor zurückschrecken lassen, sich blindlings in einen furchtbaren Krieg zu stürzen.

Aber im Kriege 1870/71 selbst empfanden die Franzosen die Ueberlegenheit der deutschen Kriegführung am eigenen Leibe und zwar ohne Unterbrechung vom August 1870 bis zum Februar 1871. Jetzt glaubten selbst die Franzosen an diesen Nimbus, und der Alp, welcher eigentlich schon seit Spicheren und Wörth auf der Seele fast aller französischen Generale lastete, eben jener cauchemar prussien, war uns Deutschen allerdings ein Verbündeter von unschätzbarem Werthe.

Besonders nach der Schlacht von Sedan kann man also mit Recht von einem Nimbus der Deutschen Waffen sprechen, der uns im höchsten Grade günstig war. Man traute eben den „Prussiens" jegliche Ueberlegenheit in kriegerischen Dingen zu, man überschätzte ihre numerische Stärke fast regelmäßig, mitunter in kaum glaublicher Weise, man traute ihnen stets nur die sorgfältigst erwogenen und zweckmäßigsten Maßregeln zu. Stieß man aber wirklich einmal auf einen défaut do la cuirasse, dann witterte man einen Hinterhalt, ein absichtliches Locken in eine furchtbare Falle u. s. w.

Hier also darf man allerdings von der großartigen Bedeutung des Nimbus sprechen.

Wenn aber kleinlich veranlagte Seelen sich in dem Wahne gefallen, dieser Nimbus hielte für Menschenalter vor, so ist dies nur ein schlagender Beweis dafür, daß den Besitzern jener kleinlichen Seelen nur äußerst dürftige Geschichtskenntnisse zur Verfügung stehen können.

Der Nimbus hängt immer mit den Persönlichkeiten zusammen, die durch ihre glänzenden Erfolge ihren Namen gefürchtet und geachtet gemacht haben. Sind jene Persönlichkeiten todt, dann wirkt auch ihr Nimbus nicht mehr.

Auf unsere glänzenden preußischen Siege unter Friedrich dem Großen folgten Jena und Auerstädt; auf die großen Erfolge der Russen in den Befreiungskriegen, im Kriege gegen die Türken von 1828/29 und im Kriege gegen die Polen von 1831 folgten die Niederlagen im Krimkriege; auf die Siege des unvergeßlichen Radetzky folgten Magenta und Solferino; auf die Siege der Franzosen im Krimkriege, in Italien, in Algier und Mexiko folgte Sedan.

Werden und Vergehen, das ist das unwandelbare Gesetz des allmächtigen Gottes wie in allen Dingen dieser Erde, so auch in Bezug auf den Kriegsruhm.

Wohl erworbener frischer Nimbus jugendkräftiger, siegreicher Heerführer ist von geradezu unschätzbarem Werthe, das lehrt z. B. die Geschichte Napoleons I. und Friedrichs des Großen auf jeder Seite; verjährter Nimbus aber hat nur noch historischen Werth. Kein Volk der Erde wird wegen eines solchen verjährten Nimbus vor einem Kriege zurückschrecken!

VIII. Der 11. und 12. Januar 1871.

Bei den Franzosen trat am 11. Januar eine belangreiche Aenderung in der unbedingten Unthätigkeit des Oberkommandos nicht ein. Am Abend richtete General Bourbaki eine lange Depesche an die französische Regierung, in welcher er sich über die großen Schwierigkeiten beklagte, welche die Entfernung von den Eisenbahnen, das Glatteis, die steilen Wege u. s. w. ihm bereiteten. Der Intendant des 24. Armeekorps erklärte, er könne die Vertheilung der Lebensmittel nicht sicher stellen, wenn die Truppen am nächsten Tage eine Bewegung machen würden. Das 15. Armeekorps war in der gleichen Lage.

Alles lief daraus hinaus, daß man sich auf die Eroberung der Stellung von Arcey vorbereitete, welche am 13. Januar stattfinden sollte. Bourbaki glaubte, daß die Deutschen diese Stellung seit drei Wochen besetzt und in Vertheidigungsstand gesetzt hätten. Man sieht also, daß auch die Franzosen durch „Agenten" recht schlecht bedient gewesen sein müssen.

Schon jetzt äußerte übrigens Bourbaki Befürchtungen darüber, daß der größere Theil der Armee des Prinzen Friedrich Karl gegen ihn im Anmarsche sein dürfte. Bekanntlich wurde nicht ein Mann der II. deutschen Armee dem Prinzen Friedrich Karl entzogen, und gerade am 11. Januar, also an dem Tage, an welchem Bourbaki diese Befürchtung telegraphisch meldete, fand die Schlacht vor Le Mans statt.

Auf die Art und Weise, wie die französische Regierung ihre Feldherren über die allgemeine Kriegslage unterrichtete, wird hierdurch ein grelles Streiflicht geworfen.

General v. Werder hatte am 11. Januar die verabredete Unterredung mit dem General v. Tresckow I., dem Kommandeur des Belagerungskorps von Belfort in Argiésans. Oberstlieutenant v. Scheliha hatte bereits dafür gesorgt, daß überall auf der gewählten Vertheidigungslinie Relais gelegt worden waren, so daß sofort nach der Besprechung General v. Werder die nordwestliche Strecke der Stellung hinter der Lisaine, Oberstlieutenant v. Leszczynski die südöstliche Strecke derselben besichtigen konnten, wobei beide Herren von Héricourt ihren Ausgangspunkt nahmen.

Vorher war schon bestimmt worden, daß die Belagerungsartillerie in umfassender Weise zur Vertheidigung der Lisaine-Stellung herangezogen werden sollte.

Nach der Rückkehr des kommandirenden Generals und seines Generalstabschefs wurde der Korpsbefehl vom 11. Januar, 7 Uhr abends ausgegeben, welcher während der ganzen Schlacht an der Lisaine die Richtschnur für die Maßregeln der Deutschen bildete. Er lautete folgendermaßen:

„Das Detachement Debschitz behält seine bisherige Aufstellung bei Delle und Beaucourt—Grincourt, zieht jedoch das in Sochaux bisher gelegene Bataillon an sich, sobald dasselbe von der 4. Reserve=Division abgelöst ist.

Die Bayerische Ausfallbatterie tritt unter den Befehl der 4. Reserve=Division. Diese Letztere löst am 12. Januar früh das Detachement des Oberst v. Bredow in Arcey ab.

Die bisher zum Belagerungskorps abkommandirt gewesenen Truppen der 4. Reserve=Division treten wieder unter den Befehl des Generals v. Schmeling, sobald sie im Laufgrabendienst von der 1. Reserve=Division abgelöst sind.

Am 13. Januar mittags soll die 4. Reserve=Division mit einer Infanterie=Brigade und 4 Batterien die Vorposten und die Stellung bei Héricourt bezogen und die andere Brigade, 2 Batterien und die Bayerische Ausfallbatterie in Sochaux die Vorposten vor Montbéliard, das Schloß Montbéliard mit 2 Kompagnien, Bethoncourt und Sochaux mit je einem Bataillon besetzt haben.

In der Stellung Héricourt—Montbéliard, welche der 4. Reserve=Division zur Vertheidigung angewiesen wird, müssen die Batterien an denjenigen Stellen in Geschützdeckungen stehen, wo sie zur Ver=wendung kommen sollen. Mannschaft und Pferde sind in den zunächst liegenden Ortschaften unterzubringen.

Ob General v. Schmeling die Vorposten in Arcey oder am Rupt=Bache aufstellen will, bleibt ihm überlassen. Jedenfalls ist dem Feinde ein so ernster Widerstand entgegenzusetzen, daß derselbe größere Kräfte entwickeln muß, um Boden zu gewinnen.

Nördlich von der 4. Reserve=Division schließt sich das Detachement v. d. Golz an, seine Avantgarde in Couthenans, sein Gros in Chagey und Luze.

Die 1. Badische Infanterie=Brigade, 2 Batterien und eine Schwadron belegen die Orte Echenans, Mandrevillars, Buc und Chalonvillars; im Falle eines Alarms mit dem Versammlungsorte Mandrevillars.

Die 2. und 3. Badische Infanterie=Brigade versammeln sich um Frahier, mit Oberst v. Willisen in Lure über Ronchamp Ver=bindung haltend, Vorposten in Etobon gegen Béverne. Vier Batterien

der Badischen Division, als Korpsartillerie formirt, belegen Chalon=
villars event. Frahier.

Der Badische Divisionsstab geht nach Frahier, nimmt dort
sämmtliche Depeschen an das Generalkommando an und befördert
dieselben je nach ihrer Wichtigkeit durch Relais. Die Divisionen haben
sich über alle Vorkommnisse untereinander in Verbindung zu halten.

Oberst v. Willisen verbleibt in Lure und zieht sich, wenn
gedrängt, auf Ronchamp und dann auf Giromagny zurück.

Zwischen allen Kantonnements werden Relais gestellt und die
Kavallerie bemcntsprechend vertheilt. Die Relaisposten sind gut zu
bezeichnen, des Nachts durch Laternen und möglichst in oder in die
Nähe der Mairien zu legen.

Die Pioniere des Belagerungskorps sprengen bereits die Ueber=
gänge bei Bethoncourt und Buffurel, die bei Sochaux und die bis
Delle abwärts liegenden Brücken sind zu unterminiren und mit
Pionier=Abtheilungen zu besetzen.

Eine Festungs=Pionier=Kompagnie unter Bedeckung von einem
Zuge Kavallerie und zwei Kompagnien Infanterie der Badischen
Division mit fünf Zentner Pulver sammelt sich am 12. Januar
mittags in Chaux. Der Pionierhauptmann hat den Befehl, die
Straße über den Ballon d'Alsace bei St. Maurice nördlich von
Giromagny unpassirbar zu machen.

Die Belagerungs=Artillerie verstärkt die Geschützzahl im Schlosse
von Montbéliard und erbaut eine starke Batterie auf den Höhen
östlich dieses Ortes, so daß dieselbe das Thal bei Bethoncourt be=
streichen kann und Montbéliard unter Schuß hält. Findet sich hier
keine gute Stellung, so wird dieselbe nordöstlich von Bethoncourt zu
wählen sein.

Die in Frahier stehenden Trains sind von den Truppen=
abtheilungen am 12. Januar früh heranzuziehen. Generalmajor
Graf Sponeck setzt eine Infanterie=Munitionskolonne in Marsch
nach Héricourt für die 4. Reserve=Division. Dieselbe fährt nach
ihrer Entleerung nach Dannemarie. Die großen Trains unter
Befehl des Majors Chelius fahren am 12. Januar nach Giromagny,
am 13. Januar nach Massevaux und Sentheim. Die Badische
Division dirigirt die Proviant= und Fuhrpark=Kolonnen, welche in
Ronchamp und auf der Straße bis Champagney stehen, nach Frahier
und Mandrevillars. Nach ihrer Entleerung fahren dieselben sofort
nach Sentheim zurück."

12*

Nicht oft dürfte ein Korpsbefehl in ähnlich umfassender und vor=
sorglicher Weise für eine Reihe von schweren Tagen im Voraus erlassen
worden sein. Es wird hier an Alles gedacht und zwar auf die zweck=
mäßigste Art.

Das Schwergewicht der Vertheidigung wurde mit Recht auf den
rechten Flügel gelegt, weil ein Druck der Franzosen hier ganz besonders
empfindlich werden mußte.

Wir werden freilich bei der Betrachtung der Schlacht an der
Lisaine sehen, daß vielfache, durch die Umstände gebotene Aenderungen
eintraten, und daß schließlich doch gerade auf dem rechten Flügel der
Deutschen, den der Korpsbefehl besonders kräftigen wollte, die größte
Gefahr eintrat.

Doch das bleibt einer späteren Darstellung überlassen.

Große Verdienste erwarb sich Oberstlieutenant v. Scheliha, der
Kommandeur der Belagerungsartillerie, indem er den General v. Werder
und seine Truppen in den folgenden Tagen nach allen Seiten hin unter=
stützte und dabei ebenso viel Umsicht wie Thatkraft entwickelte.

Im Uebrigen werden wir alle Vorbereitungsmaßregeln der Deutschen
für die Schlacht an der Lisaine im Zusammenhang mit dieser Schlacht
besprechen und verweisen daher den gütigen Leser auf 'die demnächst
erscheinende Beschreibung der Schlacht an der Lisaine.

Die Badische Division erreichte am 11. Januar die Gegend von
Frahier und Chalonvillars, die Brigade v. d. Golz die Gegend von
Chagey, Luze und Couthenans, die 4. Reserve=Division marschirte nach
Tavey und Héricourt.

General v. Werder glaubte, daß die Franzosen derartig von der
Eisenbahn abhängig seien, daß ihr Angriff sich im Wesentlichen nur
gegen den linken Flügel und die Mitte der deutschen Schlachtstellung
richten würde, deren rechter Flügel also weniger ernsthaft bedroht wäre.

Demgemäß marschirte die 4. Reserve=Division am 12. und
13. Januar mit einer Brigade nach Montbéliard und Sochaux, mit
der anderen Brigade nach Héricourt. General v. d. Golz blieb bei
Couthenans und Luze. Die 1. Badische Brigade wurde weiter rückwärts
nach Chalonvillars und Mandrevillars verlegt, während die 2. und
3. Badische Brigade sich in der Gegend von Frahier versammelten und
aus 4 Batterien eine Artillerie=Reserve bildeten.

Oberst v. Willisen hatte leichte Berührungen mit französischen
Truppenabtheilungen, die sich jedoch sehr zaghaft benahmen. Er hatte
bereits den Entschluß gefaßt, seine Truppen am 13. Januar früh bei

Lure zu versammeln, erhielt jedoch die Erlaubniß, am 13. Januar auf Ronchamp zurückzugehen, wo er den ernstesten Widerstand leisten sollte. Ein Kavallerie-Regiment sollte von Luxeuil aus die linke Flanke der Franzosen beobachten.

Die Pässe über die Vogesen wurden durch Etappentruppen des General-Gouvernements im Elsaß besetzt und zur Sperrung vorbereitet.

Für die Vertheidigung der Stellung hinter der Lisaine erhielten die Truppenkommandeure folgende vom 12. Januar mittags 1 Uhr datirten Direktiven:

„Im Falle eines allgemeinen Angriffs auf die Stellung Delle— Montbéliard—Héricourt—Luze handeln die Herren Divisionskommandeure nach folgenden Direktiven:

Sowie der Angriff auf Héricourt—Montbéliard resp. Delle ausgesprochen ist, wird die allgemeine Reserve, die 1. und 2. Badische Infanterie-Brigade und die Badische Korpsartillerie unter Befehl des Generallicutenants v. Glümer nach Banvillars oder Chatenois in Marsch gesetzt. Alle Straßen, welche von diesen beiden Orten in die Stellung führen, müssen sofort auf das Genaueste erkundet werden. Argiésans und Sevenans können von der Festung Belfort unter Feuer gehalten werden.

Die 3. Badische Brigade hat den Auftrag, an geeigneter Stelle, voraussichtlich bei Chevanne, ein Vordringen des Feindes auf Frahier unbedingt zu hindern.

Oberst v. Willisen wird die Straße bei Ronchamp sperren.

Die Badische Division stellt zur Verfügung des Generalmajors v. d. Golz noch heute 2 Batterien in Echenans.

Sollte es dem Feinde glücken, an irgend einem Punkte durchzubrechen und das Korps zu einer rückgängigen Bewegung genöthigt werden, so darf diese **niemals weiter als bis an den Savoureuse-Bach gehen.** Es werden zu diesem Zwecke sofort von den Pionieren des Belagerungskorps von Chatenois nach Vourvenans Uebergänge hergestellt.

Mit Beginn des Gefechts oder eines allgemeinen Alarms werden sämmtliche Fahrzeuge, mit Ausnahme der Munitionswagen und Medizinkarren, nach folgenden Punkten in Marsch gesetzt.

Die 4. Reserve-Division, das Detachement v. d. Golz, der Korpsstab und die 1. Badische Brigade fahren über Bourogne, Eschéne nach Bellescot; die übrigen Theile der Badischen Division fahren nach Gros-Magny.

(Außer den Munitionswagen und Medizinkarren sollten infolge einer am 13. Januar früh erlassenen Aenderung dieses Befehls jedem Bataillon 2 Lebensmittelwagen folgen, auch sollten die Trains der 4. Reserve-Division und des Detachements v. d. Goltz die Richtung auf Bourvenans bezw. Dambenois nehmen.)

Bis morgen früh wird eine Telegraphenverbindung bis Brévilliers hergestellt sein und Delle, Montbéliard, Bourogne und Frahier in Verbindung stehen. Klare Telegramme sind erst dann zu senden, wenn das, was zu melden ist, auch sicher ist.

Die Belagerungs-Artillerie bringt sofort noch schwere Geschütze auf der Höhe nördlich von Héricourt in Stellung, die gegen Tavey und Bussurel feuern können.

Die bayerische Ausfall-Batterie tritt nicht unter Befehl der 4. Reserve-Division, sondern bleibt bei dem General v. Debschütz, der sie heranzieht.

Der eventuelle Rückzug der in Exincourt liegenden Truppen geht nicht auf Sochaux, sondern ostwärts."

Es war geradezu herrlich, zu befehlen, daß selbst ein nothwendig werdender Rückzug niemals weiter als bis zum Savoureuse-Bache gehen dürfe. Das war echt deutsch, mannhaft und klug.

Da wir nur die Absicht haben, den Zusammenhang der großen Ereignisse soweit zu wahren, daß der Leser ein volles Verständniß für die außerordentlich erschwerenden Umstände gewinnen kann, unter welchen die Schlacht an der Lisaine geschlagen werden mußte, so unterlassen wir absichtlich jede Kritik der Befehle, die übrigens doch nur in hohem Grade anerkennend ausfallen könnte.

General Bourbaki erwachte endlich am 12. Januar aus seiner Unthätigkeit. Er bereitete den Vormarsch seiner Armee gegen Belfort zum 13. Januar vor, beließ aber das 18. Armeekorps bei Villersexel, obschon doch gerade der linke Flügel der französischen Ostarmee den weitesten Weg zurückzulegen hatte und daher zweckmäßigerweise am frühesten abmarschiren mußte.

Herr de Freycinet war mit der bescheidenen Absicht des Generals Bourbaki, am 13. Januar nur die Stellung von Arcey zu erobern, keineswegs sehr zufrieden. Er richtete folgende Depesche an den General, datirt vom 12. Januar, 11 Uhr 30 Minuten aus Bordeaux:

„La prise d'Arcey que vous projetez pour demain ne me parait pas ajouter beaucoup à l'interception des communications de l'ennemi, telle que vous l'avez déjà obtenue par la prise de Villersexel. Le temps exigé pour cette opération est-il bien en rapport avec le résultat que vous en retirerez?

Vous paraissez abandonner, au moins quant à présent, la marche sur Lure. Ne craignez vous pas, en inclinant ainsi tout entier vers la droite, de permettre aux deux groupes d'ennemis de Belfort et de Vesoul, de se rejoindre par la route de Lure? Je crains que vous ne perdiez le bénéfice de cette séparation en deux tronçons que vous aviez si bien entamée. (Bekanntlich war am 12. Januar die Vereinigung aller Truppen des Generals v. Werder längst erfolgt.)

Vos mouvements successifs s'accomplissent avec une grande lenteur, puisque 3 jours se sont écoulés entre Villersexel et Arcey, points distants de 8 à 9 kilomètres!

Je ne nie point les difficultés, mais mon devoir est de vous prévenir que, d'après l'ensemble de nos renseignements, des renforts arrivent de divers côtés à l'ennemi, et qu'en ajournant ainsi, même pour les meilleurs motifs, vous trouverez l'ennemi en grande force numérique.

Telles sont les réflexions que je vous soumets.

Vous apprécierez dans quelle mesure les circonstances permettent d'en tenir compte.

J'approuve très fort la marche de Cremer en arrière de Vesoul pour couper la retraite de l'ennemi."

Man wird nicht umhin können, den Anschauungen des Herrn de Freycinet in manchen Punkten Recht zu geben. General Bourbaki hatte eine ganz falsche Vorstellung von der Wichtigkeit der Stellung von Arcey sowie von den Streitkräften der Deutschen, die in dieser Stellung zu erwarten waren.

Deutscherseits befanden sich am 13. Januar auf der Linie Chavanne—Arcey—Ste. Marie nur Avantgarden, welche den gemessenen Befehl hatten, den Feind zwar zur Entwickelung zu zwingen, vor überlegenen Kräften aber zurückzugehen, ohne sich auf einen verlustreichen Kampf einzulassen.

Wollten die Franzosen die Stellung Héricourt—Montbéliard frontal angreifen, dann mußten sie natürlich zunächst die deutschen Vorposten über die Lisaine zurückwerfen; dagegen wird Niemand einen Einwand erheben können.

Weshalb aber das 18. Armeekorps noch am 13. Januar bei Villerſexel, Front gegen Norden, ſtehen bleiben mußte, bleibt unerfindlich. Es hatte thatſächlich keinen Feind vor ſich.

Die eingetroffenen Theile des 15. Armeekorps ſollten am 13. Januar auf Montenois, Onans und Arcey vorgehen; das 24. Armeekorps in der Mitte auf Gonvillars, Corcelles und Marvelife; das 20. Armee= korps auf den linken Flügel auf Crevans, Secenans, Senargent und Bellechevreux. Die Armee=Reſerve ſollte hinter der Mitte auf Onans und Faimbe folgen.

Die Truppen erhielten den Befehl, am 13. Januar früh morgens abzukochen und um 9 Uhr früh die Bewegungen zu beginnen.

Mit größter Peinlichkeit wurden Maßregeln vorgeſehen, um die Straßen durch Aufſtechen des Glatteiſes und Beſtreuen mit allem verfügbaren Material weniger glatt zu machen. Für die Sicherheit der rechten Flanke wurden Vorſichtsmaßregeln angeordnet.

Kurz, der Angriffsbefehl zum 13. Januar athmete die größte Vor= ſicht, ſah ſogar die Möglichkeit eines Rückzuges voraus.

IX. Der 13. Januar 1871.

Infolge des nun endlich begonnenen offenſiven Vormarſches der Armee Bourbakis kam es am 13. Januar zu einer Reihe heftiger Ge= fechte, welche man von deutſcher Seite als Vorpoſtengefechte, von franzö= ſiſcher Seite als Avantgardegefechte bezeichnen darf.

Wir werden ſehen, daß die Kämpfe von Chavanne, von Arcey und von Ste. Marie in engem Zuſammenhange ſtehen; ſie müſſen deshalb einheitlich betrachtet werden. Man wird dies am beſten dadurch erreichen, daß man zunächſt jedes der drei Gefechte für ſich beſchreibt und dann durch eine überſichtliche Zeittabelle den Zuſammenhang der kriegeriſchen Ereigniſſe gebührend hervorhebt.

Wir betrachten daher zunächſt das

A. Gefecht von Ste. Marie.

Das Dorf Ste. Marie war am 13. Januar von I./67 beſetzt, jedoch war dieſes der Avantgarde der 4. Reſerve=Diviſion vorübergehend zugetheilte Bataillon erſt um 8 Uhr früh in das Dorf eingerückt und hatte die Kompagnien 5., 8./25 abgelöſt, welche während der Nacht zum

13. Januar hier auf Vorposten gestanden hatten, nun aber nach Arcey marschirten.

1./67 stellte gegen Montenois 2 Feldwachen aus, jede in der Stärke von 1 Offizier, 50 Mann und setzte außerdem einen Unteroffizierposten von 1 Unteroffizier, 12 Mann in dem Gehölz le Chênois aus.

Französischerseits ging gegen Ste. Marie die 2. Brigade (Luestel) der 1. Division 15. Armeekorps vor, während rechts von dieser Brigade das 1. Marsch-Zuaven-Regiment derselben Division gegen Présentevillers und den Wald du Mont Bart sich wendete, ohne indessen hierbei auf Widerstand zu stoßen. In Reserve folgte hinter der Brigade Luestel die 1. Brigade der 3. Division 15. Armeekorps.

Schon gegen 9 Uhr meldeten die Patrouillen der 67er, daß Montenois stark von den Franzosen besetzt sei und daß diese mit bedeutenden Massen gegen Ste. Marie vorgingen.

Sofort besetzten 4., 2., 1./67 (so war die Reihenfolge der Kompagnien vom rechten Flügel aus gerechnet) die Vertheidigungsstellung von Ste. Marie; von jeder Kompagnie schwärmten zwei Züge aus, ein Zug blieb geschlossen dahinter, 3./67 bildete die Reserve.

Gegen 10 Uhr leitete heftiges Artilleriefeuer den Angriff der Franzosen ein. Starke französische Schützenschwärme gingen gegen Ste. Marie vor und eröffneten ihr Gewehrfeuer schon auf sehr weiten Entfernungen. Kolonnen folgten auf etwa 200 Schritt hinter den Schützenschwärmen.

Die Franzosen versuchten von Anfang an, beide Flanken des vereinzelten preußischen Bataillons zu umfassen; sie bedrohten hierbei besonders scharf die linke Flanke der Preußen, welche nur 900 Gewehre in der Front hatten.

Die 67er ließen die Franzosen gegen ihre Flanken bis auf 200 Schritt herankommen, in der Front gestatteten sie dem Gegner sogar, noch näher heranzukommen; nun aber gaben die Preußen ein ruhiges, sicheres und sehr kräftiges Feuer ab, welches den Feind denn auch zum Stehen brachte. Gegen die rechte Flanke ging vom Bois le Chênois her ein französisches Bataillon vor, wurde aber von der auf dem rechten Flügel stehenden Kompagnie 4./67 so gründlich abgewiesen, daß sogar noch ein Zug dieser Kompagnie der in der Front stehenden hart bedrängten Kompagnie 2./67 zu Hülfe gesandt werden konnte.

In der Front und gegen die linke Flanke rückten nach preußischen Berichten etwa je zwei französische Bataillone vor; sie wurden durch wirksames Feuer einmal zurückgeworfen, griffen aber dann, durch frische

Kräfte verstärkt, von Neuem an. Allmählich kamen die Franzosen bis auf 60 Schritt heran, legten sich hier hinter allerhand kleinen Deckungen nieder und eröffneten auf diese nächste Entfernung ein heftiges Schnellfeuer.

Nunmehr erfolgte auch von der rechten Flanke her ein Angriff von angeblich etwa 2 bis 3 französischen Bataillonen, so daß der bis dahin tapfer vertheidigte Kirchhof schleunigst geräumt werden mußte.

Etwa um 11½ befahl Major v. Kutschenbach den Rückzug. Zur Deckung desselben besetzte 3./67 mit einem Zuge den nordöstlich von Ste. Marie gelegenen Saum des Bois de la Côte und zwar an der Stelle, wo der Weg nach St. Julien den Wald durchschneidet, während die beiden anderen Züge von 3./67 sich mehr westlich gegen Echenans hin wendeten.

Die Franzosen drangen indessen so schnell in das Dorf Ste. Marie ein, daß sich ein erbitterter Straßenkampf entspann, wobei die Franzosen eine gewaltige numerische Ueberlegenheit entwickelten, wenngleich die preußischerseits gemachte Angabe von etwa zehn feindlichen, hier im Kampfe gewesenen französischen Bataillonen offenbar auf Irrthum beruht, wie wir später sehen werden.

Jedenfalls war die Lage der drei noch im Dorfe befindlichen preußischen Kompagnien eine äußerst kritische; es gelang den 67ern überhaupt nur durch die größte Tapferkeit und Energie, sich einen Rückzug gewaltsam zu erzwingen.

Major v. Kutschenbach leistete persönlich mit Theilen von 1., 2./67 an dem Nordsaume von Ste. Marie, hinter einer Gartenmauer, noch einige Zeit Widerstand, obschon die französischen Schützenschwärme theilweise bis auf 30 Schritte herandrängten.

Unter diesen sehr erschwerenden Umständen gelang es dem Bataillon I./67 nicht mehr, seinen Rückzug einheitlich geleitet und in derselben Richtung durchzuführen, vielmehr wurde das Bataillon in zwei Gruppen zerrissen. Theile von 1., 2./67 und die ganze Kompagnie 4./67 gingen nebst zwei Zügen von 3./67 auf Echenans zurück, der Rest des Bataillons unter Major v. Kutschenbach aber auf St. Julien.

Selbstredend ist es nicht möglich, die genaue Stärke jeder der beiden Gefechtsgruppen anzugeben, man wird aber der Wahrheit nahe kommen, wenn man annimmt, daß von den 12 Zügen des Bataillons I./67 etwa 7 bis 8 Züge auf Echenans, etwa 4 bis 5 Züge auf St. Julien zurückgegangen sind. Daß die Züge dabei wahrscheinlich mehr oder weniger durcheinandergekommen sein werden, braucht einem kriegserfahrenen Soldaten nicht erst gesagt zu werden.

In Echenans übernahm der Chef von 3./67, Hauptmann Frhr. v. Rauendorf den Befehl, sammelte diese Gruppe soviel als möglich und empfing die nachdrängenden Franzosen mit so heftigem Schnellfeuer, daß sie zunächst unter bedeutenden Verlusten zurückwichen. Jetzt entspann sich an der Ost= und Süd=Seite von Echenans ein immer heftiger werdendes Feuergefecht.

In diesem äußerst kritischen Momente erfolgte nun aber ein Offensivstoß preußischer Truppen von Désandans her. Nach diesem Orte hatte nämlich schon vor 12 Uhr mittags Oberst v. Loos das Bataillon F./25 aus Arcey zurückgenommen, um in aller Ruhe und Ordnung seinen eigenen Rückzug vor den ihn bedrängenden, weit überlegenen französischen Massen ausführen zu können.

In Désandans konnte der Kommandeur von F./25, Oberst=lieutenant v. Spangenberg, die schwer bedrängte Lage der 67er gut genug sehen, um seinerseits sofort den bedrohten Kameraden Hülfe bringen zu können. Er ließ daher sogleich 10., 12./25 in erster, 9./25 in zweiter Linie gegen die Flanke der auf Echenans vordringenden Franzosen zur Offensive vorbrechen; auch die 3. leichte Reserve=Batterie folgte bis westlich von Echenans, während 11./25 zur Sicherung von Désandans zurückblieb.

Die 3. leichte Reserve=Batterie vermochte trotz feindlichen Flanken=feuers erfolgreich zu wirken, sie beschoß sowohl die in der Richtung auf Echenans, als auch die gegen den Wald von St. Julien vor=dringenden Franzosen und trug erheblich zum Erfolge bei.

Hauptmann v. Rauendorf warf sich, angesichts der ihm nahenden Unterstützung, unter Trommelschlag mit den von ihm gesammelten Theilen von I./67 den Franzosen entgegen. Dieser offensive Rückschlag, in Verbindung mit dem Offensivstoß von F./25 und dem vortrefflichen Eingreifen der preußischen Batterie brachte denn auch die gewünschte Wirkung hervor. Die Franzosen kamen einstweilen gründlich zum Stehen, so gründlich, daß sie keine Lust mehr zeigten, den weiteren Rückzug der Gefechtsgruppe von Echenans ernsthaft zu belästigen.

Selten ist wohl ein offensiver Flankenstoß so rechtzeitig ausgeführt worden, wie es hier Oberstlieutenant v. Spangenberg mit seinen drei Kompagnien uns gezeigt hat; selten hat auch wohl in gleich kritischer Lage ein so vortreffliches Eingreifen aller betheiligten Truppen statt=gefunden, wie es hier seitens des Hauptmanns v. Rauendorf und der 3. leichten Reserve=Batterie der Fall war.

Dies Alles geschah gegenüber einem ungeheuer überlegenen, sieg= reichen und übermüthig nachdrängenden Feinde.

Man darf daher diesen kriegerischen Vorgang als mustergültig be= zeichnen. Er lehrt uns, daß wenn Intelligenz sich mit taktischer Einsicht und Tapferkeit paart (und ohne Intelligenz nutzt alle Tapferkeit ebenso wenig, wie Intelligenz und taktische Einsicht ohne Tapfer= keit und geschicktes Können von Nutzen sind), der Erfolg so gut wie sicher ist; er lehrt uns aber auch, daß die benannten Eigenschaften, die wiederum auf einem verständnißvollen Studium der Kriegsgeschichte sich aufbauen müssen, selbst bis in die untersten Grade der militärischen Hierarchie von entscheidender Wichtigkeit sind. Hier waren es ein Bataillonskommandeur, ein Hauptmann und die Führer der betreffenden Unterabtheilungen bei der Infanterie, ein Batteriechef bei der Artillerie, welche die glückliche Wendung in der kritischen Gefechtslage herbeiführten. Möchten sich Alle diejenigen den eben geschilderten Vorfall recht zu Herzen nehmen, die noch immer auf dem Standpunkte stehen: „Ich führe ja doch nur höchstens eine Kompagnie im Ernstfall, weshalb soll ich denn da Kriegsgeschichte studiren. Eine Kompagnie kann ich auch ohne kriegsgeschichtliche Kenntnisse führen."

Demnächst marschirten die beiden Gefechtsgruppen von I./67 nach Rainans, woselbst sie sich wieder vereinigten. Die Gruppe, welche durch das Bois de la Côte zurückging, war gleichfalls von den Franzosen lebhaft gedrängt worden, so daß sie sich nach St. Julien zurückziehen mußte, indessen machten der eben geschilderte Offensivstoß und die Wirkung der 3. leichten Reserve=Batterie auch diesem Theile von I./67 Luft.

Der Rückzug der Preußen aus Echenans mag wohl bald nach 1 Uhr begonnen haben. Waren die 67er zuerst vom Gegner recht heftig verfolgt worden, so konnte I./67 nach seiner Wiedervereinigung bei Rainans, ohne von den Franzosen belästigt zu werden, nach Laire abmarschiren und zog hier auf Vorposten.

Die drei Kompagnien von F./25 und die 3. leichte Reserve=Batterie marschirten ihrerseits, gleichfalls ohne vom Feinde belästigt zu werden, auf Semondans ab. Die Franzosen schritten mit sehr bemerkbarer Vorsicht zuerst zur Besetzung von Echenans und breiteten sich dann, wiederum mit großer Behutsamkeit, weiter in nördlicher Richtung aus. Der Schlag von Echenans hatte also dem leicht entzündbaren französischen Siegestaumel recht kräftig in die Zügel gegriffen.

Der Verlust von I./67 betrug nach dem Generalstabswerk 2 Offiziere, 69 Mann, darunter 39 Mann vermißt. Die Regiments=geschichte des Regiments Nr. 67 giebt ihn etwas anders an, nämlich auf 9 Mann todt (einschließlich von 4 vermißt Gebliebenen), auf 2 Offiziere, 29 Mann verwundet und auf 33 Mann vermißt, also auf 2 Offiziere, 71 Mann. Der Unterschied ist äußerst geringfügig.

Französischerseits führte bekanntlich die Brigade Cuestel der 1. Division 15. Armeekorps den Angriff auf Ste. Marie durch und zwar kamen angeblich nur das 4. Marsch=Jäger=Bataillon, das I. Bataillon der 1. Marsch=Turkos und das III. Bataillon des 18. Mobilgarden=Regiments scharf ins Feuer, während I. und II./18 Mobiles mehr in Reserve geblieben sein sollen.

Das 4. Marsch=Jäger=Bataillon verlor nach seinem historique 1 Offizier, 57 Mann; die Turkos sollen nur sehr geringe Verluste er=litten haben (angeblich nur 9 Mann), dagegen litt das Bataillon III./18 Mobiles anscheinend sehr bedeutend. Grenest zählt Seite 669 allein 4 verwundete Offiziere namentlich auf. Uebrigens giebt Grenest die Stärke des 18. Mobilgarden=Regiments für den 3. Januar nur auf etwas mehr als 1900 Mann an, so daß die Bataillone also am 13. Januar, d. h. 10 Tage später, nur etwa höchstens je 580 Gewehre gezählt haben würden.

Thatsächlich sind mithin 7 französische Bataillone gegen Ste. Marie vorgegangen, welche indessen eine erheblich geringere Durchschnittsstärke hatten, als das preußische Bataillon I./67. In Reserve folgten hinter der Brigade Cuestel die 7½ Bataillone der 1. Brigade der 3. Division 15. Armeekorps, ohne jedoch ins Gefecht zu kommen. Im Ganzen übten demnach etwa rund 8000 Gewehre der Franzosen den Druck auf Ste. Marie aus, welches von 900 Gewehren der Preußen besetzt war. Von den 8000 Gewehren der Franzosen kamen schließlich aber nur etwa 3000 Gewehre zur Thätigkeit. Es ist also wohl die wirklich ins Gefecht gekommene Uebermacht der Franzosen von dem Bataillon I./67 stark überschätzt worden, wie das im Kriege ja sehr häufig ge=schieht, besonders in so bedrängter Lage, wie sie für die Preußen in Ste. Marie eintrat.

Die Verluste der Franzosen waren offenbar recht erheblich, man wird sie nicht unter 200 bis 250 Mann beziffern dürfen, da französischer=seits ausdrücklich betont wird, daß die Mobilgarden weit größere Ver=luste erlitten hätten, als das 4. Marsch=Jäger=Bataillon. Das ruhige

Feuer der Preußen hat also doch recht gut gewirkt, wie das bei den nahen Entfernungen, auf welchen das Gefecht geführt wurde, ja eigentlich selbstredend ist.

Wir wenden uns jetzt zu dem

B. Gefecht von Arcey.

Die Avantgarde der 4. Reserve-Division, Regiment Nr. 25. 2. Schwadron der 3. Reserve-Ullanen, 1. schwere und 3. leichte Reserve-Batterie, hatte bei Arcey Stellung genommen und zwar folgendermaßen: I./25, 5., 8./25 im Dorfe Arcey, F./25 hinter dem Dorfe, in Gonvillars 6., 7./25; beide Batterien und die Schwadron vorläufig in Reserve.

Um 10 Uhr früh brachten die Franzosen auf der Linie Montenois— Onans—Marvelise etwa fünf Batterien ins Feuer, welche freilich theilweise bis auf 4000 m entfernt standen. Gleichzeitig begann auch der Vormarsch der französischen Infanterie. Es läßt sich aus Mangel an zuverlässigen französischen Berichten nicht feststellen, wieviel französische Truppen thatsächlich auf Gonvillars vorgegangen sind. Angeblich hat sich von der 3. Division 24. Armeekorps nur die Kolonne des Oberstlieutenants Marchal gegen diesen Ort gewendet, I./89 Mobiles und zwei Gebirgsgeschütze; es mögen jedoch starke Massen des linken Flügels der auf Arcey vordringenden Franzosen anfangs auch die Linie Gonvillars—Arcey bedroht haben.

Jedenfalls räumten 6., 7./25 das Dorf Gonvillars schon bald nach 10 Uhr früh und gingen um die Südspitze des Bois d'Arcey herum zurück, um sich in einer nördlich von Arcey gelegenen Kiesgrube festzusetzen. Hier bildeten nun die beiden Kompagnien den rechten Flügel der Stellung des Regiments Nr. 25.

Französischerseits marschirten um 10 Uhr früh die 1. und 2. Division 24. Armeekorps und hinter ihnen in Reserve die 2. Brigade der 3. Division 15. Armeekorps gegen Arcey vor, also 20 Bataillone des 24. und 9 Bataillone des 15. Armeekorps. Wenn man sich vergegenwärtigt, welchen Eindruck das Erscheinen dieser großartigen Truppenmassen, die man bei dem klaren Winterwetter recht gut erkennen konnte, auf die an Zahl so geringen Preußen gemacht haben mag, so wird man die frühzeitige Räumung von Gonvillars um so begreiflicher finden, als ein Rückzug von 6., 7./25 zum Gros ihres Regiments nur auf der Straße Gonvillars—Arcey möglich war.

Es standen also bei Arcey 2450 Gewehre der Preußen, gegen welche etwa 18 000 Gewehre des 24. französischen Armeekorps in erster Linie und etwa rund 5000 Gewehre des 15. Armeekorps in Reserve vorgingen.

Die schwere Reserve-Batterie nahm den Kampf mit der weit überlegenen feindlichen Artillerie sogleich auf, sie setzte sich zuerst nördlich, dann östlich von Arcey ins Feuer; die leichte Reserve-Batterie konnte erst später, westlich der Straße Arcey—Désandans, ihr Feuer eröffnen, als sich ihr günstige Ziele boten.

Die Franzosen versuchten alsbald die Stellung von Arcey auf beiden Flanken mit starken Kolonnen zu umgehen, während ein lebhaftes Geschützfeuer diese Flankenbewegungen unterstützte. Die vordersten französischen Schützenschwärme mögen übrigens wohl schon vor 10 Uhr früh sich den preußischen Vorposten genähert haben.

Oberst v. Loos erkannte sogleich die große Ueberlegenheit der Franzosen und entschloß sich sehr richtig dazu, bei Zeiten das Dorf Arcey zu räumen, ehe noch die doppelseitige Umfassung, welche die Franzosen schon deutlich begonnen hatten, wirksam werden konnte.

Er befahl daher gegen 12½ Uhr die Räumung von Arcey, nahm jedoch das Bataillon F./25 schon erheblich früher nach Désandans zurück, um hier den Rückzug der übrigen Truppen möglichst sicher zu stellen. Wir kennen bereits das vortreffliche Eingreifen dieses Bataillons in den Kampf bei Echenans.

Demnächst gingen 5., 8./25, 6., 7./25 und zuletzt 1./25 über Désandans zurück, welches Dorf von 11./25, die bekanntlich hier zurückgeblieben war, leicht vertheidigt wurde. 6., 7./25 nahmen hinter Désandans eine Aufnahmestellung.

Die Straße windet sich hier engwegartig zwischen dem Walde und einer Ziegelgrube hindurch. Wir wissen, daß nach dem offensiven Rückschlage von Echenans die Franzosen mit großer Vorsicht sich weiter nordwärts vorbewegten. Auch bei Désandans entstand eine längere Gefechtspause, welche dem ordnungsmäßigen Rückzuge des Regiments Nr. 25 sehr zu statten kam.

Es mag gegen 2 Uhr gewesen sein, als die vordersten französischen Schützenschwärme aus Désandans heraustraten, um den Preußen zu folgen. 6., 7./25 empfingen nun den Feind mit viergliedrigen Salven auf kurzer Entfernung. Dieses Feuer, welches in Wirklichkeit vermuthlich sehr bald in Schnellfeuer übergegangen sein mag, warf die Franzosen zurück und brachte ihnen empfindliche Verluste bei. Der

Rückzug von 6., 7./25 konnte nun in größter Ruhe und Ordnung vor sich gehen, wurde aber allerdings durch lebhaftes feindliches Geschützfeuer stark belästigt.

Kurz vor Aibre, etwa da, wo der von Semondans her kommende Weg die Hauptstraße schneidet, hatte 1./25 eine neue Aufnahmestellung genommen. Die Franzosen versuchten wiederum, diese Stellung in beiden Flanken zu umgehen, so daß Oberst v. Loos sich genöthigt sah, gegen 2½ Uhr den Rückzug auf Aibre fortzusetzen.

Wir werden sehen, daß um diese Zeit die Nachbarabtheilung des Regiments Nr. 25, die beiden Bataillone II./30 und F./30, schon aus Chavanne abzogen, bezw. abgezogen waren. Der Rückzug des Oberst v. Loos war dadurch ernsthaft bedroht, er sandte daher seine beiden Batterien voraus, um jenseits Aibre von Neuem Stellung zu nehmen. Dies führten die Batterien aus, indem sie auf der Höhe 363 hinter Aibre auffuhren und von hier ihr Feuer eröffneten.

Die Franzosen versuchten durch heftiges Schnellfeuer den Abzug der 25er zu stören, was ihnen jedoch nicht gelang. Indessen mußten doch 2 Geschütze der 3. leichten Reserve-Batterie wieder durch Aibre vorgehen, um hier, südlich des Dorfes, gedeckt durch eine starke Schützen- linie der 25er, Schnellfeuer gegen die nachdringenden Franzosen abzugeben.

Durch diese sehr zweckmäßige Maßregel wurde der Rückzug des Regiments Nr. 25 durch Aibre hindurch gedeckt. Nachdem dieser Rück- zug bewerkstelligt war, fuhren auch die beiden Geschütze wieder ab und schlossen sich ihrer Batterie wieder an.

Jetzt nahmen beide preußische Batterien das Dorf Aibre unter kräftiges Granatfeuer. 5., 8./25 stellten sich seitwärts des Dorfes hinter dem Rupt-Bache auf. Indessen konnte Oberst v. Loos auch hinter dem Rupt-Bache nicht lange Widerstand leisten, weil die Franzosen in der Gegend von le Vernois sich auch schon in anscheinend erheblicher Stärke zeigten. Er ging daher auf Tavey zurück, woselbst er um 4½ Uhr mit allen ihm unterstellten Truppen (jedoch ohne I./67, welches bekanntlich nach Laire abmarschirt war) von Neuem Stellung nahm.

Die Franzosen folgten über Trémoins nicht hinaus.

Der 13. Januar ist ein großer Ehrentag für das Regiment Nr. 25. Nicht weniger als sechs Mal hat dieses Regiment eine Arrieregarden- Stellung eingenommen, nämlich:

1. bei Arcey mit allen 12 Kompagnien,
2. bei Désandans mit einer Kompagnie,
3. hinter Désandans mit 2 Kompagnien,

4. bei Semondans mit 4 Kompagnien,
5. hinter Aibre mit allen 12 Kompagnien,
6. bei Tavey ebenfalls mit allen 12 Kompagnien.

Das Rückzugsgefecht der 25er wird für alle Zeiten als mustergültig bezeichnet werden müssen. Dabei betrug der Verlust des Regiments nur 2 Offiziere, 62 Mann, davon nur 6 Mann vermißt. Die bei Weitem größte Last des Kampfes trug I./25, welches allein 2 Offiziere, 47 Mann verlor, dafür aber bei Arcey und vor Aibre zuletzt das Gefechtsfeld verließ.

Ein besonderer Ruhm gebührt aber, wie wir schon wissen, dem Bataillon F./25 für seinen prächtigen Flankenstoß gegen Echenans.

Ehre dem braven Regiment, welches wir schon bei Villersexel achten und lieben gelernt haben.

Der Munitionsverbrauch der beiden preußischen Batterien stellt sich bei der 1. schweren Reserve-Batterie auf 80, bei der 3. leichten auf 97 Granaten. Hieraus geht klar hervor, daß im Allgemeinen die preußische Artillerie nur sehr geringen Antheil am Kampfe genommen haben kann, wenn schon dieser Antheil in gewissen Momenten, z. B. bei Aibre, sich in recht glücklicher Weise geltend gemacht hat. Wo preußische Geschütze zum Feuern kamen, da wirkten sie eben auch vortrefflich!

Verlust der preußischen Artillerie 2 Mann, 2 Pferde,
=   = 3. Reserve-Ulanen   2 = 1 Pferd.

Den Hauptangriff gegen die Truppen des Oberst v. Loos führte die 1. Brigade der 2. Division 24. Armeekorps durch und zwar in erster Linie II., III./60. Marsch-Regiments, in zweiter Linie II., III./61. Marsch-Regiments, und in Reserve die beiden ersten Bataillone beider Regimenter. Dieser Angriff richtete sich zuerst auf Arcey, dann auf Désandans, Semondans und Aibre.

Es haben aber auch andere französische Truppen am Kampfe theilgenommen, so war z. B. das 15. Marsch-Jäger-Bataillon der 1. Division 24. Armeekorps an der Besitzergreifung von Arcey betheiligt, wobei übrigens das historique dieses Bataillons sagt, das Bataillon habe jenes Dorf genommen, ohne dabei großen Widerstand zu finden. Da Arcey von den Preußen rechtzeitig geräumt wurde, so war die „Eroberung des Dorfes" freilich kein Kunststück.

Die übrigen Truppen der 1. Division 24. Armeekorps scheinen allerdings nur in Reserve gestanden zu haben, vielleicht mit Ausnahme der Artillerie. Das 63. Marsch-Regiment gab keinen Schuß ab, und das kombinirte Mobilgarden-Regiment (Haut-Rhin, Haute-Garonne, Tarn et Garonne) verblieb 7 Stunden lang unbeweglich auf derselben Stelle in Reserve.

Wenn also die 1. Division 24. Armeekorps offenbar nur wenig ins Feuer kam, so ist es sehr fraglich, ob nicht die Mobilgarden-Brigade der 2. Division desselben Armeekorps ziemlich scharf sich am Kampfe betheiligt hat. Bestimmt wissen wir nur, daß 2 Kompagnien des 87. Mobilgarden-Regiments bei Désandans ernsthaft zur Thätigkeit gelangten und hierbei allein 23 Mann verloren. Vermuthlich werden aber wohl auch andere Abtheilungen dieser Brigade sich am Kampfe thätig betheiligt haben.

Das 34. Marsch-Regiment nahm, seinem historique zufolge, am Kampfe thätigen Antheil. Leider fehlen alle Einzelheiten über die Art dieser Betheiligung.

Die Verluste der Franzosen sind, man kann es ruhig sagen, selbstverständlich unbekannt. Wenn man aber aus dem Verluste jener beiden Mobilgarden-Kompagnien einen Rückschluß auf die Verluste der Regimenter Nr. 60 und 61 machen darf, so dürften sie wohl ohne Uebertreibung auf 200 bis 250 Mann zu beziffern sein.

Wir wenden uns jetzt zu dem

C. Gefecht von Chavanne.

Die Vorposten der Brigade v. d. Golz standen am Morgen des 13. Januar in folgenden Stellungen:

In Chavanne 7., 8., F./30, 2 Züge der 2. Schwadron 2. Reserve-Husaren und die 1. leichte Reserve-Batterie III. Armeekorps.

In Villers sur Saulnot 5., 6./30 und die beiden anderen Züge derselben Schwadron.

Französischerseits marschirte die 3. Division 24. Armeekorps um 8 Uhr früh aus Crevans ab und wendete sich über Corcelles gegen die Vorposten der Brigade v. d. Golz, welche Oberstlieutenant Nachtigal befehligte, während die Spitzen des rechten Flügels des 20. Armeekorps gleichzeitig auf Malval vorgingen.

Die 3. Division 24. Armeekorps ging in drei Kolonnen vor. Die rechte Kolonne unter Oberstlieutenant Marchal (1 Bataillon 89. Mobilgarden-Regiments und 2 Gebirgsgeschütze) marschirte auf Gonvillars, welches bekanntlich von 6., 7./25 besetzt war und sehr frühzeitig geräumt wurde, wie wir schon wissen.

Die mittlere Kolonne unter Oberst Valentin (2 Kompagnien 21. Marsch-Jäger-Bataillons von der Division Comagny, die 1. Legion der Rhône und 12 gezogene 4 Pfünder) marschirte vorläufig auf der Straße Crevans—Corcelles—Gonvillars—Arcey vor.

Die linke Kolonne unter General de Busserolles bestand aus der 2. Legion der Rhône und einer halben Batterie, angeblich Armstrong-Geschütze, und marschirte gegen Saulnot vor.

In Reserve folgten hinter der mittleren Kolonne 1 Bataillon 89. Mobilgarden-Regiments, 1 Bataillon Mobilgarden der Loire und der Rest der Armstrong-Batterie.

Wo das fehlende Bataillon Mobilgarden geblieben ist, bleibt ungewiß.

Gegen 9 Uhr früh am 13. Januar trafen zwei Offizierpatrouillen von 8./30 und 10./30 vor Saulnot zusammen. Die Franzosen rückten mit starken Kräften in der Richtung auf Chavanne vor; es war dies offenbar die linke Kolonne der 3. Division 24. Armeekorps.

Der älteste Offizier beider preußischer Patrouillen, Premier-lieutenant Alten, besetzte mit den Mannschaften beider Patrouillen Saulnot und die nordwestlich davon gelegene Höhe.

Ein zur Erkundung gegen Corcelles hin ertheilter Auftrag konnte nicht mehr zur Ausführung gelangen, da schon gegen 8½ Uhr früh der Vormarsch der Franzosen auf Arcey in Villers sur Saulnot gemeldet wurde, von Corcelles her eine lange französische Schützenlinie erschien und alle Kräfte zur Vertheidigung von Villers sur Saulnot und der Mühle la Sapoye sehr nothwendig gebraucht wurden.

Infolge des glücklicherweise noch rechtzeitig ausgeführten Abmarsches von 6., 7./25 nach der Gegend von Arcey war den Franzosen die Möglichkeit gegeben worden, auf der Westseite des Bois du Mont, ohne Gefahr selbst flankirt zu werden, weiter vorzudringen. Sie konnten nun mit großer Uebermacht und von beiden Flanken her umfassend die Preußen bedrängen.

Die 1. leichte Reserve-Batterie der Brigade Golz fuhr mit 4 Geschützen auf der Höhe nordwestlich von Chavanne, mit 2 Geschützen vor dem Westausgange dieses Dorfes auf und beschoß die anrückenden französischen Kolonnen.

Premierlieutenant Alten, dessen Kompagnie 8./30 inzwischen zur Verstärkung herangekommen war, nahm Stellung auf den Höhen südlich von Saulnot.

Gegen 10¹/₂ Uhr früh gingen die Franzosen in mehreren dichten Schützenschwärmen hintereinander, gefolgt von starken Unterstützungs-abtheilungen, gegen Villers sur Saulnot vor und zwangen dessen Besatzung zum Rückzuge auf Chavanne. Dieser Rückzug war schon deshalb geboten, weil die Franzosen nach der preußischerseits erfolgten Räumung von Gonvillars hier für umfassende Bewegungen völlig freie Hand hatten.

In Schützenschwärme aufgelöst gingen 5., 6./30 in musterhafter Ordnung vom linken Flügel aus, am Nordwestabhang des Bois du Mont entlang, nach Chavanne zurück, an dessen Ostrande beide Kom-pagnien gesammelt wurden.

Gleichzeitig mit ihrem Angriffe auf Villers sur Saulnot gingen die Franzosen auch gegen den Premierlieutenant Alken vor und drängten ihn bis in das Waldstück nördlich von Chavanne zurück.

Hier und in Chavanne selbst leisteten nun aber die beiden Ba-taillone Regiments Nr. 30 und die Batterie von 11 Uhr früh bis nach 2 Uhr nachmittags erfolgreichen Widerstand, also reichlich 3 Stunden lang.

Bald nach 1 Uhr begannen die Franzosen den rechten Flügel der 30er in weit ausholender Umfassung zu bedrängen. Es wurde daher die Kompagnie 3./30 von Champey her nach der Mühle Essouaivre vorgezogen. Fast gleichzeitig erfolgte auch eine Umfassung des linken Flügels der Preußen.

Im Dorfe Chavanne selbst stand 10./30, im Anschluß an das Dorf bis zum Bois du Mont hatten 11., 12./30 Stellung genommen, hinter diesen beiden Kompagnien befand sich 9./30, am Südausgange des Dorfes 7./30.

Französische Schützenschwärme hatten die steile Höhe des Bois du Mont erklettert und flankirten von hier aus in sehr empfindlicher Weise die Kompagnien 11./30 und 12./30. Schwere Verluste traten ein, be-sonders bei 12./30.

Gegen 2 Uhr beschloß daher Oberstlieutenant Nachtigal den Rückzug einzuleiten, besonders da auch vom Regiment Nr. 25 die Mittheilung einging, es müsse Aibre räumen und über Trémoins auf Tavey zurück-gehen. In Bezug auf diese Mittheilung liegen die Dinge nicht ganz klar. Wir wissen, daß gegen 2 Uhr 6., 7./25 noch bei Désandans im Gefecht standen und daß das Gefecht südlich von Aibre etwa um 2¹/₄ Uhr erst begann. Wenn also Oberst v. Loos eine Mittheilung in obigem Sinne schon vor 2 Uhr an den Oberstlieutenant Nachtigal geschickt hat, so hat er damit nur den Gang der Ereignisse, wie sie sich in Wirklichkeit abgespielt haben, sehr richtig vorausgesehen und seine Absichten angedeutet. Jedenfalls hat aber die Räumung von Cha= vanne durch die 30er weit eher auf den Gang des Gefechts bei Aibre Einfluß gehabt, als das Umgekehrte der Fall gewesen ist.

Zuerst gingen 5., 6./30 nach Le Vernois zurück, während die Batterie nördlich von Le Vernois Stellung nahm. Unter dem Schutze dieser Aufnahmestellung zog Oberstlieutenant Nachtigal um 2½ Uhr allmählich seine Kompagnien aus Chavanne heraus. Es geschah dies also zur selben Zeit, als die 25er südlich von Aibre noch im Gefecht standen.

Wir bitten den Leser, einen Blick auf den Plan zu werfen. Es war einfach unmöglich, die Gefechte westlich und östlich der steilen Höhe des Bois du Mont miteinander in Uebereinstimmung zu bringen. Erstens waren beide preußische Truppenabtheilungen völlig selbständig und gehörten verschiedenen Truppenverbänden an, und zweitens konnte man in Chavanne nicht sehen, was bei Aibre vor sich ging, ebenso wenig wie es südlich von Aibre möglich war, die Gefechtsverhältnisse bei Cha= vanne zu übersehen. Die Dinge entwickelten sich also sehr naturgemäß und es konnte gar nicht anders kommen, wie es kam.

7., 9./30 marschirte über Le Vernois nach Champey, dann folgten 11., 12./30, zuletzt 10./30 hinter 8./30, welche letztere Kompagnie am Waldesrande entwickelt war. 3./30 war bereits von der Mühle Essouaivre aus nach Champey voranmarschirt.

Dieser schwierige und recht komplizirte Rückzug wurde von den wackeren 30ern in vortrefflicher Ordnung mit der Ruhe des Exerzirplatzes ausgeführt und erst gegen 4½ Uhr die Stellung von Champey erreicht, also zur selben Zeit etwa, wie Regiment Nr. 25 bei Tavey eintraf.

Die Franzosen folgten zuerst lebhaft, dann aber beeinflußt durch das Feuer der preußischen Batterie und der beiden Kompagnien 5., 6./30, welche in Le Vernois standen, besetzten sie vorsichtig Chavanne und schoben nur schwächere Abtheilungen gegen Le Vernois vor.

Der weitere Rückzug der Preußen konnte, ohne durch die Franzosen ernsthaft belästigt zu werden, zur Ausführung gelangen. Regiment Nr. 30 versammelte sich nun in Couthenans, 11./30 ging nach Chagey, 3./30 zog auf Vorposten, 2./30 nahm dahinter als Repli Stellung.

Der Verlust des Regiments Nr. 30 betrug 4 Offiziere, 93 Mann todt und verwundet; 3 Aerzte und 9 Mann vermißt. Die Vermißten waren bis auf 2 Mann sämmtlich Lazarethgehülfen oder Fahrer von Medizinkarren. Die 1. leichte Reserve=Batterie verlor nur 4 Pferde verwundet. Die Schwadron der 2. Reserve=Husaren verlor 1 Mann verwundet. Der Gesammtverlust der Preußen für das Gefecht von Chavanne stellt sich mithin auf 4 Offiziere, 94 Mann todt und ver= wundet, 3 Aerzte, 9 Mann vermißt.

Den Verlust der Franzosen kennen wir, wie gewöhnlich, nicht. Wir wissen nur, daß die 1. Legion der Rhône 3 Offiziere, 76 Mann, die 2. Legion der Rhône 4 Mann verloren haben sollen, ferner das zum 20. Armeekorps gehörige 2. Bataillon Mobilgarden de la Savoie 20 Mann.

Die beiden Kompagnien 21. Marsch=Jäger=Bataillons sollen sich sehr ausgezeichnet haben, ihre Verluste werden daher wohl nicht unbedeutend gewesen sein. Ueber die Verluste des 89. Mobilgarden=Regiments und des 4. Bataillons Mobilgarden der Loire wissen wir nichts. Dasselbe gilt für die Verluste der französischen Artillerie.

Auf Grund der wenigen positiven Verlustangaben wird man den Verlust der Franzosen im Gefechte von Chavanne auf etwa 150 bis 200 Mann veranschlagen dürfen.

Regiment Nr. 30 darf den 13. Januar mit vollem Rechte als einen besonderen Ehrentag bezeichnen. Die beiden ins Gefecht gekommenen Bataillone des Regiments haben unter sehr schwierigen Verhältnissen, gegenüber einer großen feindlichen Uebermacht, im Gebirgsgelände, bei Schnee und Eis, ein vorzügliches Rückzugsgefecht geführt. Dabei hatten sie nicht einmal eine große Straße zur Verfügung, sondern nur einfache Verbindungswege, deren Zustand im Winter bei hohem Schnee nicht gerade berühmt gewesen sein mag.

Die 30er haben trotz aller erschwerenden Umstände dieses Rückzugs= gefecht mit einer Ruhe und Ordnung geführt, wie sie auf dem Exerzir= platze oder bei dem Manöver im Frieden kaum wesentlich besser gezeigt werden kann.

Besonders rühmenswerth erscheint es, daß nur zwei preußische Kämpfer thatsächlich unverwundet von den Franzosen gefangen genommen wurden.

D. Zeittabelle für die Vorpostengefechte von Ste. Marie, Arcey und Chavanne.

10 Uhr. Vorgehen der Franzosen auf Gonvillars. Beginn des Angriffs der Franzosen auf Arcey und Ste. Marie.

Bald nach 10 Uhr. Räumung von Gonvillars durch 6., 7./25.

10½ Uhr. Angriff der Franzosen auf Villers sur Saulnot. Rückzug von 5., 6./30 bald darauf.

11 Uhr. Beginn des Gefechts um Chavanne.

11½ Uhr. Beginn der Räumung von Ste. Marie durch I./67.

Nach 12 Uhr. Offensivstoß von F./25 von Désandans auf Echenans und Gefecht bei Echenans.

12½ Uhr. Regiment Nr. 25 räumt Arcey.

Nach 1 Uhr. Räumung von Echenans durch F./25 und die Hauptmasse von I./67.

Gegen 2 Uhr. Gefecht von 6., 7./25 hinter Désandans.

2 Uhr bis 2½ Uhr. II./30 und F./30 räumen Chavanne.

Etwa 2¼ Uhr. Gefecht südlich von Aibre (I./25 und 2 Geschütze).

2½ Uhr. Rückzug des Regiments Nr. 25 hinter Aibre.

4½ Uhr. Regiment Nr. 25 nimmt bei Tavey Stellung.

4½ Uhr. Regiment Nr. 30 nimmt bei Champey Stellung und geht dann auf Couthenans zurück.

E. Taktische Bemerkungen zu den Vorpostengefechten von Ste. Marie, Arcey und Chavanne.

Für die Deutschen handelte es sich am 13. Januar darum, möglichst viel Zeit zu gewinnen, damit die künstliche Verstärkung der Stellung hinter der Lisaine thunlichst weit gefördert werden konnte.

Die Avantgarden der 4. Reserve-Division und der Brigade Golz hatten daher den Befehl, zwar durch Standhalten den Feind zur Entwickelung zu zwingen, aber keinenfalls sich die Freiheit des Rückzuges rauben zu lassen.

Wir haben gesehen, daß dieser Auftrag in geradezu herrlicher Weise ausgeführt wurde. 6 preußische Bataillone und 3 Batterien haben thatsächlich 3 Brigaden des 15. französischen Armeekorps, das gesamte 24. Armeekorps und Theile des 20. Armeekorps nicht nur zur Entwickelung gezwungen, sondern diesen ungeheuer überlegenen Massen des Feindes von früh 10 bis nachmittags 4½ Uhr, also 6½ Stunden lang, sehr kräftigen Widerstand geleistet.

Wie man unter ähnlichen Verhältnissen ein Rückzugsgefecht führen soll, haben Oberst v. Loos und Oberstlieutenant Nachtigal der Nachwelt hier vorbildlich gezeigt. Nur einmal drohte den Preußen eine Katastrophe und zwar in Ste. Marie und hier geschah dies auch nur deshalb, weil das Bataillon I./67, in zu großem Vertrauen auf die eigene Tüchtigkeit und Tapferkeit, die Franzosen allzu nahe herankommen ließ.

Wenn der Angreifer auf 60 Schritt vor einem besetzten Dorfe sich im Feuer des Vertheidigers überhaupt noch halten kann, dann ist es für den Rückzug des Vertheidigers zu spät. In solchem Falle kann nur der geschickte Offensivstoß einer starken äußeren Reserve den Feind noch lange genug aufhalten, um der Dorfbesatzung einen geordneten Rückzug zu ermöglichen. Bei Ste. Marie fehlte aber eine solche äußere Reserve, und es würde dem Bataillon I./67 übel ergangen sein, wenn es alte kaiserliche Linientruppen als Gegner gehabt hätte. Selbst den Marschtruppen und Mobilgarden der Franzosen, welche freilich zur ältesten und besten Division der französischen Loire-Armee gehörten, gelang es, das preußische Bataillon in zwei Haufen zu zersplittern, die nach verschiedenen Richtungen zurückgehen mußten und nur ihrer vortrefflichen Ausbildung, ihrer guten Führung und ihrem Heldenmuthe die Möglichkeit verdankten, sich den Franzosen überhaupt noch entziehen zu können.

In allen anderen Fällen wurde der Rückzug von den Preußen durchaus rechtzeitig angetreten.

Es ist eine Freude, die geschickte Leitung dieser Rückzugsgefechte im Einzelnen verfolgen zu dürfen, und wir verweisen unsere Leser gerade auf das Studium der Ereignisse des 13. Januar mit ganz besonderer Wärme. Dabei verloren die Preußen nur 8 Offiziere, 238 Mann und außerdem 3 Aerzte, von denen nur die 3 Aerzte und 55 Mann anscheinend unverwundet in feindliche Gefangenschaft geriethen.

Der Verlust der Franzosen liegt nach unseren bereits mitgetheilten Schätzungen innerhalb der Grenzen von 550 bis 700 Mann, dürfte also wohl mit rund 600 Mann ziemlich richtig beziffert werden können. Die Preußen brachten mithin, trotz der außergewöhnlich ungünstigen Umstände, dem Feinde einen Verlust bei, der die eigene Einbuße an Todten und Verwundeten um mehr als das Dreifache übertraf.

Wir dürfen mit Stolz auf den 13. Januar zurückblicken.

Von Arcey bis Tavey sind 8500 m, von Villers sur Saulnot über Chavanne, Le Vernois, Champey bis Couthenans sogar 10 km

Entfernung, welche durch die Biegungen der Straße bezw. der Wege noch erheblich wachsen muß.

Man kann also durchaus nicht etwa von der Vertheidigung „vorgeschobener Stellungen" reden. Man schiebt derartige Stellungen nicht auf 1 bis 1½ deutsche Meilen vor! Es handelte sich vielmehr nur um Zeitgewinn für die Deutschen, und der Erfolg der „elegant geführten Vorpostengefechte" belohnte die Tüchtigkeit und Tapferkeit der Preußen in wohlverdientem Maße.

Es war sehr richtig, daß man deutscherseits für eine so schwierige Aufgabe lediglich Linientruppen verwendete. Wir werden später sehen, daß Landwehrtruppen am 15. Januar, trotz aller gar nicht in Zweifel zu ziehenden Tapferkeit, eine ähnliche Aufgabe nicht mit der gleichen „Eleganz" zu lösen vermochten, obschon die Gesammtlage bedeutend günstiger sich gestaltete. Doch dies wird erst bei der Schilderung der Schlacht an der Lisaine zur Darstellung gelangen.

Ein kluger Feldherr verlangt von jeder Truppe nur das, was sie nach ihrem inneren kriegerischen Werthe zu leisten vermag. Für schwierige Rückzugsgefechte der Vorposten eignen sich nur die allerbesten Truppen, bei denen Tapferkeit und taktische Gewandtheit auf genau derselben Stufe stehen. Dies trifft aber nur bei den Linientruppen zu, keineswegs bei den Reserveformationen einer Armee. Gerade die Tapferkeit solcher taktisch weniger gewandten Reserveformationen führt zu unnützen Verlusten und zwar in ganz anderem Maßstabe, als dies am 13. Januar ohnehin schon bei I./67 der Fall war.

Wollte man von den Reservetruppen stets die gleiche Leistung verlangen wie von den Linientruppen, dann müßte man einen sehr zahlreichen Stamm dieser Reservetruppen dauernd in derselben Uebung erhalten, wie dies bei den Linientruppen der Fall ist. Dies verbietet sich aber ganz von selbst aus finanziellen und fast mehr noch aus nationalökonomischen Rücksichten.

Wer das nicht einsieht, der will eben die Wahrheit nicht begreifen, und solchen Männern ist erfahrungsmäßig überhaupt nicht beizukommen.

Auf den schönen Offensivstoß von F./25 haben wir seinerzeit schon genügend aufmerksam gemacht.

Wenn wir nun in der glücklichen Lage sind, die Deutschen und zwar hier ganz ausschließlich die Preußen mit rückhaltlosem, wohlverdientem Lobe der Nachwelt als Muster darzustellen, so tritt allerdings für die Franzosen eine nothwendigerweise ganz entgegengesetzte Beurtheilung in ihr Recht.

Wenn einer zum Angriff vorgehenden, numerisch dem Gegner er-
drückend überlegenen Armee die Gelegenheit geboten wird, schwache
Vorposten oder Avantgarden des Feindes auf 1 bis 1½ Meilen vor
der eigentlichen, feindlichen Stellung zu bekämpfen, dann muß der überlegene Angreifer diese schwachen Kräfte des Gegners einfach zermalmen.

Um diesen Zweck zu erreichen, muß der Angreifer zunächst seine
eigenen Bewegungen geschickt maskiren, zu den Umfassungskolonnen seine
besten Truppen verwenden und schließlich mit rücksichtsloser Energie
handeln.

Wir haben bei den Franzosen wohl die Anfänge solcher Handlungs-
weise gesehen, aber es fehlte durchaus die rücksichtslose Energie des
Einsetzens genügender Streitkräfte zum entscheidenden Schlage.

Wenn ein tapferer, aber numerisch ungeheuer unterlegener Vertheidiger so lange aushält, wie 1./67 es in Ste. Marie that, dann
muß eine Umfassung gelingen, falls die Truppen des Angreifers nur
einigermaßen manövrirfähig sind. Trotzdem scheiterten die Franzosen
in ihrem richtig erkannten Beginnen.

Weshalb? Nur deswegen, weil eben die Truppen für solche Opera-
tionen nicht genügend brauchbar waren. Es fehlte ihnen die taktische
Gewandtheit, es fehlten die geübten Führer, und bei aller rühmenswerthen
Tapferkeit vermochten sie doch, selbst in dem ausnahmsweise günstigen
Falle von Ste. Marie, nur eine Handvoll Preußen unverwundet ge-
fangen zu nehmen.

Milizheere werden eben immer minderwerthig sein, und es war
ein verhängnißvoller Aberglaube, daß der bei den Franzosen unzweifel-
haft in hohem Grade vorhandene Patriotismus den Mangel an taktischer
Uebung ersetzen könnte.

Ueberall tritt uns die Schwerfälligkeit der französischen Umfassungs-
bestrebungen klar vor Augen!

Die Franzosen mußten ihren kräftigsten Druck auf dem linken und
rechten Flügel ausüben. Auf dem linken Flügel war die Richtung
Malval—Saulnot—Mühle Essonaivre—Champey maßgebend, sie führte
in den Rücken der Preußen, und man fand gerade hier nur ganz geringe
Streitkräfte sich gegenüber. Dieser Druck wurde nur in sehr
geringfügigem Grade ausgeübt, man kann beinahe sagen, er war recht
schwächlich.

Auf dem rechten Flügel war die Richtung Présentevillers—
Issans—Trémoins die wirksamste; sie führte ebenfalls in den Rücken
der Preußen, aber sie wurde überhaupt nicht benutzt.

Die Deutschen konnten aus den Gefechten des 13. Januar nur das Facit ziehen, daß die Franzosen über alle Maßen schwerfällig im Manövriren waren und daß daher bei der anerkannten Tüchtigkeit der deutschen Truppen der Ausgang der Schlacht an der Lisaine kaum zweifelhaft sein konnte. Die Siegeszuversicht der Deutschen wurde also erhöht, keineswegs vermindert, obschon man dem Gegner die Ge= fechtsfelder hatte überlassen müssen.

Weshalb General Bourbaki das 18. Armeekorps am 13. Januar nicht ebenfalls zum Vormarsche verwendete, erscheint uns einfach un= begreiflich. Jedenfalls läßt sich das Verhalten der Armeeführung weder taktisch noch strategisch rechtfertigen, besonders nicht, nachdem man drei volle Tage nach dem Treffen von Villersexel unthätig geblieben war.

F. Die Gefechte von Dasle—Vaudoncourt und von Croix am 13. Januar 1871.

Am 13. Januar stand Bataillon Liegnitz mit je 2 Kompagnien in Dasle und Vaudoncourt, außerdem befanden sich in Dasle 1 Zug der 6. Reserve=Ulanen und 2 Geschütze der 1. leichten Reserve=Batterie VIII. Armeekorps.

Diese Truppen sollten um die Mittagszeit durch das Bataillon Oels und einen in Beaucourt liegenden Zug derselben Batterie abgelöst werden. (Beide noch verfügbaren Züge dieser Batterie befanden sich in Beaucourt.)

Als Bataillon Oels in Dasle angekommen war, und die Ablösung zwischen 1 und 2 Uhr nachmittags schon begonnen hatte, lief die Meldung ein, daß französische Infanteriekolonnen von Seloncourt aus gegen Vaudoncourt im Vormarsche begriffen seien.

Die Meldung war richtig. Die Zuaven=Kompagnie Lavallière, 1½ Bataillone des 54. Mobilgarden=Regiments, 2 Gebirgsgeschütze, und in Reserve 1 Bataillon der Mobilisés du Doubs marschirten in der That von Seloncourt auf Vaudoncourt. An der Spitze befand sich das Bataillon II./54 mit einer dichten Schützenlinie als Sicherung.

Der Führer des Bataillons Oels, Hauptmann v. Münenberg, ließ sogleich die noch verfügbaren Kompagnien 2., 3., 4./Oels an den süd= lichen Saum des Waldes von Charbonnière vorgehen. Die in Dasle bereits abgelösten Kompagnien 1., 3./Liegnitz sollten als Reserve für die schon auf Vorposten gezogene Kompagnie 1./Oels verbleiben. Die

4 Geschütze und 1 Zug der 6. Reserve=Ulanen nahmen Stellung auf der Höhe zwischen Dasle und dem Walde von Charbonnière.

In Bauboncourt verblieb 2./Liegnitz, welche auch den auf der Höhe westlich des Dorfes gelegenen Kirchhof sowie die rechts und links an denselben angelehnten Schützengräben besetzte. 4./Liegnitz stellte die Verbindung mit den Truppen in Dasle her.

Unterdessen marschirten die Franzosen auf dem Wege Seloncourt— Bauboncourt munter weiter. Dieser Weg liegt am Fuße der Höhen zwischen beiden Dörfern; die Gestaltung dieser Höhen brachte es mit sich, daß man vom Walde Charbonnière aus den französischen Vormarsch nicht beobachten konnte.

Da nun die Franzosen ohne Seitendeckung marschirten, so beschloß Hauptmann v. Münenberg, ihnen den Rückzug zu verlegen, sie gegen Bauboncourt zu drängen und somit zwischen zwei Feuer zu bringen. Er brach daher mit seinen 3 Kompagnien aus dem Walde Charbonnière vor. 2./Oels wurde ganz als Schützenlinie aufgelöst, 3., 4./Oels folgten dahinter geschlossen.

Man kam bis auf etwa 800 Schritt an die Franzosen heran, ehe diese die ihnen drohende Gefahr merkten. Jetzt aber machte das Bataillon II./54 im Laufschritt eine Linksschwenkung. Gleichzeitig setzte sich die französische Reserve in Bewegung, und die Gebirgsgeschütze eröffneten ihr Feuer.

Die drei Kompagnien des Bataillons Oels verloren in kürzester Zeit 5 Offiziere, darunter ihren Bataillonsführer, also hier recht eigent= lich die Seele des Handelns. Dieser plötzliche Verlust so vieler Offiziere lähmte die Thatkraft der drei Landwehr=Kompagnien, sie wichen bis in ihre erste Stellung im Walde von Charbonnière zurück, behaupteten sich hier aber wacker.

Inzwischen hatten die Franzosen auch Schützenschwärme gegen die auf der Höhe zwischen Dasle und dem Walde von Charbonnière auf= gefahrenen 4 Geschütze vorgetrieben. Infolge der bereits erwähnten, eigenthümlichen Gestaltung des Geländes konnten die Franzosen nicht eher gesehen werden, als bis sie schon sehr nahe herangekommen waren.

Als nun aber die französischen Schützen bis auf 400 Schritt sich den preußischen Geschützen genähert hatten, mußten die beiden Geschütz= züge abfahren. Dies geschah fast gleichzeitig mit dem Rückzuge des Bataillons Oels, etwa um 3 Uhr nachmittags.

Unterdessen war auch der letzte Zug der 1. leichten Reserve=Batterie VIII. Armeekorps nach Bauboncourt geeilt und auf der westlich von diesem Dorfe sich erhebenden Höhe, südlich vom Kirchhofe vorwärts der dortigen Schützengräben, aufgefahren. Hier trafen bald darauf auch die soeben zurückgegangenen 4 Geschütze der Batterie ein und nahmen rechts vom Kirchhofe Stellung.

Die Franzosen machten jetzt mehrfache Versuche, sich auf der vom Bataillon Oels verlassenen Höhe zu entwickeln. Sie erhielten aber jedesmal Feuer von den 6 Geschützen der preußischen Batterie und von den 3 Kompagnien des Bataillons Oels, welche am Rande des Waldes von Charbonnière wieder Front gemacht hatten. Vergeblich zog der Feind seine Gebirgsgeschütze vor. Allerdings hinderte die Licht-wirkung der schon niedrig stehenden Sonne auf die weiße Schneefläche die Beobachtung der Wirkung der preußischen Artillerie sehr lebhaft, indessen gaben die Franzosen gegen 4 Uhr ihre Angriffsversuche auf.

Um diese Zeit trafen zwei Kompagnien des Bataillons Hirschberg bei Dasle ein, man hatte also eine frische Reserve in der Hand.

Nach einiger Zeit tauchte plötzlich auf der Höhe zwischen Vaudon-court und Hérimoncourt eine lange und dichte französische Schützenkette auf, welche im Laufschritt bergab lief. Es waren dies anscheinend drei Kompagnien des Korps des Vosges von Bourras, dessen Thätigkeit wir sogleich kennen lernen werden.

Die sechs preußischen Geschütze gaben sofort Schnellfeuer ab, welches die Franzosen denn auch zum Stehen brachte. Demnächst ging der Feind auch hier zurück, wobei zwei preußische Geschütze ihm gegen Seloncourt hin folgten und bei schon beginnender Dunkelheit seinen Rückzug durch Granaten belästigten.

Die Preußen hatten folgende Verluste:

Bataillon Liegnitz . . .	4 Mann,	
= Oels . . . 6 Offiziere,	40 =	
1. leichte Reserve-Batterie	3 =	8 Pferde,
6. Reserve-Ulanen		1 Pferd,
Summe 6 Offiziere, 47 Mann, 9 Pferde.		

Darunter befanden sich 5 Vermißte des Bataillons Oels.

Den Verlust der Franzosen giebt Grenest, S. 819, auf 8 Todte und einige 20 Schwerverwundete an. Es fehlen aber hier die Verluste der drei Kompagnien von Bourras. Rechnet man auf einen Todten oder Schwerverwundeten drei Leichtverwundete, so darf man den Gesammtverlust der Franzosen im Gefechte von Dasle auf etwa 120 Mann berechnen.

Während dieses Gefechtes hatte das Freikorps der Vogesen unter Bourras in seiner ganzen Stärke, unterstützt durch das 3. Bataillon 54. Mobilgarden-Regiments, die Freikompagnie Biette und vier Gebirgs= geschütze Croix angegriffen.

Hier stand das Bataillon Striegau mit zwei Geschützen der 2. leichten Reserve-Batterie VIII. Armeekorps.

Zwischen 1 und 2 Uhr nachmittags gingen die Franzosen von Abécvillers her vor. An der Spitze befanden sich drei Kompagnien von Bourras, dahinter der Rest dieses Korps und die Mobilgarden.

Bataillon Striegau besetzte mit zwei Kompagnien die vor Croix angelegten Schützengräben, behielt die beiden anderen Kompagnien in Reserve und ließ den in St. Dizier liegenden Geschützzug heranholen.

Es entspann sich nun ein Feuergefecht zwischen der Besatzung der Schützengräben und den französischen Schützenschwärmen. Als der eben erwähnte Geschützzug bei Croix angekommen war, brachten die vier preußischen Geschütze die feindlichen Gebirgshaubitzen bald zum Abfahren, und die französische Infanterie ging gleichfalls zurück, ohne überhaupt ernsthaft angegriffen zu haben. Gegen 5 Uhr nachmittags war das Gefecht zu Ende.

Wahrscheinlich hat der von Vaudoncourt her ertönende Geschützdonner den Oberst Bourras erheblich beeinflußt, so daß er nicht einmal wagte, ernsthaft anzugreifen. Die zur Sicherung seiner linken Flanke vor= getriebenen Abtheilungen (anscheinend drei Kompagnien des Freikorps der Vogesen) sind jedenfalls die Truppen gewesen, welche den letzten Anlauf auf Vaudoncourt gemacht haben.

Der Verlust des Bataillons Striegau betrug nur zwei Mann ver= wundet, die 2. leichte Reserve-Batterie hatte ein verwundetes Pferd. Den Verlust der Franzosen giebt Bourras auf 6 Mann, Wolowski auf 15 Mann an. Wolowski beziffert übrigens den Verlust der Preußen bei Croix auf 80 Mann, also nur **vierzigmal** höher, als er wirklich war.

Die Gefechte von Dasle—Vaudoncourt und von Croix waren unbedeutende Vorpostengefechte, sie bewiesen aber den Deutschen, daß vorläufig der Truppenabtheilung des Generals v. Debschitz auf dem östlichen Ufer des Doubs nur minderwerthige Truppen gegenüber= standen. Auch hier mußte also der 13. Januar für die Deutschen ermuthigend wirken.

Von taktischen Vorgängen ist eigentlich nur der Offensivstoß des Hauptmanns v. Münenberg bemerkenswerth! Er war richtig angesetzt und wurde in thatkräftiger Weise begonnen. Da tritt plötzlich in sehr

kurzer Zeit ein Verlust von fünf Offizieren ein, und dieser Verlust
genügt, um die drei Landwehr-Kompagnien zum schleunigen Rückzuge
nach dem Walde von Charbonnière zu veranlassen. Hier aber machen
sie Front und behaupten sich dauernd.

Der Gesammtverlust des Bataillons Oels betrug 6 Offiziere,
40 Mann. Nehmen wir an, daß der ganze Verlust auf die kurze
Zeit des Offensivstoßes gefallen ist, was vermuthlich nicht zutrifft!
Dann sehen wir also, daß etwa rund 630 Gewehre sehr brav die
Offensive ergreifen und daß ein Verlust von 5 Offizieren, 40 Mann
(der sechste Offizier ist ganz sicher erst später außer Gefecht gesetzt
worden) genügt, um die soeben noch äußerst brav vorgehende Truppe
zu einem vermuthlich wenig geordneten Rückzuge zu zwingen. Der
Mannschaftsverlust kann unmöglich die Ursache dieses plötzlichen und
auch nur für kurze Zeit erfolgten Versagens der Truppe gewesen sein,
wohl aber war es der Verlust an Offizieren, wobei ausdrücklich hervorgehoben werden muß, daß sich drei ältere Offiziere unter den Verwundeten befanden.

Wir sehen hier so recht den Unterschied zwischen Linientruppen und
Reservetruppen. Linientruppen würden zweifellos auch diesen plötzlichen
Verlust an Offizieren überwunden haben, das haben sie Hunderte von
Malen auf dem Schlachtfelde bewiesen. Vielleicht wäre der kühne
Offensivstoß in ein Feuergefecht übergegangen, zum Rückzuge würden
aber Linientruppen unter gleichen Verhältnissen schwerlich gebracht
worden sein.

Das Charakteristische der Reservetruppen ist also ihre große Ab-
hängigkeit von ihren Offizieren. Bleiben genügend zahlreiche Offiziere
von erprobter Tüchtigkeit an der Spitze von Reservetruppen, dann
leisten diese auch dasselbe, was Linientruppen leisten. Werden aber die
Offiziere zum größten Theile niedergeschossen, dann fehlt den Reservetruppen der feste, innere Halt. Nicht für lange Zeit, das haben jene
drei Kompagnien des Bataillons Oels durch ihr wackeres Aushalten
am Waldrande von Charbonnière bewiesen, wohl aber für kurze Zeit
und zwar gerade im entscheidenden Augenblick.

Wäre es möglich, alle Reserve-Bataillone durchweg mit erprobten,
diensterfahrenen und geübten Offizieren zu besetzen, dann würde eine
solche Gefahr nicht eintreten. Leider ist dies aber nicht möglich.

Unwillkürlich denkt man an jenen anderen Offensivstoß, den Oberstlieutenant v. Spangenberg am selben Tage und gleichfalls nur mit drei
Kompagnien von Défandans her gegen Echenans unternahm. Hier

sehen wir einen vollen Erfolg der Linientruppen, obschon die Gefechts=
lage recht kritisch geworden war; vor dem Walde von Charbonnière
sehen wir dagegen in einer weitaus günstigeren Gefechtslage das
Scheitern des mit der gleichen Truppenstärke unternommenen Offensiv=
stoßes der Landwehrtruppen! Exempla docent.

G. Ein französisches Urtheil über den 13. Januar 1871.

Henri Genevois sagt in seinem recht guten Buche: „Les dernières
cartouches", S. 75 ff.:

„Nous voici donc au 13. L'armée, enfin remise en marche,
peut malgré tout faire un mouvement décisif. Le 15° corps
a déjà en ligne plus de vingt mille hommes et près de cent
bouches à feu — le double de ce qu'il engagera le surlendemain contre Montbéliard; — en quelques heures, il peut
faire la marche qu'il fera le surlendemain (10 à 12 kilomètres);
le 24° et 20° corps, accolés, sont à 12 ou 15 kilomètres de
Bussurel, d'Héricourt et de Couthenans, avec de simples avant-
postes ennemis sur la route.

Au lieu de marcher dès ce jour sur la Lisaine, on rédige
des ordres de mouvement décousus, n'indiquant aucun objectif
sérieux. L'armée doit marcher devant elle: ›va comme je
te pousse!‹

Quant au 18° corps, il reste autour de Villersexel,
négligé dans cette reprise de marche. On cherche pourquoi,
sans trouver l'ombre d'un motif. Et le surlendemain, on
sera affolé de ne pas le voir dès l'aube sur les lignes de la
Lisaine. On doit remarquer qu'il ne s'agit pas dans ces
retards de routes encombrées, de marches mal exécutées: ›il
n'y a pas d'ordre.‹ Aucune explication n'efface celle-là."

Dieser Darstellung haben wir kein Wort hinzuzufügen. Sie trifft
den Nagel auf den Kopf. Nur einen Wunsch dürfen wir wohl aus=
sprechen, und dieser Wunsch lautet einfach: „Gott der Allmächtige bewahre
Deutschland vor Feldherren vom Schlage des Generals Bourbaki."

In diesem Ausspruch soll durchaus nicht etwa eine Kränkung des
höchst ehrenhaften französischen Generals liegen. Er gab, was er konnte,
aber er konnte eben nur recht wenig geben. Die persönlichen Eigen=
schaften des Generals Bourbaki haben wir bereits früher gekennzeichnet;

er war tapfer, loyal und uneigennützig, mit einem Worte ein Ritter alten Schlages.

Aber selbst die ritterlichsten Eigenschaften eines Generals genügen nicht, um einen Feldherrn aus ihm zu machen. Der Mangel an Begabung und an kriegswissenschaftlichen Studien ist durch die größte Tapferkeit nicht zu ersetzen.

Wir gehen auf diese Dinge etwas näher ein, weil Viele, selbst wohlgesinnte Männer glauben, daß in einer Republik die richtigen Männer leichter in ihre richtige Stellung gelangen als in einer Monarchie. Das ist einfach unwahr. Die Geschichte des letzten deutsch-französischen Krieges giebt dafür sehr zahlreiche Beweise.

Die menschlichen Schwächen können niemals gänzlich abgestreift werden. Das alte Sprichwort „Und wer den Papst zum Vetter hat, wird einst auch Kardinal" wird seine Gültigkeit für alle Zeiten behalten. Ohne Günstlingswesen geht es nun einmal nicht ab.

Aber in einer Republik, die häufig ihren Präsidenten, sehr häufig ihre Minister und am allerhäufigsten ihren Kriegsminister wechselt, gelangen eben fortwährend neue Männer in maßgebende Stellungen, Männer, die in ihren Anschauungen und in ihren Leistungen oft in erstaunlicher Weise verschieden sind. Das Heil der Armee wird durch solche Unbeständigkeit keineswegs gefördert, selbst dann nicht, wenn alle diese Männer, wie es z. B. in Frankreich der Fall ist, thatsächlich in erster Linie eifrige Vaterlandsfreunde sind.

In einer gesunden, fest begründeten Monarchie wird es auch nicht zu vermeiden sein, daß gelegentlich einmal minderwerthige Günstlinge einflußreicher Männer in Stellungen gelangen, denen sie nicht gewachsen sind. Aber eine solche Monarchie verfügt über ein festes System, und wenn dieses System sich auf die Dauer bewährt hat, dann werden auch nur selten solche minderwerthigen Männer in hohe Stellungen gelangen.

Wer sich aber einbildet, daß in einer Republik wirklich tüchtige und zu hervorragenden Leistungen befähigte Männer weniger oft in den Hintergrund gedrängt werden, als in einer festbegründeten Monarchie, der irrt sich erst recht.

Fast ausnahmslos haben Männer von der eben gekennzeichneten Art das Gefühl ihrer geistigen Ueberlegenheit deutlich ausgeprägt in der eigenen Brust, sie leben daher beständig in der Gefahr, diesem Gefühle, das wir für unsere Betrachtungen als berechtigt annehmen wollen, gelegentlich auch einmal Ausdruck zu verleihen.

Die natürliche Folge davon ist die Mißgunst aller der Männer, die in ihrem eigensten Innern ihre eigene Minderwerthigkeit erkennen, aber doch um keinen Preis der Welt offen eingestehen wollen.

Hat ein solcher begabter Offizier das hohe Glück, selbst begabte und wohlwollende Vorgesetzte zu haben, die sich für ihn erwärmen, dann wird es diesen Vorgesetzten sehr leicht werden, ihren Schützling auf den richtigen Weg zu bringen und ihm die große Tugend der Bescheidenheit recht warm ans Herz zu legen.

Ist aber umgekehrt ein solcher begabter Offizier in der traurigen Lage, durch einen unüberlegten Ausbruch des Gefühls eigener geistiger Ueberlegenheit mittelmäßige Vorgesetzte sich zu Feinden zu machen, dann ist das Unglück fertig.

Die Selbstüberschätzung jenes tüchtigen, aber etwas zu hitzigen Offiziers ist dann eine ausgemachte Thatsache, und damit ist es mit der Aussicht auf ein weiteres glänzendes Vorwärtskommen vorbei, denn welcher neue Vorgesetzte würde nicht von Hause aus mit Mißtrauen an einen ihm frisch überwiesenen Untergebenen herantreten, der in dem Geruche der Selbstüberschätzung steht.

Nur ausnahmsweises Glück rettet unter solchen Umständen den von uns geschilderten begabten Offizier.

Wer auf diesem Gebiete Studien machen will, der durchstöbere einmal die Enquête parlementaire sur les actes du gouvernement de la défense nationale. Er wird erstaunen, in wie gehässiger Weise Franzosen sich hier über Franzosen ausdrücken. Jedem wird etwas angehängt, und nur allenfalls ein Chanzy und ein Faidherbe kommen einigermaßen glimpflich davon.

Und trotzdem wollen gewisse Leute der Welt vorreden, daß es in einer Republik gerechter zugehe als in einer Monarchie! Ein verständiger und erfahrener Mann lacht darüber.

So lange die Menschen ihre menschlichen Schwächen behalten, wird volle Gerechtigkeit stets ein frommer Wunsch bleiben. Am nächsten aber wird der Erfüllung dieses frommen Wunsches eine gesunde, altbewährte Monarchie kommen, wie wir sie Gott sei Dank besitzen.

Es ist allerdings eine ungeheuerliche Unwahrheit, daß Jeder seines eigenen Glückes Schmied ist, aber die meisten Offiziere der von uns geschilderten Kategorie sind denn doch selbst an dem Scheitern ihrer ursprünglich vielleicht sehr berechtigten Hoffnungen schuld!

Wer das nicht einsieht und einfach als „Mißvergnügter" über die traurigen Zustände sich bitter äußert, den können wir nur bemitleiden.

H. Schlußworte.

Für das Generalkommando des XIV. Armeekorps stellten sich die Ergebnisse des 13. Januar in folgendem Sinne dar:

Die scharfen Angriffe der Franzosen waren ausschließlich gegen die Linie Chavanne—Arcey—Ste. Marie erfolgt, d. h. gegen die vor die Mitte der deutschen Schlachtlinie vorgeschobenen Vorposten. Dagegen war der linke Flügel der französischen Ost-Armee, das 18. Armeekorps, am 13. Januar überhaupt nicht ins Gefecht gekommen.

Oberst v. Willisen hatte am 13. Januar keinerlei ernste Berührung mit den Franzosen gehabt, jedoch die Schwadron der 4. Reserve-Husaren der Etappenkommandantur von Luxeuil wieder zur Verfügung stellen müssen, wohin diese Schwadron noch am selben Tage abrückte.

Die gegen den linken Flügel der Deutschen (Truppenabtheilung des Generals v. Debschitz) vorgetriebenen kleinen Abtheilungen gehörten offenbar nur recht lockeren Formationen an.

General v. Werder wurde daher in seiner uns schon bekannten Auffassung der Kriegslage bestärkt, welche dahin ging, daß die Franzosen wahrscheinlich nur die Mitte und den linken Flügel der Schlachtstellung hinter der Lisaine ernsthaft bedrohen würden, d. h. im Wesentlichen die Linie Héricourt—Montbéliard.

Demgemäß wurde über die Badische Division anders verfügt; sie sollte im Sinne einer Reserve für die übrigen Truppen Verwendung finden.

In Chenebier verblieb General v. Degenfeld mit zwei Bataillonen Regiments Nr. 111, einer Schwadron der 3. Badischen Dragoner und der 2. schweren Badischen Batterie. II./111 verblieb in Chagey.

Hinter Héricourt bezüglich nach der Straße Héricourt—Brévilliers wurden beordert: die Regimenter Nr. 112, 113, 114, jedoch fehlten 5., 8./114 zur Zerstörung der Vogesenstraße über St. Maurice und 6./114 zur Bedeckung des Trains abkommandirt, ferner das 2. Badische Dragoner-Regiment und die 4. und 5. Schwadron der 3. Badischen Dragoner, endlich an Artillerie die Batterien 2., 4. IV., V. Reitende/B., zusammen also 8¼ Bataillone, 6 Schwadronen, 30 Geschütze.

Die 1. Badische Infanterie-Brigade, Regimenter Nr. 109 und 110, die 2. Schwadron der 3. Badischen Dragoner und die Batterien 1., III./B. wurden nach Chatenois bezw. nach der Gegend südöstlich von Brévilliers beordert, also als Reserve für die Stellung der Deutschen bei Montbéliard.

Die Batterien 3., I./B. waren dem General v. d. Golz überwiesen worden.

Oberst v. Willisen erhielt den Befehl, mit seiner Infanterie und Artillerie am 14. Januar nach Chenebier zu marschiren, dagegen seine Kavallerie (Badisches Leib=Dragoner=Regiment, 1. Reserve=Ulanen, 2. Reserve=Dragoner) am Feinde zu belassen.

Wir machen darauf aufmerksam, daß der strenge Winter mit seinen glattgefrorenen Straßen, verschneiten Wegen, seiner großen Kälte und dem hohen Schnee, der überall das Gelände bedeckte, die Verwendung der Reiterei außerordentlich erschwerte und hemmte. Dies war sehr zu beklagen, denn gerade an Reiterei waren die Deutschen ziemlich stark. Allein das 14. Armeekorps besaß 20 Schwadronen, zu denen noch 14 Schwadronen der 1. und 4. Reserve=Division, bezw. der Truppen= abtheilung des Generals v. Debschitz hinzutraten.

Diese 34 Schwadronen konnten eine vollständige Kavallerie=Division zu 6 Regimentern bilden und behielten dann noch immer genügend Kavallerie übrig, um die Infanterie=Divisionen mit ausreichender Divisions=Kavallerie zu versehen.

Oberstlieutenant v. Leszczynski hatte ursprünglich beabsichtigt, den Oberst v. Willisen mit einer Art von Kavallerie=Division, verstärkt durch Infanterie und Artillerie, gegen den linken Flügel und wenn möglich gegen den Rücken der Franzosen wirken zu lassen.

Der strenge Winter, die heranmarschirende Division Cremer, endlich die überall auftauchenden Franktireurs machten einen Strich durch diese Rechnung.

Wäre der Feldzug statt im Januar vielleicht im Hochsommer geführt worden, dann würden den Deutschen viele Umstände zu Gute gekommen sein. Besonders vortheilhaft würde eine gute Anstauung der Lisaine sich erwiesen haben; man hätte dann ein wirksames Fronthinderniß besessen, während in Wirklichkeit die Gewässer zufroren und mühsam aufgeeist werden mußten, insoweit dies überhaupt angängig war.

Ferner würde im Hochsommer eine mit Infanterie (Jägern) und Artillerie verstärkte Kavallerie=Division den schwerfälligen Massen der Franzosen in höchstem Grade unbequem geworden sein.

Die eventuelle Thätigkeit einer solchen Kavallerie=Division auf dem äußersten rechten Flügel der Deutschen bildet eine schöne Aufgabe für strebsame Offiziere, und empfehlen wir das Studium derselben auf das Wärmste. Auch für das Kriegsspiel dürfte eine solche Aufgabe hoch interessant und sehr belehrend zu verwenden sein.

Anhang.

Unter dem Titel: „Zur Geschichte des 1. Rheinischen Infanterie-
Regiments Nr. 25" hat Herr General v. Loos, bekanntlich im Feld-
zuge von 1870/71 der Kommandeur jenes Regiments, eine kleine
Schrift von 50 Druckseiten Text veröffentlicht, welche sich fast ausschließlich mit den Ereignissen vom 9. und 13. Januar 1871 beschäftigt,
soweit das Regiment Nr. 25 an diesen betheiligt war. Leider ist das
Datum des Erscheinens der genannten Schrift aus ihr nicht zu ersehen;
da jedoch die letzten sechs Druckseiten sich sehr energisch mit der im
Jahre 1875 erschienenen Schrift des Herrn v. d. Wengen: „Die
Kämpfe vor Belfort im Januar 1871" befassen, so muß General
v. Loos später geschrieben haben, als Herr v. d. Wengen, anscheinend
aber unmittelbar nach diesem Herrn.

General v. Loos bringt sehr viele Einzelheiten, die wir hiermit
unseren Lesern warm empfehlen. Wir haben darauf verzichtet, diese
Einzelheiten in unser Buch aufzunehmen und zwar aus folgenden
Gründen:

Erstens sind wir nicht im Stande, für die übrigen Truppentheile
der Armee des Generals v. Werder in gleichem Umfange Einzelheiten
zu bringen, wie dies General v. Loos in Bezug auf den 9. und
13. Januar 1871 gethan hat, wir würden uns also einer Ungerechtigkeit
zu Gunsten eines einzigen Regiments und auch hier wiederum nur für
zwei Gefechtstage schuldig gemacht haben und das halten wir für falsch:
auch würde bei nur annähernd ähnlichem Verfahren in Bezug auf alle
deutschen Truppentheile unser Buch einen gar zu großen Umfang gewonnen haben.

Zweitens hielten wir es für geboten, unsere Darstellung der Ereignisse auf amtlichem Material aufzubauen, während die Schrift des
Generals v. Loos, bei allen Vorzügen, doch den Charakter einer Streit-
schrift trägt und nicht immer mit den Original-Gefechtsberichten des
Kriegsarchivs übereinstimmt.

Wo uns namentlich die Zeitangaben des Generals v. Loos un-
anfechtbar zu sein schienen, haben wir dieselben berücksichtigt, indessen auch
nur dann, wenn sie mit dem Ergebniß unserer Forschungen im Kriegsarchiv vereinbar waren.

Wir machen an dieser Stelle auf die sehr gute Geländebeschreibung
des Generals v. Loos aufmerksam.

Folgende Einzelheiten halten wir jedoch für so wichtig, daß wir sie zum Schluß unseren Lesern nicht vorenthalten wollen.

I. Gefecht von Villersexel.

1. Die Kompagnie 11./25 hat am ganzen 9. Januar nur mit fünf Halbzügen gefochten, der sechste Halbzug war als Batteriebedeckung zurückgelassen worden. Um so höher erscheinen daher die Leistungen dieser braven Kompagnie.

2. 8./25 hielt bis nach 12 1/2 Uhr Moimay besetzt und marschirte erst dann nach Villersexel, wo sie um 1 1/4 Uhr eintraf.

3. General v. Loos behauptet, daß Oberstlieutenant Nachtigal sich erst um 2 Uhr nachmittags in Villersexel bei dem General v. Tresckow II. gemeldet habe (S. 14). Dies stimmt mit unseren Forschungen nicht überein. Wir überlassen also diese wichtige Frage weiterer Aufklärung.

4. General v. Loos will nach 4 Uhr, also nach dem Abbrechen des Gefechts vor Villers la Ville, von der Höhe 311 aus mit unzweifelhafter Deutlichkeit gesehen haben, daß starke französische Infanteriekolonnen in der Richtung auf den Schloßpark stetig vorrückten.

Wir wollen in keiner Weise die Richtigkeit dieser Behauptung bezweifeln, müssen aber feststellen, daß alsdann von Croix-Marmin aus jedenfalls das Gleiche nicht gesehen werden konnte.

Als der damalige Oberst v. Loos demnächst den General v. Tresckow II. in Villersexel aufsuchte, war dieser bereits über die französische Offensive gegen den Schloßpark unterrichtet (S. 17).

Nun steht fest, daß General v. Tresckow II. von dieser Offensive erst durch das Feuer Kenntniß bekommen hat, das Premierlieutenant Hertel (11./25) bei seiner Erkundung gegen den Schloßpark erhielt. Diese Erkundung hat erst nach 4 1/2 Uhr stattgefunden, frühestens um 4 1/2 Uhr. Es erscheint daher nicht ausgeschlossen, daß General v. Loos 4 1/2 Jahre nach den Ereignissen sich vielleicht in seiner Zeitangabe ein wenig geirrt hat. Indessen bleibt auch dieser Punkt einstweilen noch unaufgeklärt.

Von hohem Interesse ist die Behauptung des Generals v. Loos, daß um 4 1/4 Uhr sowohl die Schützen von 2./30, als auch namentlich die von 1./30 sich in einem leichten Feuergefecht gegen französische Schützenschwärme befunden haben sollen, welche in der Gegend des Bois

de Chailles standen, den Rand dieses Gehölzes aber noch nicht überschritten hatten.

Wenn diese Angabe richtig ist, dann müßten 1., 2./30 doch
wenigstens die bedrohliche Nähe starker französischer Schützenschwärme
genau gewußt haben. Da diese beiden Kompagnien thatsächlich bis zur
Ankunft von 11./25 bei Croix—Marmin verblieben, so spricht Vieles
dafür, daß General v. Loos Recht hat.

Man muß dann annehmen, daß das Verhalten jener französischen
Schützenschwärme bis zum Abmarsch von 1., 2./30 recht wenig energisch
gewesen ist, daß beide Kompagnien dem auf weite Entfernung geführten
Feuergefechte keine irgendwie ernste Bedeutung beigemessen haben, so daß
sie nach dem Eintreffen von 11./25 ohne Besorgniß abmarschirt sind.

Anscheinend haben nun aber die Franzosen den Abmarsch von
1., 2./30 sogleich bemerkt und sind dann, da sie aus dem von den
Preußen schon verlassenen Schloßparke kein Feuer erhielten, energisch
vorgegangen.

Jedenfalls gelang es ihnen, so schnell vorwärts zu bringen, daß
die schwache Besatzung der Mairie von ihnen überrascht wurde und
26 Mann von 11./25, darunter 5 Mann schwer verwundet, den
Franzosen in die Hände fielen.

5. Bei dem Rückzuge der 25er traten die schon gesammelten Theile
von II./25, zumeist Theile von 7., 8./25 und von 11./25 den Franzosen mit einer Salve und darauf mit dem Bajonett entgegen. Erst
später übernahm 6./25 die Nachhut.

6. Die Einzelheiten des Nachtgefechts in Villersexel sind in hohem
Grade spannend beschrieben. Wir empfehlen sie noch ganz besonders
unseren Lesern. Trotz des erbitterten Charakters des Nachtgefechts
wurden etwa 200 unverwundete Franzosen gefangen genommen; ein
beredtes Zeugniß für die Gutmüthigkeit des deutschen Soldaten.

II. Gefecht von Arcey am 13. Januar 1871.

1. 11./25 wurde schon sehr früh, angeblich bereits vor 9 Uhr
morgens nach Désandans zurückgeschickt, um diesen Ort zu besetzen.

2. Der Offensivstoß von 9., 10., 12./25 gegen Echenans kam in
folgender Weise zur Durchführung: 12./25 und ein Zug von 10./25
besetzten mit Schützenschwärmen den Weg von Désandans nach Echenans
und eine Höhe, die übrigen zwei Züge von 10./25 und 9./25 blieben
geschlossen als Reserve. Man hatte unmittelbare Verbindung mit den

in Echenans stehenden Theilen von I./67, ließ die Franzosen auf 300 Schritt herankommen, empfing sie dann mit kräftigem Schnell=feuer und warf sie unter erheblichen Verlusten zurück.

3. Das Gefecht südlich von Aibre ist nach dem General v. Loos besonders heftig gewesen. Ein erster Vorstoß von angeblich drei fran=zösischen Bataillonen richtete sich gegen 1./25, welche auf dem äußersten rechten Flügel stand, wurde aber zurückgewiesen. Dann erfolgte ein noch weit heftigerer Angriff zweier, von Artillerie gut unterstützter, feindlicher Bataillone längs der großen Straße, wobei die beiden Geschütze der 3. leichten Batterie mit vorzüglichem Erfolge wirkten. Auch dieser französische Vorstoß scheiterte. Zur selben Zeit befand sich 10./25 in dem Bois Les Epasses, 12./25 und 11./25 standen in Semondans, 9./25 bildete hinter diesem Dorfe die Reserve.

Gedruckt in der Königl. Hofbuchdruckerei von E. S. Mittler & Sohn, Berlin SW., Kochstraße 68—71.

www.ingramcontent.com/pod-product-compliance
Lightning Source LLC
Chambersburg PA
CBHW030123030726
47498CB00007B/2525